Naomi Stadlen

Lo que hacen las madres

Traducción de Elena Barrutia García

EDICIONES URANO

Argentina - Chile - Colombia - España
Estados Unidos - México - Perú - Uruguay - Venezuela

Título original: *What Mothers Do – Especially when it looks like nothing*
Copyright © 2004 by Naomi Stadlen

© de la traducción: Elena Barrutia García
© 2005 by Ediciones Urano
        Aribau, 142, pral. – 08036 Barcelona
        www.edicionesurano.com
        www.books4pocket.com

1ª edición en books4pocket septiembre 2010

Diseño de la colección: Opalworks
Imagen de portada: Getty Images
Diseño de portada: Epica Prima

Impreso por Novoprint, S.A.
Energía 53
Sant Andreu de la Barca (Barcelona)

Fotocomposición: books4pocket

ISBN: 978-84-92801-57-2
Depósito legal: B-25.297-2010

Impreso en España – *Printed in Spain*

Índice

Agradecimientos

Mis más sinceras gracias a todas las madres que han hablado de sus experiencias y me han ayudado a comprender un poco mejor qué es ser madre. A mis solidarias y esforzadas colegas de la Liga de la Leche. A Sheila Kitzinger por un desayuno con una fructífera conversación en 1989, y a Janet Balaskas por su apoyo, y por invitarme en 1990 a dirigir grupos para madres en su Centro de Parto Activo. A Jennifer Marsh por su ánimo. A todos mis amigos que leyeron las primeras versiones de estos capítulos, y a mi hija Rachel por su magnífica revisión del original. A Penny Phillips, la responsable de edición más cariñosa y comprensiva del mundo. A mis padres, Marianne y Hans Jacoby. A mis tres maravillosos hijos, Rachel, Shoël y Darrel. A Tony, mi querido y fiel marido, mi amigo del alma, más de lo que puedo expresar con palabras.

Nota de la autora

La identidad de las madres que se citan en este libro es confidencial, así que he desarrollado el siguiente sistema para referirme a ellas y a sus familias.

O indica el nombre de un niño (cuando se menciona el sexo).
A indica el nombre de una niña (cuando se menciona el sexo).
P indica el nombre del padre.
M indica el nombre de la madre.

Para hacer referencia a la edad de los bebés he utilizado la semana inferior para los dos primeros meses. Después he usado el mes inferior. Si una madre dice que su bebé tiene «casi cuatro meses», según este criterio se considera que aún tiene tres meses.

En cuanto a los pronombres, es importante hacer una distinción clara entre la madre y el bebé. Esto puede resultar confuso si ambas son mujeres. Así pues, con todos mis respetos hacia las niñas, he usado pronombres masculinos para hacer comentarios generales sobre los bebés.

Normalmente el término madre se atribuye a la persona que lleva en su vientre al bebé, lo da a luz y lo cuida después.

Pero esto no siempre lo hace sólo la madre. Los padres y las abuelas, de modo especial, suelen ocuparse de los bebés durante el día. Si los padres se divorcian y se casan de nuevo, puede haber padrastros haciendo turnos. Y puede haber madres adoptivas además de biológicas. Cuando una persona no profesional sustituye a la madre en esta tarea, o se turna con ella, las descripciones de lo que hacen las madres también pueden referirse a esta persona. Sería muy pesado repetir continuamente: «Las madres, u otros familiares responsables del niño…». Por lo tanto, las observaciones sobre las madres también se pueden aplicar a los familiares que cuidan al bebé.

Introducción

Cuando tuve mi primer parto, no podía creer que aquello fuera a conducir al nacimiento de nuestro bebé. No podía pensar más allá del momento presente. Pero luego una comadrona me puso a mi hija en el brazo en la cama del hospital. La miré y sentí su peso cálido, tierno, compacto. Estaba emocionada. Todo parecía estar bien. No sabía que un bebé podía ser así. Parecía íntegra, abierta y confiada. ¿Sería capaz de cuidarla? Al mirar sus ojos brillantes, con una luz plateada de recién nacida, entablé un debate interno conmigo misma. Tenía buen aspecto, y eso debía significar que la vida era esencialmente buena. Todo parecía sencillo mientras contemplaba su preciosa cara.

Al volver a casa, me costaba recordar ese momento en el hospital. Ser madre no parecía tan sencillo. Al mismo tiempo me daba vergüenza que no me resultara más fácil. Tener un bebé es algo normal. Pensaba que mis dificultades se debían a que me pasaba algo malo. Una de las razones por las que quería escribir este libro era demostrarme a mí misma que mis sentimientos estaban justificados. Ser madre es realmente difícil, y eso significa que podemos sentirnos orgullosas de que lo hacemos bien. Si la maternidad fuese tan fácil, nuestro orgullo sería simplemente vanidad. Espero que cuando explique algunas de estas dificultades, otras madres se sientan justificadas de que les resulte difícil. También espero que descubran muchas razones diarias para estar satisfechas consigo mismas. Espero que este libro pueda proporcionar consuelo, ánimo y comprensión a otras madres, sobre todo durante los primeros meses. La mayoría de las madres lloran con facilidad en ese periodo tan emocional. Ojalá lo hubiera sabido cuando me ocurrió a mí.

De igual modo que durante el parto puede parecer increíble que ese proceso tenga como desenlace el nacimiento de un bebé, al cuidar a su hijo a todas horas una madre puede perder de vista el objetivo de su trabajo. La maternidad permite a un recién nacido convertirse en un niño capacitado.

A veces las madres dicen: «Estoy aburrida hasta el infinito de hacer cosas para el bebé todo el día». Un trabajo de oficina puede ser también igual de aburrido, pero se puede considerar parte de un todo significativo que proporciona un sentido de formar parte de un grupo, de contribuir a algo útil. Las madres, que no paran de hacer cosas, suelen pensar que no hacen nada. Se sienten solas, invisibles y poco importantes. Sin embargo, su trabajo contribuye a algo que es mucho más que una organización. Cada madre prepara a su hijo para pertenecer a la sociedad que todos compartimos. No es exagerado decir que toda la civilización depende del trabajo de las madres. La vida social sería un caos si no fuera por su contribución. Si se sienten poco importantes es, sin duda alguna, porque no se reconoce debidamente el valor de su trabajo. El presente libro está escrito para demostrar no sólo las razones por las que las madres merecen nuestra admiración, sino también hasta qué punto su trabajo depende de todos nosotros. Todos estamos conectados con el mundo de las madres.

En este momento el mundo que habitan las madres no es un lugar agradable. Cuando una mujer anuncia que espera un bebé, siente como si hubiera entrado en una zona de guerra. Para cada posible pregunta relacionada con ella y con su bebé hay al menos dos escuelas de pensamiento, que defienden sus creencias con un ataque a la escuela «enemiga» y con predicciones espeluznantes de lo que puede ocurrir si una madre cae bajo la influencia enemiga.

Mucho antes de que nazca su hijo, una madre tiene que enfrentarse a una serie de decisiones sobre cómo cuidarle. ¿Qué debería hacer con su trabajo? ¿Debería ir a clases prenatales? ¿Debería tener un plan de parto? ¿Qué pañales debería preparar? Aún me acuerdo de la primera vez que fui a comprar pañales. Cuando estaba esperando a mi primer hijo no había pañales desechables. Fui corriendo a una farmacia suponiendo que sólo habría un tipo de pañales, pero había una larga balda con un gran surtido de paquetes. Al inclinarme hacia delante para intentar leer las etiquetas, estuve a punto de desmayarme. Todo era muy complicado.

Ha surgido un nuevo género de libros que presiona a las madres para que sigan las pautas o reglas personales de los autores porque se supone que hacen que la maternidad sea más fácil. Pero ¿hasta qué punto resulta útil un programa de reglas? Las madres que intentan seguir estas reglas suelen quejarse de que cuidar a un bebé es terriblemente aburrido, y es comprensible. Si sigues una serie de reglas, esta tarea te resultará, sin duda alguna, aburrida. Tu bebé te puede parecer anormal, porque no es probable que encaje en una serie concreta de reglas que pueden estar basadas en las necesidades de un bebé completamente diferente. Y puedes perderte la alegría de conocer a un ser humano único.

Después de que hubo nacido mi hija, miré a mi alrededor para buscar a otras madres que hubieran decidido lo mismo que yo, pero no encontré a ninguna, por supuesto. Cada una había tomado algunas decisiones posnatales importantes. Habíamos elegido entre dar el pecho o biberón; qué pañales debíamos utilizar; usar una cuna o dormir con nuestro bebé; llevarle en una mochila o en un cochecito; enseñarle a dormir toda la noche o no; acunarle si se quejaba o dejarle llorar; vacunar al bebé, y en ese caso qué tipo de vacunas debíamos darle y en qué momento; recurrir a la medicina convencional o a terapias alternativas; contratar ayuda profesional para cuidarle y de qué tipo... Aún me aterra pensar en esa lista. Cada decisión conduce a muchas otras de menor importancia. Vivimos en una sociedad tolerante que nos permite elegir. Sin embargo, las madres se suelen sentir clasificadas por sus elecciones y alejadas de otras madres que han elegido algo diferente.

Es comprensible que las madres se pongan a la defensiva. Enseguida me di cuenta de que las conversaciones con otras madres solían convertirse en competiciones. Una madre puede decir: «Mi hijo come más/duerme más/es más activo que otros bebés de su edad». El reto implícito para otras madres es «Intenta superarlo». En otro tipo de competencia, las madres rivalizan entre sí para ver quién es la «experta». «Ya te diré qué usaba *yo* para los cólicos», le dice una madre a otra con un tono autoritario en su voz. Un tercer tipo de conversaciones, que incluyen una historia divertida, pueden parecer más relajadas, pero la tensión fluye por debajo de la superficie. El mensaje subliminal es: «Yo sufro más como madre que tú». Con este tipo de competición se pretende ganar la simpatía del resto de las madres.

Sin embargo, esto no tiene que ser así. La maternidad no es una competición. Es un espacio inmenso en el que cabemos todas. Ninguna puede abarcar todas sus posibilidades ni tomar siempre las mejores decisiones. Todas fallamos a veces, pero ninguna madre es siempre un fracaso absoluto. Hay un amplio margen para que cada una sea buena en algo. Entonces puede respetar a otras madres y sentir que está *con* ellas, no en su contra. En términos generales, ser madre es un acto de humildad. Siempre hay algo más que aprender. Cuando su hijo supera una etapa concreta, lo habitual es que una madre oiga hablar de algo que podía haber hecho mejor o de un modo más sencillo.

Yo no era consciente de lo competitivas que eran mis conversaciones con otras madres, y solía sentirme dolida sin comprender por qué. Poco a poco me di cuenta de que cada una de nosotras era única. No tenía sentido buscar a alguien como yo. Entonces comencé a escuchar a todas las madres que conocía con una actitud más abierta. Era fascinante ver en qué nos diferenciábamos. La mayoría de las madres tenían razones precisas para sus elecciones. Sus circunstancias eran únicas. Paradójicamente, al escuchar los detalles de cada situación pude comprobar cuánto teníamos todas en común.

Bajo la superficie de nuestras decisiones personales hay temas subyacentes que la mayoría de las madres compartimos, no importa dónde vivamos y en qué momento. La maternidad se centra en el amor que una madre da a su hijo de múltiples maneras. Su estilo es único, pero la experiencia común de ese amor nos conecta a todas. Hoy en día una madre puede leer un comentario angustioso escrito por la madre de un bebé con fiebre hace varios siglos y reconocer inmediatamente la preocupación de esa madre lejana. La maternidad también parece ser infinitamente adaptable. Puede florecer en situaciones inverosímiles, cuando no resulta nada práctico o conveniente. Y puede desafiar los principios del pensamiento materialista, que es precisamente lo que suele ocurrir en estos tiempos.

En muchas reuniones he visto a dos madres de niños pequeños sentadas una frente a la otra. Una de ellas puede haber dejado su carrera para quedarse en casa con su hijo. La otra ha decidido continuar con su trabajo. Ambas han tomado una decisión difícil y, ante la otra madre, pueden sentirse culpables por ello. La que se ha quedado en casa cree que se está consumiendo y desaprovechando oportunidades. La que sigue trabajando es consciente de que pasa mucho tiempo separada de su hijo. Al principio es probable que cada una piense que no podría hacer lo que está haciendo la otra, aunque quizá *debería* hacerlo. Luego, al escuchar lo que cada una tiene que decir, se dan cuenta de que comparten muchas cosas. La madre que se ha quedado en casa ve cuánto se preocupa por su hijo la que sigue trabajando. Y la que sigue trabajando comprueba que la que se ha quedado en casa no es una supermadre, sino una mujer normal que puede sentirse tan frustrada en casa como ella en el trabajo. Ambas se sienten animadas y fortalecidas al descubrir que pueden entenderse. Al acercarse han ampliado su perspectiva.

La maternidad puede ser un gran nivelador. Ante un recién nacido que no para de llorar, las habituales diferencias sociales se desvanecen. La riqueza, el poder y el éxito, y en muchos casos la raza y la ideología, de pronto dejan de tener importancia. Lo que cuenta es compartir la experiencia de la maternidad. Ése es el momento en el que una madre puede dar ese valioso apoyo a otra. Cuando las madres se valoran, no recurren a conversaciones competitivas, y su generosidad no tiene límites.

Todo esto puede parecer evidente, pero yo no lo veía así cuando me convertí en madre. Mi marido y yo habíamos tenido infancias poco convencionales, y los dos queríamos ser unos padres tradicionales. Él continuó con su carrera, pero con el peso añadido de que tenía que mantener a la familia. Por otro lado, después de dejar mi trabajo justo antes de que naciera nuestro primer bebé, mi vida tomó un nuevo rumbo que me llevaba en una dirección imprevista.

Al principio me sentía desorientada en un mundo desconocido. Incluso la calle en la que vivíamos me parecía más larga que antes, los coches más grandes y ruidosos, las tiendas más lejanas. Entonces mi hija fue una gran ayuda para mí. Descubrí que no esperaba que me hubiera convertido de la noche a la mañana en una madre competente. Simplemente me aceptaba. Poco a poco nos acostumbramos a estar juntas. Era como ser dos buenas amigas más que cualquier otra cosa. Sin embargo, me sentía apartada de otras mujeres de mi generación.

Los medios de comunicación presentaban casos ejemplares de madres que ajustaban a sus hijos a su vida profesional. El mensaje implícito era que ser madre no era interesante. Antes de tener hijos yo también pensaba así. Cuando nació mi hija descubrí que el tiempo que pasaba con ella tenía un gran interés, pero no sabía cómo explicarlo, ni siquiera a mí misma. Podíamos pasar una buena mañana juntas sin hacer nada especial. En la intimidad de mi casa estaba entusiasmada, como si estuviera descubriendo por mí misma cómo ser madre. Pero ¿qué había descubierto? En cuanto salíamos, aunque sólo fuésemos al supermercado, me sentía insegura. Ante las atareadas cajeras sentía una incómoda sensación de trivialidad. Nada de lo que hacía como madre satisfacía una necesidad social específica. Lo que hacía en casa parecía invisible e intangible. Puede que mi maternidad no significara nada después de todo.

Comencé a tener la impresión de que había conseguido algo sólo cuando nuestros hijos crecieron. Entonces me di cuenta de que, uno a uno, cada bebé indefenso se había convertido en una persona viable. Cuando nuestro hijo pequeño cumplió siete años, se terminó la fase más intensa de la maternidad. Al entrar en la cocina me encontraba a los tres sentados alrededor de la mesa, riéndose por algo que acababan de ver en la televisión. Yo no sabía qué era, y ellos no parecían estar dispuestos a decírmelo. Se trataba de su vida, que era independiente de la mía. Ni siquiera el más pequeño me necesitaba ni me incluía como antes. Aquello me liberó. Por fin podía utilizar parte de mi tiempo y mi energía de un modo diferente. Había cosas que me interesaba retomar de nuevo, pero mi mente seguía volviendo a esos asombrosos años. Había vivido una experiencia trascendental. Quería regresar y comprender en qué consistía ser madre. También admiraba a mi marido como padre y quería saber algo más sobre la paternidad.

Leí libros, pero la comprensión que buscaba no parecía estar en ellos. Luego descubrí que ya estaba recibiendo parte de la información que quería como suele ocurrir cuando a alguien le interesa algo. Era asesora de lactancia materna del National Childbirth Trust, lo cual significaba que atendía llamadas telefónicas y hacía visitas a domicilio a diversas madres. Además, Janet Balaskas me propuso ser la asesora de lactancia materna del Active Birth Centre (llamado Birth Centre cuando me uní a él en 1979).

Diez años después descubrí la Liga de la Leche y me reciclé como asesora de lactancia materna. Empecé a participar en las reuniones de la Liga de la Leche en el centro de Londres, y durante seis años dirigí la revista de la Liga de la Leche en Gran Bretaña. Comprobé que una pregunta típica sobre lactancia materna conducía a preguntas mucho más amplias sobre la vida familiar. En 1990, Janet Balaskas, que había fundado el Active Birth Centre, me invitó a hacerme cargo de las jornadas abiertas para madres y bebés, que con el tiempo se convirtieron en Mothers Talking, grupos semanales de debate para madres.

Mi forma de llevar Mothers Talking se ha desarrollado gradualmente. Aunque haya podido cometer todo tipo de errores en este libro, poco a poco he descubierto cómo ayudar a las madres a sentirse cómodas en un grupo. Por fin he aprendido a tener en cuenta y a respetar el derecho de cada madre a sus decisiones personales. Ahora puedo dirigir una reunión en la que varias madres han tomado decisiones muy diferentes. Sin embargo, todas se sienten seguras, y podemos tener conversaciones civilizadas. Esto permite a las madres mostrar curiosidad por sus diferencias sin sentirse amenazadas por ellas. Muchas me dicen que han establecido amistades duraderas con otras madres con las que se reunían en estos grupos.

Un día mi marido me preguntó por qué no ampliaba mi experiencia como asesora de lactancia materna para dedicarme a la terapia general. Era una buena sugerencia, puesto que me permitía atender a madres y a parejas con hijos. De ese modo profundicé en mi comprensión. Ha sido un privilegio ayudar a los padres a analizar las experiencias de su infancia y a ser más conscientes de cómo influían en lo que estaban haciendo con sus propios hijos. (Huelga decir que en este libro no se ha incluido ningún dato de mi trabajo como terapeuta.)

Ahora doy clases de psicoterapia en varias universidades de Londres, y he creado un curso denominado «La psicología del amor maternal». Animo a mis alumnos, muchos de los cuales no son padres, a preguntar y debatir, y me han aportado diferentes perspectivas de la maternidad.

En cierto momento pensé que era poco metódica. Entonces decidí entrevistar a las madres con una serie sistemática de preguntas. Preparé las preguntas y grabé varias entrevistas. Pero enseguida me di cuenta de que era un planteamiento poco eficaz comparado con las conversaciones espontáneas. Las madres hablaban de todos modos, no para responder a mis preguntas, sino porque reconocían mi interés y querían decirme algo. Ni ellas ni yo pensábamos que estas conversaciones proporcionarían material para un libro. Esa idea se me ocurrió más tarde. Pero tomaba notas. A veces una madre me contaba algo con una gran sencillez. Aunque su punto de vista no coincidiera con el mío, me impresionaba lo bien que se había expresado. Y anotaba lo que había dicho con la sensación de que era demasiado valioso para perderlo. De este modo fragmentario descubrí que estaba reuniendo la información que buscaba.

Al principio, cada vez que una madre me contaba su historia, los detalles me parecían muy exclusivos de ella. Después comencé a ver pautas más generales en lo que decían las madres. Eso me ayudó a ver más allá de los detalles. Poco a poco las historias empezaron a adoptar una forma más reconocible, con partes interrelacionadas. Podía ver una pauta en el modo en que una mujer cambiaba cuando se convertía en madre. No ha sido fácil separar los diferentes aspectos de esta pauta para configurar los capítulos de este libro, porque la experiencia es esencialmente global.

No me parecía oportuno decirles a las madres que había empezado a escribir un libro, en parte porque no quería que se sintieran condicionadas en nuestras conversaciones. Sólo una madre me preguntó una vez si estaba escribiendo algo (cuando le dije que sí, cambió de tema inmediatamente), así que estoy segura de que ninguna ha podido hacer declaraciones específicas para este libro. Pero también había otra razón. No estaba convencida de que tuviera mucho que decir. Al comenzar a escribir, todo parecía muy escurridizo. Finalmente, recopilé algunas ideas sobre el cansancio maternal y escribí un capítulo de prueba. Pero cuando lo envié a las editoriales me dijeron que todo eso ya estaba escrito.

Durante muchos años me pregunté si este trabajo podría alguna vez publicarse. Sin embargo, seguí hablando con madres. Todas las ideas particulares de este libro han sido compartidas en muchos debates con muchas madres. No impongo mis ideas, pero tampoco las oculto. Las madres con las que hablo saben lo que pienso, y normalmente disfrutan hablando conmigo porque me interesa la maternidad.

No tomo notas mientras hablan, aunque a veces apunto palabras clave que me ayudan a recordar lo que me parece importante. Sin embargo, en muchos casos no he utilizado esas ideas clave. Cuando vuelvo andando a casa, relajada tras una reunión, de repente me acuerdo de algo que ha dicho alguien, a lo cual no he prestado mucha atención en ese momento. Incluso mientras repito mentalmente esas palabras, no siempre sé por qué son importantes. No puedo ver inmediatamente cómo encajan en el tema de la maternidad. Pero al llegar a casa dejo las bolsas y voy corriendo a buscar un bolígrafo y un papel.

Tengo la suerte de ser licenciada en historia, y me ha impresionado especialmente releer el trabajo de Tucídides (que reunió gran parte de la información para *La guerra del Peloponeso* a través de conversaciones). De su estilo metódico he aprendido a apreciar lo importante que es escuchar una gran variedad de voces discordantes, y a tener mucho cuidado para no distorsionarlas y reducirlas a un coro armonioso y uniforme.

Mis conversaciones con las madres son confidenciales, y así he procurado mantenerlas. En mis notas no hay nombres ni fechas. Normalmente ni siquiera recuerdo quién dijo qué. He utilizado un sistema de citas breves como ejemplos de las pautas de maternidad añadiendo el sexo y la edad de cada bebé. Espero que si una madre puede identificar sus palabras, se sienta protegida por este planteamiento anónimo. Muchas veces me conmueve profundamente lo que dicen las madres. Nuestras conversaciones son sagradas para mí, y espero seguir conversando con ellas mucho después de que se publique este libro.

Las madres con las que hablo viven por lo general en Londres. No todas nacieron aquí. La mayoría son blancas, algunas negras y otras de raza mixta. Proceden de Gran Bretaña y muchas otras zonas de Europa, América del Norte y del Sur, Israel, Egipto, Nigeria, Sudáfrica, Madagascar, India, China, Japón, Australia y Nueva Zelanda. La mayoría provienen de familias «nucleares» [una pareja y sus hijos], pero algunas proceden de grandes familias tradicionales. Algunas están casadas, otras tienen pareja, otras son madres solteras y algunas son lesbianas. Sus edades oscilan entre los veinte y los cuarenta y cinco años. Casi todas tienen estudios, y casi todas ganaban lo suficiente para vivir por su cuenta antes de tener hijos. Esto las convierte en una generación más independiente económicamente que la de sus abuelas, y tal vez incluso la de sus madres.

Veremos que casi todas estas madres se quejan de que no estaban muy bien preparadas para la maternidad. En este sentido pueden ser únicas en la historia. Antes las niñas estaban preparadas desde que eran pequeñas. Veían a sus madres, aprendían de ellas y eran responsables de sus hermanos. Las madres que se mencionan en este libro pueden ser más aprensivas y tener más dudas que las que están mejor preparadas.

Aunque no resulte cómodo reinventar la maternidad, las madres lo están consiguiendo. Puede que dé miedo, pero también es apasionante no aceptar la tradición y desarrollar nuevas ideas. La presente obra examina algunos de los resultados de esta tendencia. También intenta mostrar las pautas generales de las experiencias particulares. La intención es exponer lo que las madres han hecho ya. Se trata de describir, no de prescribir. Cuanto más vivo, menos me gusta que le digan a una madre lo que «debería» hacer. Si observas en estas páginas que he ido más allá de una descripción para establecer cualquier «norma», te agradecería que me escribieras para decírmelo.

Aunque sólo he hablado con una pequeña muestra de todas las madres posibles, ha sido suficiente para comprobar lo vasto que es el terreno de la maternidad y lo poco que sabemos de él. Todo lo que me rodea parece confirmar su importancia, y con cuánta frecuencia se denigra. ¿Cómo podía dudar de que hubiera algo que decir? Al revisar ahora este libro que he terminado de escribir, me parece que apenas he comenzado a describirlo. Aunque estas páginas contienen gran parte de lo que he aprendido, es simplemente una fracción de todo lo que queda por descubrir. Espero que este libro pueda proporcionar dos cosas: el apoyo tan necesario para las madres, y una base firme para cualquiera que intente comprenderlas.

1. ¿Quién lo entiende?

Cuando digo que estoy escribiendo un libro para madres, la gente me mira con lástima. «¿No crees que ya hay suficientes libros? —me preguntan—. ¿No está todo dicho?»

Las mujeres como yo, que tenemos hijos mayores, sabemos que no es así. Sabemos cuánto queda por decir. Las madres viven en un mundo que no se ha descrito con precisión. No se han acuñado las palabras adecuadas. El vocabulario habitual nos lleva directamente a los viejos caminos trillados. Pero hay otros aspectos de la maternidad a los que no conducen estos caminos. Hay sendas que nadie ha explorado.

Las madres se quejan de su aislamiento físico, pero sin duda alguna es peor el aislamiento de no sentirse comprendidas. Ese tipo de aislamiento surge cuando a una persona le resulta difícil comunicar una experiencia importante a los demás. «Se ha escrito muy poco sobre el tema de la maternidad —observaba Susan Griffin, la escritora californiana—. La mayor parte del tiempo estaba sola en casa con un niño», recordaba. Decía que, cuando salía con su marido y su hijo, «era incapaz de hablar. Me imaginaba que la gente pensaba que era una estúpida. Estaba aturdida. Pero había algo que quería decir. Algo profundo».[1] Rachel Cusk, la novelista británica, escribió: «Cuando me convertí en madre, me encontré por primera vez en mi vida sin un lenguaje, sin una manera de traducir los sonidos que producía en algo que los demás pudieran comprender».[2] Si a dos madres que trabajan con palabras les resulta difícil hablar de la maternidad, ¿cómo no nos va a resultar difícil a las demás? Una madre comentó:

El martes fui a una cena, y no tenía nada que decir. Allí no pintaba nada. No podía hablar de lo único que me importaba. Y aunque lo hubiera hecho, nadie me habría entendido. [O, 6 meses]

Es fácil adherirse al uso habitual del lenguaje. Otra madre dijo:

Me llamó por teléfono mi jefe y me preguntó si estaba trabajando. Estoy enfadada conmigo misma por haberle dicho que no. [O, 9 meses]

Esta madre quería decir que no estaba trabajando en el sentido en que se lo preguntaba su jefe. Pero sin duda alguna estaba trabajando como madre, y se sentía furiosa consigo misma por perder la oportunidad de dejarlo claro. Las madres suelen hacer comentarios despectivos de este tipo: «Últimamente soy incapaz de trabajar» o «Ahora sólo me dedico a cuidar a mi bebé». Cuidar a un bebé puede parecer «algo» en un momento preciso, pero otras veces resulta difícil de explicar. No es fácil encontrar las palabras para comunicar lo que significa realmente.

A diferencia de casi todo lo demás que hacemos, las mujeres podemos convertirnos en madres sin ningún tipo de formación, calificación o supervisión. Cuando nace su bebé, una madre puede descubrir que se ha convertido en una de las personas más influyentes del mundo. Es cierto que su influencia sólo puede afectar a uno o dos seres humanos si se compara con un profesor o una persona famosa. Pero la influencia de una madre es más profunda y duradera. De forma colectiva, las madres aseguran la continuidad de la vida civilizada generación tras generación.

Hay muchos libros que establecen lo que una madre debería conseguir. Hay autobiografías de madres que se quejan de lo difícil que es ser una buena madre. Pero no hay muchas obras que exploren lo que consiguen las madres. Si las hubiera, tendríamos más palabras o expresiones para describir los logros maternales. El resultado es que muchas madres no reconocen sus propios triunfos. Aunque una madre pueda estar agotada y su casa pueda parecer un caos, puede estar haciéndolo maravillosamente bien como madre.

Ser madre es más que la descripción de un trabajo o un papel que ni siquiera define su comportamiento. Las madres no tienen el monopolio del comportamiento maternal. La mayoría de la gente es capaz de ser maternal. Sin embargo, hay una diferencia entre ser *como* una madre y ser madre.

La palabra «madre» describe una relación que en muchos casos se debe ajustar a todas las relaciones que tiene ya una mujer. Normalmente es ya esposa o pareja, amiga, colega, vecina, hija y hermana, y quizá madrastra, madrina o tía. Por lo general una mujer tiene que dar a luz a un bebé antes de poder utilizar la palabra «madre» para describirse a sí misma. Sin embargo, cuando tiene o adopta a un niño, la relación entre ellos es para siempre. Aunque ella o su hijo decidan rechazar la relación, para los demás eso forma parte del desarrollo de esa relación. En este sentido sobrevive a la madre y al hijo. Puede continuar a través de los recuerdos de los demás y de las estadísticas mucho después de que ambos mueran. Una persona de cualquier sexo y casi de cualquier edad puede ser «como una madre» para otra. Pero no es probable que esas dos personas permanezcan unidas durante tanto tiempo.

Las madres están por todas partes. Podemos pasar junto a una madre con un bebé en la calle, pero ¿cuánto vemos de su relación? Si el niño parece «bueno», la gente suele decir que la madre tiene «suerte» de tener un «hijo fácil». Pero tener un hijo no es fácil. Las madres que afirman que sus bebés son fáciles lo dicen en un sentido relativo. Muchas madres hacen grandes esfuerzos para cuidar a sus hijos, a veces sacando tiempo a duras penas entre muchos otros compromisos. Se puede decir que tienen suerte con amabilidad, pero puede sonar despectivo e insultante.

Sin embargo, como con cualquier relación, no se ve con claridad cómo funciona. Podemos ver a una madre actuando como tal, pero puede que lo que veamos no revele demasiado.

Tuve que hacerme un escáner, así que estuve radioactiva durante cuatro días, del viernes al lunes. Me dijeron inmediatamente que el resultado era negativo, lo que fue un gran alivio. Pero no pude coger a A en brazos durante esos cuatro días, y me sentía fatal. Busqué cosas para hacer y pinté la casa por fuera para llevarlo mejor. El martes volví a tomarla en brazos y pensé que me quedaría extasiada, pero no fue así. Sólo me sentía... plena. Estoy tan enamorada de ella. [A, 2 meses]

¿Cuánto de este drama interno puede ver alguien desde fuera? Una mujer que el lunes pinta su casa y el martes coge a su hija tranquilamente… Un extraño vería muy poco de esa intensa relación maternal.

No parece haber palabras para expresar la intensidad de lo que siente una madre. Si vuelve a trabajar normalmente, le resulta difícil explicar a sus compañeros de trabajo que se sigue sintiendo como una madre activa, responsable de su hijo. La gente del trabajo suele suponer que «si no le ve, no va a acordarse de él», pero un niño puede estar continuamente en la mente de su madre. Si una mujer decide quedarse en casa con su bebé, puede pensar que no está haciendo lo suficiente. Es posible que la gente le diga: «Ahora que eres madre debes estar muy ocupada». Pero con un bebé es probable que haya tenido que reducir su ritmo de vida. Puede sentirse desmoralizada y creer que no está consiguiendo nada, precisamente cuando su ritmo tranquilo le permite seguir el ritmo de su hijo.

Los rasgos esenciales de la maternidad son invisibles. Es difícil explicarlos con palabras. Las tareas prácticas son sólo una parte, y no reflejan lo que se siente al criar a un hijo. Una madre puede descubrir esto de repente después de estar cuidando a su hijo todo el día. Por la noche llega su marido a casa y por fin puede hablar con otro adulto. Es la única persona, el padre de su hijo, que puede comprenderla. Es posible que le pregunte algo amable como: «¿Qué tal te ha ido?» Ha sido un día difícil. Ahora puede compartirlo, esperar un poco de comprensión y recuperar fuerzas. Intenta buscar algo que decir, pero puede ser frustrante. Las palabras que utiliza no están a la altura de la experiencia. Si es una madre soltera y se lo preguntan unas amigas sin hijos, le puede resultar aún más difícil responder.

• • •

Ese día estuve en el hospital con *A*, y sólo pude hablar con *P* cinco minutos. Acabé agotada. Me pasé allí todo el día. [*A*, 2 meses]

Le cuento a *P* lo que he hecho durante el día, ... y no tengo nada que decir. *O* ha ensuciado tres pañales y ha dejado de llorar durante media hora. ¿Qué importancia tiene eso? [*O*, 3 meses]

Cuando mi marido vuelve de trabajar y me pregunta qué he hecho, le digo que he llevado a *A* a tomar un café con mi amiga y su bebé. Por la expresión de su cara es evidente que piensa que he tenido un día bastante fácil. Y no puedo explicarle que no es así. Cuando voy a tomar un café, sé que es agradable charlar con mi amiga. Pero no puedo relajarme y concentrarme en nada, y ella tampoco. Las dos estamos cuidando a nuestros bebés. [*A*, 3 meses]

P vuelve a casa después de haber hecho un montón de cosas durante el día. ¿Y qué le puedo decir yo? *O* ha aprendido a abrir la puerta del horno. No suena muy emocionante, aunque yo me emocioné cuando lo consiguió. Pero no puedo esperar que a *P* le entusiasme. [*O*, 10 meses]

Cuando una madre no puede explicar lo que ha hecho durante el día, no es probable que se diga a sí misma: «Puede que no existan las palabras adecuadas». ¿Quién tiene energía para pensar al final de un día agotador? Una madre que tiene poco que decir normalmente, cree que es porque hay muy poco que merezca la pena contar. Si algo le pareció importante en un momento, si ahora se encuentra cansada, piensa que da mucha importancia a cualquier cosa. Se entusiasma por nada. Está cansada de hacer tan poco. Intercambiar historias al final del día es una actividad exclusivamente humana. La gente habla para dar sentido a los sucesos del día y para plantear y solucionar problemas. Cuando la historia de una madre parece encogerse mientras la cuenta, no puede usar esas historias para dar sentido a sus acciones, y mucho menos para ayudar a su pareja a comprenderla.

Los logros maternales suelen pasar inadvertidos. Si no hay palabras para describirlos, ¿cómo podemos reconocerlos? Por ejemplo, ¿cómo se puede explicar lo que hizo la madre que llevó a su hija de dos meses al hospital? Simplemente para planificar el viaje hay que pensar mucho. Una madre de un bebé de dos meses no hace sólo un plan. Hace varios con los que intenta cubrir y resolver las cosas más evidentes que pueden salir mal. ¿Cómo evitar que un bebé de dos meses llore durante los inevitables momentos de espera en un hospital concurrido? Esa madre tuvo que llevar la relación íntima con su hija a un lugar público que no controlaba, en el que había una serie de normas sociales. ¿Cómo se explica la complejidad de todo esto?

La falta de palabras puede estar justificada por una frase que encontré en un libro estadounidense sobre maternidad: «Sin embargo ser madre es aburrido». Los autores prosiguen: «Muchas mujeres se sienten frustradas, ansiosas e incómodas en su papel… Comienzan a dudar de sí mismas como personas y como madres».[3] Es fácil aburrirse haciendo algo que no tiene sentido. La gente necesita entender qué está haciendo y por qué. Si no es así, es lógico que una madre se sienta «frustrada, ansiosa e incómoda».

Vamos a suponer que usted y yo formamos un equipo para averiguar qué hacen las madres. Localizamos a una nueva madre y le preguntamos si podemos hablar con ella para que nos cuente cómo se las arregla con su bebé. Quedamos en pasar por su casa un domingo por la tarde para que hayan tenido tiempo de estar juntos. Cuando llegamos, tiene a su bebé sobre el hombro y parece alterada. Imagina que le preguntamos cómo lleva su maternidad. Casi con toda seguridad nos meteríamos en un lío. La madre reinterpretaría nuestra pregunta. Es más consciente de lo que *no* está haciendo. Está preocupada por sus necesidades básicas y las tareas domésticas que no ha conseguido hacer aún. Pasa lista a todo lo que no ha podido hacer aún. Imagina que insistimos y preguntamos: «Si no has podido ducharte ni comer, ¿qué has hecho con tu bebé antes de que viniéramos?». Es muy probable que entonces responda: «Nada», «Poca cosa», o «No sé cómo se me ha ido el tiempo».

¿Nada? ¿El tiempo se le ha ido sin más? Incluso ahora, mientras la miramos, podemos ver con claridad que está presente para su bebé. Ha renunciado a ducharse y a comer. Está dedicándole a él su tiempo y su energía. Nos encontramos ante un bebé muy bien cuidado. Pero a la mayoría de la gente le costaría explicarlo. El lenguaje puede ser muy claro y preciso para explicar cualquier cosa práctica. Una persona que ha limpiado tiene las palabras adecuadas y una zona limpia para demostrarlo. Es mucho más difícil encontrar una palabra para describir el tipo de atención que una madre presta a su bebé. En muchos casos ni siquiera hay cambio evidente en el bebé que pueda confirmar lo que ha hecho.

Para buscar defectos no parece haber ningún problema. Tenemos muchas palabras para describir lo que hacen las madres cuando tienen una mala relación con sus hijos. Podríamos compilar un pequeño glosario con una lista deprimente de palabras y expresiones: negligente, egoísta, despiadada, narcisista, fría, distante, despreocupada, irresponsable, antinatural, hostil, cruel, abusiva, punitiva, manipuladora, castrante, posesiva, superprotectora, entrometida, controladora, dominante, autoritaria, exigente, asfixiante, demasiado implicada, totalmente absorbida por su bebé, demasiado identificada con su hijo, insistente, insensible, ambiciosa, ansiosa, neurótica, histérica, inmadura, incompetente, introvertida, apática, depresiva, indulgente, blanda, permisiva, idealista... Y podríamos continuar con la lista.

Estas palabras son específicas e indican que una madre se relaciona mal con su hijo, normalmente por hacer mucho o muy poco. Por ejemplo, a una madre se le puede considerar «negligente» mientras se dice que otra es «superprotectora». Pero las madres deben proteger a sus hijos. No todas se encuentran en uno de estos dos extremos. Por lo tanto, necesitamos una tercera palabra que signifique «proteger a un niño en su justa medida». Entonces podríamos utilizar esta palabra para todas esas madres que protegen bien a sus hijos. Por supuesto, podemos discutir entre nosotros quiénes son esas madres, pero seguimos necesitando una palabra para eso.

Esto no significa que no deba haber expresiones y palabras negativas. Son necesarias porque ayudan a precisar en qué se puede equivocar una madre. El problema es que sólo tenemos este tipo de vocabulario negativo para las madres. Por ejemplo, el término «madre abusiva» no parece tener un opuesto. He preguntado a muchas madres en diferentes ocasiones si se les ocurre alguna palabra que signifique lo contrario para describir a una madre que tenga una relación beneficiosa para sus hijos, pero la respuesta es normalmente un silencio absoluto.

No existe tal palabra. Sin embargo, hay una lista mucho más corta de palabras para aprobar a las madres, por ejemplo afectuosa, cariñosa, maravillosa, paciente, comprensiva, bondadosa, protectora, preocupada, responsable, generosa. La mayoría de estas palabras no indican algo bueno que pueda hacer una madre. Describen sus sentimientos, que son invisibles y en muchos casos inconscientes. Esto significa que, cuando una madre actúa de forma maternal con su hijo, no tiene palabras para describir esas acciones. Podríamos entrar en una habitación en la que una madre acaba de pasar media hora tranquilizando a su bebé. Si nos disculpásemos por molestarla, es muy probable que respondiera: «No importa, no estaba haciendo nada especial». Pero no es cierto.

Vivimos en una sociedad en la que nos cuestionamos continuamente unos a otros. No es justo cargar a una nueva madre con una colección horrorosa de palabras para condenarla y no decir apenas nada para felicitarla cuando hace algo bien. Hace falta un nuevo vocabulario para compensar todas esas palabras y expresiones negativas.

Los logros más maternales se suelen considerar un fracaso. «Preocuparse» es un buen ejemplo. La mayoría de las madres se preocupan. Pero ¿qué hace en realidad una madre cuando está preocupada? Por ejemplo, si su bebé no deja de llorar, puede comenzar a pensar de una forma activa. Puede escuchar y observar cómo llora dejando a un lado sus propias suposiciones. Puede intentar comprender cómo se siente. Puede justificar su comportamiento con explicaciones que ha leído en alguna parte. Puede recordar algo que oyó hace muchos años y había olvidado hasta ese momento.

En otras palabras, puede pensar con rapidez en una gran variedad de posibilidades. Puede acabar con una idea bastante clara de por qué llora su bebé. Después comenta esta idea con alguien, y le dicen que «no debe preocuparse tanto», como si todo lo que ha pensado no tuviera sentido. Es fácil sentirse humillada y estúpida con este tipo de comentarios. Pero eso es porque la palabra «preocupación» se utiliza normalmente para referirse a una forma de pensar inútil y repetitiva. Hace falta una palabra más amable para reconocer la preocupación maternal lógica.

A veces las madres usan términos psicoanalíticos, y es probable que lo hagan para dar más importancia a su experiencia. Muchas madres califican con frecuencia sus acciones de «neuróticas», «obsesivas», «compulsivas», «fóbicas» o «paranoicas». Por ejemplo, una madre puede afirmar que se está volviendo «paranoica» porque no quiere que vaya a ver a su bebé una amiga que le acaba de decir que está un poco constipada. O considerarse «obsesiva» porque no deja de comprobar si su bebé tiene hambre. También puede decir que es una «neurótica» porque cuando su bebé duerme mucho, teme de repente que pueda estar enfermo o muriéndose.

Todos estos ejemplos describen situaciones en las que una madre se preocupa porque no tiene la experiencia suficiente para valorar los riesgos con precisión. Prefiere una opción más segura. Es posible que haya leído algo sobre el síndrome de muerte súbita, o puede que su bebé estuviera una vez enfermo mientras ella pensaba que estaba dormido. ¿No tiene motivos para sentirse ansiosa después de todo? Muchas madres tienen ansiedades concretas y comprueban con frecuencia si sus temores se han hecho realidad. Es un comportamiento lógico, y una buena manera de aprender.

Al principio me preocupaba por muchas cosas. Ahora me doy cuenta de que estaba neurótica. [*O*, 6 semanas]

Primera madre: *O* dejó de respirar y se quedó inerte. Le puse boca abajo y le di unos golpecitos mientras repetía su nombre. Después marqué el teléfono de urgencias y fuimos al hospital. Todo ocurrió de repente. En un momento estaba bien y luego... Ahora me parece que voy a volverme loca porque estoy continuamente comprobando si *O* está bien. Me da miedo que vuelva a ocurrir. [*O*, 7 semanas]

Segunda madre: A mí también me ocurrió eso, y recuerdo que hacía lo mismo. [9 meses]

Creía que era una neurótica porque me pasaba el día mirando cómo estaba *O*. En cuanto le dejaba en la cuna y me aseguraba de que estaba durmiendo tranquilamente, empezaba a preocuparme otra vez. Al principio intentaba no preocuparme, pero no funcionaba. Entonces, una noche me dije que tenía que dejar de luchar conmigo misma y mirarle las veces que quisiera. Esa primera noche debí levantarme unas treinta veces. Pensaba que iba a volverme loca. Pero al día siguiente me di cuenta de que no me había levantado tanto. Ahora sé cuándo está dormido, pero sigo mirándole varias veces cada noche. [*O*, 3 meses]

En el avión me entró un pánico terrible. Estaba pensando que yo sabía nadar, pero mi hijo no. [*O*, 7 meses]

Estos términos psicoanalíticos fueron utilizados por Freud para identificar el comportamiento irracional. Por lo tanto, no son útiles para definir el proceso normal de aprendizaje. Si tuviéramos un vocabulario maternal, podríamos reservar los términos psicoanalíticos para las madres que, por ejemplo, se preocupan en exceso por el comportamiento de su bebé y no consiguen aprender de la experiencia. Es posible que estas madres necesiten hablar de sus temores con alguien. Pero si se utilizan esas palabras de forma general, se diluirá su significado y perderemos la utilidad que aún tienen.

Los únicos que han reconocido que hay muy pocas palabras útiles para describir la maternidad son los psiquiatras y los psicólogos que se dedican a la investigación, que han acuñado varios términos. Por ejemplo, Marshall Klaus y John Kennell inventaron en los años setenta la expresión *bonding* [vínculo], que se ha hecho muy popular. Pero ni siquiera ellos, cuando se les ocurrió, estaban demasiado satisfechos con sus connotaciones.[4] Otra expresión es «paternidad complementaria», que se refiere a una teoría desarrollada en Gran Bretaña y Estados Unidos para explicar cómo los niños pequeños se relacionan de forma espontánea con una figura paterna o un sustituto, que les inspiren confianza.[5] También hay palabras específicas como «estimulación», que se ha definido de la siguiente manera: «Aunque el niño se mueve al ritmo de la voz de su madre y por lo tanto se puede decir que está influido por ella, sus movimientos pueden recompensar a la madre y animarla a continuar».[6]

Una de las dificultades es que, en cuanto un psiquiatra o un investigador acuñan una palabra, intentan demostrar lo importante que es para las madres y los bebés hacer lo que describe esa palabra. «Creemos que todos los padres tienen una tarea que realizar durante el periodo de posparto», afirman Klaus y Kennell.[7] Son ellos los que definen cuál es la «tarea».[8] Este tipo de lenguaje convierte la maternidad en un campo de minas, con «expertos» que guían a las madres a través de las zonas peligrosas en vez de dejarse guiar por ellas y, lo que es más importante, utilizar su propio lenguaje. Ninguna madre inventaría nunca términos seudocientíficos como «vínculo», «paternidad complementaria» o «estimulación». Las madres hablan de amor.

Las palabras corrientes pueden resultar muy útiles. Una palabra que se ha incorporado recientemente a nuestro vocabulario y ha ayudado mucho a las madres que dan el pecho es «colocación», término acuñado por dos profesionales de la salud en los años setenta.[9] Se refiere a la importancia de colocar al bebé en una posición óptima para que coja el pecho de su madre. Esto puede parecer obvio, pero no lo es. La posición varía dependiendo de la altura de la mujer, el tamaño y la forma de sus pechos, el tamaño del bebé, y la silla o la cama en la que se encuentre la madre. Si el bebé no está en una buena posición, no conseguirá tomar el pecho, que es lo que ocurre actualmente con frecuencia. Aunque las madres que oigan esta palabra no sepan exactamente qué significa, pueden preguntar a qué se refiere si les preocupa cómo dar el pecho. Gran parte de las razones por las que muchas mujeres pensaban que no podían dar el pecho se comprenden al poder utilizar esta palabra.

Sin embargo, hasta no hace muchos años no parecía que fuera necesaria una palabra para explicar esto. La información se transmitía de forma tácita. «En las sociedades tradicionales

—señala Jacqueline Vincent Priya—, todas las madres dan el pecho y se supone que todas pueden hacerlo. En los numerosos lugares que he visitado, no me he encontrado con ninguna que fuera incapaz de dar el pecho o conociera a alguna que no tuviera suficiente leche para su bebé. Para las niñas que crecen en este tipo de sociedades, dar el pecho es una actividad cotidiana que ven a su alrededor y, por lo tanto, aprenden las técnicas inconscientemente desde que son pequeñas.»[10] Los niños, de uno u otro sexo, que crecen en familias en las que se da el pecho, se ponen muñecos en los pezones como han visto hacerlo tantas veces. Esto sugiere que, durante miles de años, las mujeres han debido transmitir visualmente esta información precisa y sutil de generación en generación. El logro es impresionante.

Es posible que hasta ahora las madres no hayan necesitado palabras precisas para describir la maternidad. Quizá esto explique por qué tenemos tan pocas palabras.[11] Las mujeres se veían unas a otras ejerciendo como madres. La importancia y el valor de lo que hacían era evidente. Hoy en día, una nueva madre que cuida sola a su bebé en su casa no se encuentra ya en este mundo tradicional. Por otra parte, normalmente tiene un teléfono a su lado y acceso a Internet. La maternidad se comunica con palabras más que nunca. Si no hay palabras, se entorpece la comunicación.

Muy poca gente te dice «¡Bien hecho!» cuando eres madre. Eso hace que todo sea diferente. [A, 8 meses]

Las madres declaran con frecuencia que una sonrisa amistosa de alguien en la calle o un comentario amable las ayuda a sentirse apoyadas y seguras de sí mismas el resto del día. Pero las personas que sonríen y hacen comentarios amables suelen ser también madres. Si la gente no sabe qué pueden hacer las madres, no es probable que se dé cuenta de que una madre está haciendo algo bien, aunque esté fijándose en ella.

En los siguientes capítulos he tenido que utilizar términos coloquiales en algunas descripciones de lo que hacen las madres porque no hay palabras ni expresiones específicas. Cualquiera podría argumentar que esto es dar demasiada importancia al lenguaje. ¿Importan tanto las palabras? ¿No es suficiente con que las madres hagan muchas cosas maternales aunque no tengan las palabras adecuadas para describirlas?

Yo creo que hay una buena razón para preocuparse. Una madre no vive en un vacío social. No está simplemente luchando con su propia autoestima, como parecen pensar algunos. Un bebé es mucho más que su empresa privada. No es un *hobby* para su tiempo libre. Está criando a un nuevo miembro de nuestra sociedad. Todos formamos parte de esta sociedad interactiva. Podemos verlo, por ejemplo, si observamos a una madre cuyo bebé empieza a llorar en un autobús abarrotado en el que hace un calor insoportable. ¿Es consciente de nuestra presencia? Es muy probable que nos mire con ansiedad para ver si nos molesta, o que tenga una actitud tensa y desafiante porque ya sabe la respuesta. Nuestras señales le importan. Todos participamos en la educación de la nueva generación, aunque a veces no nos demos cuenta.

Pero nuestra participación está condicionada por el lenguaje. Hay demasiadas palabras negativas que hacen que nos resulte muy fácil menospreciar a alguien que está intentando hacer algo difícil. La mayoría de los trabajos se pueden describir con palabras que nos ayudan a reconocer lo bien que nos las arreglamos. La maternidad es tal vez el único trabajo que permite a las madres centrarse en lo *mal* que lo hacen. Vamos a comparar a la madre del autobús con una mujer que va en el mismo autobús hablando de moda. La segunda mujer puede captar una amplia variedad de reacciones por las expresiones de la gente. Por el contrario, la madre del bebé que llora sólo captará nuestra desaprobación. Pero ¿por qué no puede recibir ella también un espectro de reacciones? Las madres necesitan una gran variedad de pequeñas señales para orientarse. Eso no significa que vayan a hacer exactamente lo que queramos, al igual que la mujer que habla de moda. Pero sin duda alguna necesitan que podamos admirarlas para restablecer el equilibrio.

¿Cómo puede sentirse una mujer satisfecha al final del día haciendo algo tan responsable como ser madre sin ser capaz de explicarse a sí misma qué ha hecho bien? ¿Cómo puede hablar de lo que ha hecho con otras personas si sólo puede describir sus errores? Esto tiene una implicación práctica. Si las mujeres consideran la maternidad insatisfactoria, ¿cómo van a disfrutar de ella?

Siempre ha habido mujeres a las que les gusta ser madres a pesar de las dificultades, y otras que lo odian. En medio se encuentra la mayoría que puede desviarse hacia un lado u otro. Si hay tantas palabras para confirmar su capacidad profesional, pero sólo términos negativos para resaltar sus errores como madres, es lógico que no quieran poner en peligro su reputación ¿No es comprensible que prefieran una carrera en la que se sienten respetadas? Muchas madres que trabajan se quejan de que les queda poco dinero porque tienen que pagar a alguien para que cuide a sus bebés. Pero al menos pueden compartir la responsabilidad con esas personas.

Históricamente siempre ha habido madres que han pagado por cuidar a sus hijos, por lo general en casa. Sin embargo, hoy en día la mayoría de las madres trabajan lejos de sus bebés, y por lo tanto necesitan que alguien los cuide. «Te volverías loca si te quedaras en casa sola con tu bebé», suelen decir. Y en parte tienen razón. Puede ser terrible cargar con una responsabilidad tan pesada con tan poco reconocimiento por parte de los demás. Se habla mucho del daño que una madre puede hacer a su hijo, pero no de lo que hace bien. Sin duda alguna lo bueno que haga le durará a su hijo toda su vida. ¿Por qué no se dice esto con más frecuencia?

En resumen, el lenguaje que utilizamos es importante porque transmite una imagen de la maternidad. En este momento transmite una imagen distorsionada. Se ha hecho creer a las mujeres que pueden tener éxito en su trabajo, pero que ser madre es tan difícil que el éxito es imposible. Una imagen más honrada daría ánimos a muchas mujeres que podrían decidir cuidar a sus bebés si pensaran que tienen la posibilidad de hacerlo bien.

El presente libro es un intento de proyectar una imagen más clara. Nuestro punto de partida será escuchar lo que dicen las madres. La mayoría de las declaraciones que se incluyen son de madres que estaban sentadas en un círculo, acunando a sus bebés o viendo cómo jugaban, en alguna de las reuniones que organizo. Casi todas eran madres primerizas con hijos lo bastante pequeños para llevarlos a las reuniones. Esto resulta útil, porque el comienzo de la maternidad es la época en la que se plantean las preguntas más importantes y se toman más decisiones. Es cuando una madre empieza a construir el «sistema» que se convertirá en su estilo de maternidad. Por lo tanto, estas reuniones son una buena manera de conocer a las madres. Pero también debemos ser conscientes de que a veces dan una imagen «borrosa» porque no tienen las palabras precisas. Y también podemos darnos cuenta de que en muchas ocasiones hacen más de lo que se imaginan.

Los siguientes capítulos están organizados por temas. Puede parecer extraño seleccionar fragmentos de conversaciones relacionadas con el tema de cada capítulo en vez de reproducir una conversación completa en su contexto. Sin embargo, me ha parecido significativo recopilar afirmaciones similares que en algunos casos he oído con años de diferencia. Las he ordenado de acuerdo con las edades de los bebés, y espero que esto resulte útil.

Empezamos con un capítulo que, lógicamente, debe ir al principio. Pero no es un tema del que se suela hablar al comienzo de una reunión. Hace que surjan sentimientos muy intensos, y a las madres les gusta tantearse antes.

2. «Nada te prepara»

Sentadas en la seguridad de un círculo, las madres (normalmente primerizas) tienen claro que sus vidas han cambiado profundamente desde que tuvieron a sus bebés. Las imágenes que utilizan son impresionantes. «Es como estar en un país diferente», «en otro planeta», «en otra órbita», «en un universo paralelo». Normalmente tienen que acunar a sus bebés mientras hablan, porque los bebés suelen llorar, quizá al sentir la intensidad de los sentimientos de sus madres.

Aún me estoy recuperando del *shock*. Cuando nació O, las comadronas me dejaron en la habitación y me dijeron: «Tu bebé te necesita. Tienes que alimentarle». Pero era de noche, y no había nadie para decirme qué debía hacer. [O, 2 semanas]

No sabía que me sentiría así. Soy muy protectora. *Yo* estoy manteniendo a este bebé con vida. Es increíble. [A, 2 semanas]

O era un completo desconocido para mí cuando nació. Ahora le adoro, pero no fue amor a primera vista ni mucho menos. ¿Por qué no me dijo nadie que sería tan difícil? [O, 5 semanas]

Después del parto estaba totalmente conmocionada. No sabía cómo dar el pecho ni cambiar un pañal ni nada. Seguía acordándome del parto, y tardé varias semanas en superarlo. [*A*, 6 semanas]

Antes de tener un bebé tenía una visión de una pareja feliz que sonríe y lleva al bebé a pasear por el parque, pero no ha sido así. *P* y yo seguimos intentando adaptarnos a ser padres. [*O*, 3 meses]

Convertirse en madre es como si te sacudiese un terremoto. Es terrible. Cambia completamente todas tus relaciones. [*A*, 4 meses]

No tenía ningún punto de referencia. [*O*, 5 meses]

La primera vez fue un *shock*. Te sientes conmocionada. La segunda vez fue diferente. No estaba en ese estado de *shock*. [*O*, 4 años; *A*, 1 año]

Estas afirmaciones son muy fuertes. La palabra que más repiten las madres es *shock*. Sin embargo, es una palabra singular en este contexto. La maternidad no es un fenómeno nuevo. ¿No saben las madres lo que les espera? ¿No se han transmitido ninguna información a lo largo de tantos siglos?

Sin embargo, cuando las madres siguen hablando, queda claro que *shock* es la palabra adecuada. En las culturas tradicionales las niñas comparten las responsabilidades maternales desde que son pequeñas.[12] En la cultura occidental la mayoría de las mujeres entran en el mundo de la maternidad como adultas, con poca experiencia y muy poco apoyo.

Antes, la mayoría de las mujeres esperaban convertirse en madres. La maternidad permitía a una mujer acceder a la «corriente principal» de la cultura femenina. Sin un hijo se encontraba en la periferia, y era simplemente una tía benévola que ayudaba a la familia y a las amigas con sus hijos. Cuando nacía su bebé, una madre podía estar en el centro de esa corriente cultural.

Pero hoy en día la historia es diferente. Muchas mujeres trabajan a jornada completa, y se ha desarrollado una nueva cultura que respalda este cambio. Cuando una mujer tiene un bebé debe abandonar su trabajo, con lo cual pierde también su red de apoyo tras una fiesta de «despedida». Aunque sólo vaya a estar ausente unos cuantos meses, puede sentirse completamente sola. En vez de unirse a la corriente principal, puede pensar que la ha dejado atrás para embarcarse en un viaje solitario. Puede sentirse muy sola tras haber perdido su antigua red de apoyo sin tener una nueva. Puede encontrar círculos de madres que le den la bienvenida, pero la cuestión es que tiene que buscarlos. La antigua cultura maternal no está ya ahí esperándola.

Las madres primerizas suelen reunir información sobre bebés. Leen libros y revistas, ven vídeos y van a clases de preparación para el parto. De este modo se dan cuenta de que puede haber algunas sorpresas. «Cuanto menos anticipen este trastorno, mayor será el *shock*», decía el doctor John Cobb en un libro con un título muy significativo, *Babyshock*.[13] Pero a muchas mujeres, aunque hayan asistido a clases preparatorias, la realidad les parece excesiva. Alguien se lo podría haber advertido. Estaban preparadas para esperar un pequeño *shock*, pero lo que han experimentado es un *shock* tremendo.

¿Por qué se sienten tan abrumadas las madres? En cierto sentido una mujer no se puede preparar para recibir a su bebé. Pero puede prepararse para llevarse una sorpresa. Eso es lo que ocurre con el amor erótico. Es revelador comparar cómo se preparan las mujeres para un romance. No hay clases para aprender a enamorarse. Sin embargo, la inmensidad del amor se describe en canciones y poemas, en tragedias y comedias, y se transmite en diferentes niveles de generación en generación. «Oh, está enamorada», decimos, y esas dos palabras cruciales expresan una gran cantidad de información. Esperamos que una persona enamorada sea soñadora, tenga cambios de humor, evite los compromisos habituales y esté totalmente centrada en la persona amada. Desde la infancia comenzamos a advertir que enamorarse puede ser un acontecimiento dramático, que tiene el poder de cambiar nuestras vidas para bien o para mal.

Por el contrario, la experiencia de convertirse en madre no es un tema habitual en la literatura y las canciones populares. Puede haber muchas historias sobre crisis singulares, pero no hay una cultura popular que ayude a una madre a adaptarse a su nuevo papel. Ahí es donde las nanas tradicionales resultan muy útiles. Una nana puede transmitir todo tipo de información a través de la letra y la melodía. Una madre que canta una antigua nana puede sentirse conectada con su propia infancia, con su madre y con su abuela, y llegar a sentir que pertenece a una comunidad de madres. Puede mirar a su hijo y preguntarse si él cantará la misma nana a la siguiente generación de niños. Sin embargo, hoy en día las madres suelen decir que no saben ninguna nana, así que se las inventan o adaptan canciones. Esto debe dejarlas con un sentido de discontinuidad. Las nanas también pueden contener experiencias maternales útiles. Por ejemplo, esta nana procede de una colección titulada *Weavers of the Songs: the oral poetry of Arab women in Israel and the West Bank* [Tejedoras de canciones: la poesía oral de las mujeres árabes en Israel y el West Bank (región de Palestina al oeste del Jordán y noroeste del Mar Muerto)].

> *Ah alnamnam, ah alnamnam*
> Le he puesto a dormir, pero no se duerme.
> Le he puesto a dormir en el desván,
> porque temo a la serpiente.
> Acúnale, mujer de mi hermano,
> puede que con tu voz se duerma.[14]

Este poema trata de una madre que no puede conseguir que su hijo duerma, así que se lo pasa a la mujer de su hermano. Hay una segunda estrofa, casi idéntica, que canta la mujer del hermano. Pero tampoco *ella* puede hacer dormir al bebé. Entonces se lo pasa a la mujer de Said (no sabemos quién es la mujer de Said). No hay más estrofas, seguramente porque tampoco la mujer de Said tiene una fórmula mágica. Se supone que la nana se repite añadiendo nombres de más mujeres, o quizá con las mismas haciendo una segunda ronda.

Esto nos habla de madres que se encuentran desorientadas y del tiempo que puede llevar dormir a un bebé. Nos dice que la madre no sabe de forma instintiva cómo hacerlo, y que las otras mujeres tampoco saben más que ella. Refleja la ansiedad que sienten porque ninguna puede dormir al bebé. También hace que los que escuchan aprecien más que un bebé esté dormido, y les hace preguntarse si es necesario cantar y acunarle mucho para conseguirlo.

Este tipo de nanas hacen algo más. Aunque una madre esté sola mientras canta, puede sentirse conectada con un ritmo de vida lento y repetitivo. La paciencia, la comprensión y la perseverancia son importantes. El objetivo no es conseguir grandes logros, sino continuar con el camino de la maternidad. Hoy en día muchas mujeres adoptan este ritmo de vida con el nacimiento de sus bebés, que trastoca todos sus valores habituales. La paciencia y la comprensión se suelen menospreciar en el mundo competitivo en el que trabajaban muchas mujeres hasta dar a luz. Pero ser eficaz, pensar con rapidez al hablar por teléfono y ser capaz de llegar a los plazos y coordinarse bien con muchas otras personas competitivas no resulta muy útil para estar con un bebé. Parte del *shock* se debe a que no nos educan para este cambio de orientación.

En las antiguas sociedades tradicionales, las madres iban con sus hijos a trabajar, o se los llevaban para poderles dar el pecho. Esto ayudaba a otras mujeres a hacerse una idea de lo que era ser madre. Era la manera tradicional de preparar a las mujeres para la maternidad. Sin embargo, hoy en día el trabajo y la maternidad están separados en dos mundos que en teoría no deben superponerse. Entonces, ¿cómo va a aprender a ser madre una mujer que quiere trabajar hasta el final del embarazo?

Hasta hace una generación la preparación comenzaba a través del juego. Ahora se sigue dando a las niñas muñecas, pero no suelen ser bebés. Sin embargo, hasta que tienen cinco años parecen sentir una curiosidad espontánea por cómo cuidan las madres a los bebés. No es necesario que ningún adulto les diga que vayan a mirar. Las nuevas madres suelen decir que, cuando están dando de comer a sus bebés en una zona de juego, tanto las niñas como los niños dejan con frecuencia de jugar y se acercan a ellas para ver qué están haciendo. Un niño puede estar un rato observando y decir algo así: «¿Es tu bebé? Mi mamá también tiene un bebé en casa». Con esas palabras amables intenta disculparse por mirar, y al cabo de unos minutos se va para seguir jugando.

El proceso de aprendizaje parece funcionar a un nivel visual, sin palabras. Esto demuestra que los niños necesitan no sólo ver a sus madres, sino a una gran variedad de madres. Observando, un niño aprende cuestiones prácticas además de actitudes. Una niña pequeña que observa cómo alimenta una madre a su bebé capta no sólo el método particular de esa madre, sino también parte de su dignidad, o quizá lo cómoda que se encuentra en su papel. A través de la observación, estas tradiciones se han transmitido de generación en generación sin utilizar apenas el lenguaje.

Actualmente esto resulta más difícil. Ahora la mayoría de las madres vuelven a trabajar antes de que sus hijos tengan un año, lo cual constituye un cambio relativamente reciente.[15] Por lo tanto, muchos niños pasan gran parte de su tiempo fuera de casa, atendidos normalmente por un equipo de mujeres profesionales. De este modo es más difícil que perciban esas imágenes maternales fundamentales.

Ninguna generación ha preparado con tanta despreocupación a las niñas para la maternidad como la nuestra. En otros tiempos la preparación solía ser informal, pero funcionaba. Las niñas se encargaban de sus hermanos pequeños. Aunque podía ser restrictiva, esta preparación parece haber desaparecido sin nada que la sustituya. Hoy en día muchas nuevas madres no recuerdan haber cogido a ningún bebé antes de tener al suyo.

Antes se suponía que la mayoría de las niñas se convertirían en madres, y se las educaba con este fin. En algún momento del siglo XX esta antigua suposición desapareció. Ya no se espera que las niñas se conviertan en madres. Esto ha tenido un efecto liberador para las mujeres, pero sin duda alguna transmite una impresión negativa sobre la maternidad.

Históricamente, la educación estaba reservada para una élite. El objetivo era elevar las aspiraciones de la gente educada más allá del ámbito doméstico. Parte de esta actitud ha cambiado a medida que se ha ido extendiendo la educación, pero no del todo. Es una idea profundamente arraigada, y por lo tanto cuanto más se educa a los niños, más posibilidades hay de que capten mensajes negativos respecto a las tareas domésticas, que incluyen cuidar a un bebé. Una licenciada de Oxford que ahora es madre lo expresa muy bien: «¿Ha sido mi educación una pérdida de tiempo? Fue muy buena, pero me hizo creer que era demasiado inteligente para dedicarme a cosas tan vulgares como coser etiquetas con nombres de niños. También me convenció de que las mujeres auténticas no tienen hijos».[16]

La educación nos anima a ser independientes y a cuestionarlo todo. Las madres de estos tiempos dicen que piensan de forma independiente. Algunas son madres solteras por decisión propia. Otras son las que más aportan económicamente a su matrimonio y están orgullosas de su independencia. Pero esto puede tener una consecuencia imprevista. A una madre orgullosa de ser independiente le puede resultar más difícil tener paciencia con su bebé dependiente. Ahora parece que se da prisa a los niños para que crezcan rápidamente. Las madres los felicitan por dormir muchas horas seguidas por la noche, por aprender a jugar solos o por no asustarse al ver gente desconocida.[17] Es posible que a las madres muy independientes les cueste más comprender las necesidades dependientes de sus bebés.

Los años de trabajo y educación también pueden influir de otro modo en las expectativas de una mujer respecto a la maternidad. Ser madre es una relación continua. Dana Breen se dio cuenta de esto cuando escribió un nuevo prólogo para su libro *Talking with Mothers* [Conversaciones con las madres], en el que describe lo que ella denomina «la pauta de los obstáculos» con la que una persona se prepara para superar una dificultad concreta antes de que su vida vuelva a ser normal. Breen afirma que convertirse en madre no es así. Las mujeres cambian, y después del parto la vida no es como antes.[18] Pero ¿por qué debería hacer esta observación? Todo el mundo sabe que los bebés vienen para quedarse. Sin embargo, si consideramos cómo han vivido las mujeres antes de convertirse en madres podemos reconocer la gran influencia de esta pauta.

La educación obliga a los alumnos a salvar muchos obstáculos. En la escuela y la universidad hay pruebas y exámenes que exigen que una niña se prepare a fondo y demuestre sus conocimientos durante un breve e intenso periodo de tiempo antes de poder relajarse. Esta pauta se suele repetir en el trabajo. Hoy en día trabaja una gran proporción de mujeres. Cuanto más exigente es el trabajo de una mujer, más obstáculos se encuentra en su camino. Tiene que hacer solicitudes y entrevistas, llegar a trabajar a tiempo, demostrar su capacidad, hacer promociones y presentaciones especiales, derrotar a sus rivales, defender sus derechos y presentar solicitudes para ampliar sus perspectivas profesionales, etc. Ante cada obstáculo, una mujer se prepara, se pone en marcha para hacer las cosas lo mejor posible en un breve e intenso periodo de tiempo y espera relajarse después.

Es comprensible que una mujer pueda aplicar la «pauta de los obstáculos» al parto, porque parece una situación familiar para la que es necesario prepararse. Para ello hay libros, vídeos, páginas web y cursos que ofrecen una gran cantidad de información. Una mujer tiene que estudiar mucho para intentar tener un buen parto antes de regresar a casa y poder relajarse. Cuando se recupere, todo volverá a la normalidad, como siempre. Es difícil no hacer esta suposición, aunque sea de forma vaga. Por lo tanto, resulta alarmante volver a casa con el bebé y descubrir que ni siquiera hay tiempo para ver un vídeo o tomar un café con las amigas.

Cuando nace un bebé, la vida de una mujer cambia completamente. «Lo más curioso de estar embarazada y ser madre es que, aunque sabemos que lo uno lleva a lo otro, no tienen el mismo efecto psicológico —señala Nigella Lawson—. Cuando poco después del parto una amiga mía dijo que sabía que estaba embarazada, pero que nadie le había dicho que iba a tener un bebé, supe exactamente qué quería decir.»[19] Lo mismo les ocurre a las madres a las que he leído este pasaje.

Las nuevas madres recuerdan a veces sus clases preparatorias y se sienten traicionadas. Pero estas clases sólo pueden proporcionar una pequeña preparación para vivir con un bebé. Cuando una madre va a estas clases, sólo le faltan unos meses para dar a luz, y, como es lógico, lo que más le preocupa es el parto. Los cursillos prenatales responden a la necesidad de información sobre el parto, que es un tema práctico. Las madres están receptivas y dispuestas a aprender. Puede que escuchen de forma selectiva y recojan información para después del parto. Pero aunque no lo hagan, la falta de preparación a la que se enfrentan hoy en día la mayoría de las nuevas madres no se puede compensar con unas clases prenatales.

* * *

Fui a clases y leí muchos libros. Creía que estaba bien informada. Pero nada te prepara para esto. Soy profesora, y me habría ido mejor si hubiera dado a luz a un niño de cinco años. El parto fue bien, y ahora me doy cuenta de que era eso para lo que me había preparado. No había hecho nada tan difícil en mi vida. Me siento muy incompetente. Estoy sola, y sigo pensando que hago mal las cosas. Es duro, y para mí es difícil decir que es duro. [*A*, 5 semanas]

Me siento engañada. No estaba preparada para cuidar a mi bebé después del parto. Todas las noches me entraba el pánico. [*O*, 6 semanas]

Después del parto es un *shock* terrible. Quiero decir que te preparas para el parto, y de repente te encuentras con esto. Luego hay un inmenso espacio abierto. [*O*, 2 meses]

No podía pensar más allá del parto. Me aterrorizaba. [*O*, 2 meses]

Estaba muy bien informada sobre el embarazo. Pero el embarazo es una tontería comparado con lo que viene después. [*O*, 3 meses]

¿Por qué no te lo dice nadie? Te hablan del parto, de los fórceps, de las ventosas y de la cesárea. Pero nada para después. Creía que le pasaba algo a *A* porque durante dos meses más o menos quería que la llevara en brazos a todas partes. No podía dejarla en ningún momento, ni siquiera para ir al baño. Puede que no les pase a todas las madres, pero no creo que sea tan raro. ¿Por qué no te lo dice nadie? [*A*, 4 meses]

Aún me acuerdo del momento exacto cuando volvimos del hospital. *O* estaba en la silla del coche, y le dejé en la habitación delantera de nuestra casa, en la que habíamos vivido muchos años. Entonces pensé: «¡Socorro! ¿Qué se supone que tengo que hacer ahora? ¿Qué hago con este bebé?» Toda la preparación era para el parto. No había nada para después. [*O*, 9 meses]

Puede que estas declaraciones suenen dramáticas. Sin embargo, la realidad *es* de repente dramática. De la noche a la mañana una madre se encuentra en un nuevo territorio. Incluso los aspectos más triviales de su vida cotidiana cambian por completo. Cuidar a un bebé significa que las situaciones que antes parecían normales y seguras, ahora están llenas de riesgos y peligros inesperados. Un bebé depende de la vigilancia de su madre. Si ves a una madre en la calle con aspecto soñador, es muy probable que se encuentre en un momento «seguro». Si la sobresalta algo, verás cómo se pone en alerta inmediatamente. Incluso la mujer más relajada sabe que como madre debe ser práctica.

Me siento como si hubiera subido al Everest después de haber hecho hoy tres cosas para las que he tenido que hacer un montón de planes. [*A*, 5 semanas]

Cuando *P* y yo vamos a dar un paseo (llevando a *O* en su cochecito) e intenta hablarme, no puedo escucharle.

Estoy demasiado ocupada diciéndome a mí misma: «Cuidado con ese escalón. Ahí delante hay una grieta en la acera. Socorro, un ciclista». Eso es lo único en lo que soy capaz de pensar. [O, 6 semanas]

Todas las mañanas, cuando pienso adónde voy a ir con O, tengo en cuenta cómo se llega a un sitio, si hay escaleras y cómo me las voy a arreglar con el cochecito. No puedes ir a los sitios como antes. [O, 3 meses]

Una parte de mi personalidad es un poco frívola, mientras que la maternidad es muy práctica. [A, 4 meses]

Todo esto puede ayudar a explicar por qué las nuevas madres suelen sentirse aisladas de las amigas que no tienen hijos. Se sienten como si hubiesen cruzado una línea divisoria, y cuando miran al otro lado ven a esas amigas en un estado de ignorancia que no les cuesta reconocer.

Mis amigas me llaman y me dicen: «¿Vienes a tomar unas copas? Va a ser una noche genial». No tienen ni idea. Aunque quisiera ir, ¿qué creen que puedo hacer con O? Pero recuerdo que yo también era así. [O, 2 meses]

Antes yo era como es mi amiga ahora. Pensaba que era muy aburrido estar con una amiga que tenía un hijo y no dejaba de interrumpirnos para atender a su bebé. [A, 4 meses]

• • •

Hace mucho tiempo se esperaba que una mujer sin hijos se ofreciese a ayudar si una amiga suya tenía un bebé. Actualmente las mujeres se sienten liberadas de esta presión tradicional, pero esa nueva libertad deja a una mujer sola cuando se convierte en madre. Entonces le puede resultar difícil conseguir el afecto y la comprensión de sus viejas amigas cuando más las necesita. Una antigua amiga puede ayudar a recordar la importancia de la maternidad.

Es posible que sus amigas no entiendan lo que siente por su bebé, que se ha convertido en una persona trascendental en su vida. Cuando una madre está embarazada, el bebé se puede considerar algo personal, que sólo les incumbe a ella y a su pareja. Pero cuando nace se convierte en un nuevo miembro de la sociedad, y la gente hace comentarios sobre él que pueden preocupar a la madre.

A estaba llorando, y un amigo dijo: «Es una pequeña *prima donna*». Me sentí muy ofendida. Él no tiene hijos, pero estaba juzgando a mi hija. [A, 2 meses]

En nuestro grupo de madres había un niño con las orejas muy abiertas. No tenía importancia. Enseguida le crecería el pelo y tendría el mismo aspecto que los demás. Pero otra madre dijo: «¡Qué orejas de soplillo tiene!» Entonces la madre del bebé se acercó a él y empezó a acariciarle la cabeza. Era evidente que se sentía muy dolida. Quieres que acepten a tu hijo. [O, 11 meses]

La sensibilidad de una nueva madre parece ser funcional. Por una parte está aprendiendo a percibir cómo reacciona la gente ante su hijo. Si hay algún problema, hará todo lo posible por solucionarlo. Es la persona que conecta a su hijo con el resto de la sociedad, y muchas veces se fija en detalles que nadie más ve. Ése es su «trabajo» como madre. El otro lado de su sensibilidad, que necesita para ser una madre competente, es una nueva tendencia a sentirse dolida con facilidad.

Conoce a su bebé de toda la vida. La mayoría de las madres no están preparadas para los intensos sentimientos que produce esto. Muchas de ellas se definen a sí mismas como «mujeres trabajadoras» y pretenden encajar a sus bebés en su rutina habitual. No esperan sentirse tan unidas a ellos para no querer volver a trabajar, y esto afecta a sus planes de trabajo.

Los empresarios son cada vez más flexibles respecto a las madres. Ahora las madres pueden coger una «baja maternal» o una «excedencia», pero se supone que es un plan a corto plazo. Los bebés se consideran una interrupción en el curso normal de trabajo. Esto puede animar a una madre a pensar que su empleo es más importante que tener un bebé. Las madres se suelen quedar sorprendidas al descubrir que después del parto cambian sus valores. Por primera vez su trabajo, que antes significaba tanto para ellas, puede parecerles menos importante que su bebé.

> Si dejo mi trabajo, se acabará mi carrera. Tengo un doctorado en ciencias y me dedico a la investigación. He tardado años en llegar aquí. Me quedaré desfasada si dejo de trabajar. Pero quiero estar con mi hija. ¡No me importa! [A, 3 meses]

Lo peor es tener que tomar todas esas decisiones antes de que nazca tu hijo, sin saber cómo te vas a sentir entonces. Yo decidí volver a trabajar, y ahora no quiero ir. No quiero dejar a O. Podría estar bien con otra persona, pero es demasiado pronto para mí. [O, 4 meses]

He cambiado de una manera increíble. Nunca pensé que querría quedarme en casa para cuidar a un bebé. He firmado un contrato para estar de baja maternal hasta que O tenga nueve meses. Entonces empezará a gatear y andar, y no quiero ni pensarlo. No quiero que le cuide otra persona. Quiero estar ahí para ver cómo crece mi hijo. [O, 6 meses]

Antes de que nazcan sus bebés muchas madres pueden pensar que han conseguido una buena baja maternal. Al final de ese periodo tienen que volver a trabajar. Si se niegan, su contrato las obliga a devolver el dinero de la baja maternal, que probablemente han gastado ya. Muchas madres se sienten desoladas cuando llega el momento de volver a trabajar.

Las condiciones de trabajo están cambiando continuamente. Muchas madres tienen experiencia como trabajadoras, y para retenerlas los empresarios tendrán que ofrecerles opciones más flexibles. Pero esto no ha ocurrido aún. Es lamentable que, porque las mujeres no estén preparadas para el profundo amor que pueden sentir por sus bebés, muchas tengan que volver a trabajar antes de estar preparadas y se prive a sus bebés de su cariño durante buena parte del día.

En el resto del libro se analiza lo que aprenden las madres y cómo se las arreglan. En algún momento, casi sin darse cuenta, pasan de ser nuevas madres a tener más experiencia. A pesar de la falta de preparación, las madres encuentran la manera de avanzar.

Tener un bebé —como morir— es una de las grandes transiciones de la vida para las que no puede haber un ensayo previo. Pero eso no significa que no pueda haber una preparación. Por lo menos podemos prepararnos para estar desorientadas y conmocionadas. Ser conscientes de esto puede resultar muy útil. Cuando las madres intercambian historias sobre las dificultades de las primeras semanas después del parto, empiezan a sentirse más fuertes. Esto nos ayuda a ver nuestras preocupaciones con cierta perspectiva. Es posible que estemos conmocionadas cuando tenemos un bebé, pero al menos podemos reconocer que es lógico teniendo en cuenta nuestra falta de preparación.

Se espera que una mujer enamorada esté abstraída y soñadora, y que una persona abandonada se sienta sola y tenga ganas de llorar. A las madres se les suele dar un periodo de «rodaje» de un par de semanas. Después de eso se espera que estén tranquilas y sean competentes. ¿No sería mucho más realista esperar que las nuevas madres estén ansiosas, confundidas y muy emotivas durante los seis primeros meses? Si pudiésemos aceptar que esto es lo normal para la mayoría de las nuevas madres, nos encontraríamos en una mejor posición para apoyarlas y respetarlas.

Sin embargo, es inevitable que una madre sienta una pequeña conmoción al dar a luz a su bebé. La emoción más común que sienten las madres cuando ven por primera vez a sus bebés es sorpresa. Podría ser similar a conocer a una persona a la que sólo conocemos por carta después de nueve meses de correspondencia. Ciertamente nos hemos hecho una imagen física de la otra persona, pero la persona real es diferente. Esos nueve meses eran una especie de preparación. Pero ahora la relación ha comenzado de veras.

3. «Toda la responsabilidad»

El nacimiento de un bebé debería ser una sorpresa controlable para su madre en vez de hacerle tambalear su confianza por completo, porque necesita estar tranquila para disfrutar de él y satisfacer sus necesidades. No hay palabras para describir el proceso de conocer a un recién nacido. Es un reto considerable. No es un proyecto de investigación de nueve de la mañana a cinco de la tarde, con un ordenador para comprobar los resultados y una buena noche de descanso entre un día y el siguiente. De repente la nueva madre descubre que ni siquiera puede ir al servicio sin pensar antes en la seguridad y el bienestar de su bebé. Si se da ese ansiado baño, ¿le oirá llorar por encima del ruido del agua? Si va corriendo a trabajar y le deja al cuidado de alguien, ¿sabrá esa persona cómo cuidarle y en qué momento debe llamarla al trabajo para consultarle algo?

El grado de conmoción parece ser mayor al comienzo de la relación. La madre no ha sintonizado aún con su bebé, ni él con ella. Las madres no hablan de las sorpresas normales del proceso de aprendizaje, sino de lo asustadas que se sienten por estar tan poco preparadas.

Recuerdo que al principio me invadía un pánico terrible por el hecho de ser madre. [*O*, 6 semanas]

Me formé como comadrona, así que estaba acostumbrada a coger bebés y a «manejarlos». Pero recuerdo que al mirar a O después de volver del hospital y ver su cara y sus manitas, me asusté al pensar en la responsabilidad. No te preparan para *eso* como comadrona. [O, 6 semanas]

No me puedo acostumbrar a sentirme responsable y me quedo paralizada. Mi marido me pregunta: «¿Cambio a O por ti?». [O, 2 meses]

Nada te prepara para esta responsabilidad. He tenido un trabajo muy responsable. Trabajaba mucho y no pasaba mucho tiempo en casa. Y de repente allí estaba todo el día, sola, con un bebé completamente dependiente. [A, 3 meses]

P y yo no nos hemos recuperado aún del *shock*. No podemos creer que O haya cambiado tanto nuestras vidas, y que estemos tan agotados. No estás acostumbrada a tener tanta responsabilidad veinticuatro horas al día. Perder mi virginidad no significó *nada* comparado con esto. Tener un bebé ha cambiado mi vida. [A, 13 meses]

La palabra clave que más repiten las madres es «responsabilidad». Como asesora de lactancia materna a veces me llaman madres con lo que ellas creen que son preguntas sobre lactancia. Después, mientras intentan explicar sus dificultades prácticas, de repente se echan a llorar al darse cuenta de que el problema subyacente es que se sienten abrumadas. Sus responsabilidades parecen enormes, y no están preparadas para ellas.

La palabra «responsable» proviene de «responder», y eso es precisamente lo que hace una madre. Aprende a responder a su bebé. En la mayoría de las relaciones esto se hace con palabras. Si una mujer estuviese esperando a un invitado desconocido, podría preguntar por las preferencias de su invitado. Tener que observar y escuchar las «señales» no verbales de un bebé puede resultar muy extraño. Con el tiempo es cada vez más fácil. Pero al principio suele exigir un nuevo estilo de comunicación.

Una nueva madre tiene que aprender qué puede esperar de su hijo, porque ya no es ese bebé con hipo que se estiraba y daba patadas en su vientre. Después del parto le puede parecer una persona diferente.

Primera madre: Cuando O estaba dentro de mí, me sentía como si fuésemos una sola persona. Reconocía todos sus movimientos y le quería mucho. Pero cuando nació, me miró como si no me conociera. Yo tampoco le conocía a él. Recuerdo que me sentí traicionada. [O, 3 semanas]

Segunda madre: Yo tuve la reacción contraria. Cuando estaba embarazada podía olvidarme por completo. Una compañera de trabajo decía que ya no podía concentrarse porque estaba totalmente sintonizada con el bebé que llevaba dentro. Yo pensaba: «Yo no me siento así. Puede que sea una mala madre y no sea capaz de querer a mi bebé». No tenía ni idea de lo que haría. Pero ahora que mi hijo ha nacido, le quiero y pienso en él todo el tiempo. [O, 6 semanas]

Las familias grandes suelen compartir la responsabilidad. Algunas parejas se reparten las responsabilidades con la mayor equidad posible. Sin embargo, antes de volver a trabajar, la mayoría de las madres acaban cargando con el peso de esa responsabilidad.

Hay una gran cantidad de libros que ofrecen consejos para cuidar a un bebé, que suelen estar muy bien escritos e ilustrados. El problema es que en muchos casos se contradicen. Muchas veces una madre no puede decidir cuál de dos sugerencias opuestas es la «correcta». Ambos planteamientos son tan inflexibles que sólo su punto de vista es el «correcto».

Primera madre: Quiero que alguien me diga qué hacer. Me gustaría tener un mapa. Estoy totalmente desorientada. No hay una rutina, y nunca sé en qué momento debo hacer algo o si lo estoy haciendo bien. [*O*, 8 semanas]

Segunda madre: Si encuentras alguna vez ese mapa, ¿podrías enseñármelo? [*O*, 8 semanas]

¿Cuál es mi manera de ser madre? Busco modelos, pero no hay ninguno. Me digo continuamente a mí misma que no lo estoy haciendo bien. [*A*, 4 meses]

Estoy leyendo dos libros con puntos de vista opuestos sobre si hay que dejar llorar a un bebé. Estoy realmente confundida. [*O*, 5 meses]
O está muy alterado por las noches. Le gusta que le coja en brazos y le lleve de un lado a otro. La gente decía que las noches serían más fáciles después de los

tres primeros meses. Sigo preguntándome qué estoy haciendo mal. [*O*, 5 meses]

Voy a escribir un libro sobre maternidad para poner todas las cosas que nadie te dice. Por ejemplo, cuando *O* era pequeño, podría haber ido corriendo a una cabina telefónica para decir: «Lo siento, no puedo con esto. Es demasiado difícil». Había veces en las que pensaba que nunca lo conseguiría. [*O*, 7 meses]

Esta sensación de estar perdida y desorientada no es nueva. Tolstoi habla de ella en su novela *Sonata a Kreutzer*, que terminó en 1889, en la que el personaje principal, Pozdnyshev, describe a su mujer como madre:

Aparte de las conversaciones sobre enfermedades y tratamientos, sobre los mejores métodos para criar y educar a los niños, estaba rodeada por todas partes por un montón de normas divergentes, tanto escritas como habladas, que cambiaban continuamente. A los niños había que darles de comer así, con esto; no, así no, con eso no, con esto otro; cómo había que vestirlos, qué había que darles de beber, cómo había que bañarlos, acostarlos, sacarlos a pasear, cómo se debía comprobar si tomaban suficiente aire fresco... Todas las semanas descubría nuevas normas sobre todo esto. Como si se hubiera empezado a traer niños al mundo ayer mismo. Y si se les daba mal de comer, si el baño se hacía mal o en un mal momento y el niño caía enfermo, entonces era culpa suya, porque no había hecho lo que se suponía que debía hacer.[20]

Al leer la descripción de Tolstoi nos encontramos en un mundo que la mayoría podemos reconocer: el mundo de los expertos. Tolstoi estaba pensando en las autoridades médicas que aconsejaban a las madres cómo debían alimentar y bañar a sus bebés. Hoy en día las madres también se enfrentan a «autoridades» que controlan el desarrollo intelectual y emocional de sus hijos. Para una nueva madre, la opinión de un experto que no la conocía y que nunca ha visto a su bebé puede tener más importancia que sus propias ideas. Y puede suponer que a su hijo le pasa algo porque no hace lo que según ese experto es «normal» para un bebé de su edad.

Aunque parezca extraño, la solución a este «problema» no es un superexperto que diga la última palabra. Lejos de ayudar a las nuevas madres, los expertos pueden minar la confianza que una madre necesita para descubrir por sí misma lo que quiere su hijo. Necesita información práctica para cuidar a su bebé sin demasiadas «reglas» estrictas. Cualquier experiencia de la infancia que pueda recordar le resultará muy útil. Y si su hijo está enfermo, necesita información médica. Aparte de eso, aunque pueda parecer sorprendente en la perspectiva basada en obstáculos y opiniones de expertos, una nueva madre no suele necesitar mucho más.

Si se siente desorientada, este problema no se arregla con libros y manuales. Lo que necesita es un estado mental adecuado para el proceso de autoaprendizaje. Cada vez que una mujer tiene un bebé tiene algo que aprender, a partir de su cultura, pero sobre todo del bebé. Si se considera una experta o tiene unas ideas muy rígidas le resultará muy difícil adaptarse a su hijo. Incluso después del primer bebé no puede quedarse sentada pensando que ya lo sabe todo. Cada niño será diferente y le enseñará algo nuevo. Necesita dudar para ser flexible.

Aunque pueda parecer alarmante, la sensación de confusión es apropiada. La incertidumbre es un *buen* punto de partida para una madre. A través de la incertidumbre puede empezar a aprender.

Con un nuevo bebé a una nueva madre la asaltan miles de preguntas, para la mayoría de las cuales no tiene respuesta. La toma de decisiones comienza casi antes de que una madre sea consciente de que está decidiendo algo. Por ejemplo, puede que alguien en el hospital le lleve una cuna y le sugiera que ponga en ella a su bebé. Que le deje en la cuna o siga teniéndole en brazos puede parecer una decisión trivial, pero es importante. La próxima vez hará lo mismo o modificará su decisión.

De este modo construye su propio sistema. Aunque no sea consciente de ello, es muy posible que su bebé esté empezando ya a aprender qué puede esperar de ella. En cierto sentido es como hacer punto, cuando las primeras vueltas no revelan demasiado. Hay que esperar para poder ver que eran el comienzo de una pauta. De igual modo, una madre no tiene que recomenzar con las cuestiones básicas una y otra vez. Puede utilizar sus decisiones iniciales como base para construir un sistema eficaz. En un buen día, una madre puede estar contenta con lo que ha conseguido. Eso la ayuda a sentirse más segura y menos caótica. Pero también habrá días difíciles en que parece que no hay orden, ni sentido ni posibilidad de prever nada. Entonces la madre puede desear que un superexperto le diga qué debe hacer. Las nuevas madres suelen oscilar emocionalmente entre días seguros y días confusos.

Este proceso de aprendizaje no tiene nada que ver con la imagen popular de una madre. Los cuadros y las fotografías retratan a madres tranquilas con bebés tranquilos sin ninguna sombra de duda en su rostro. A mucha gente le cuesta tolerar que una madre se sienta insegura. La ven como una persona que ha perdido el control, que no puede afrontar la situación y necesita ayuda. La gente que la rodea interviene rápidamente, como si llenara un vacío, para proporcionarle la seguridad que le falta. Algunos hacen sugerencias; otros dan órdenes. Esto puede desalentar a una madre. Es difícil sentirse tan insegura, sobre todo si cree que los demás han perdido la confianza en ella. En vez de considerar su inseguridad necesaria piensa que es muy poco maternal. Parece una prueba de su incompetencia, que demuestra que ha sido incapaz de ser una buena madre desde el principio.

Normalmente no es necesario decirle a una madre qué debe hacer. Puede desmoralizarla más, y sin duda alguna no le ayuda a aprender. Una madre necesita sentirse relativamente segura para arriesgarse a tener dudas. La gente que le da consejos no puede saber todos los detalles de su situación, y normalmente no tiene que vivir con las consecuencias a largo plazo de sus consejos. Una madre necesita tiempo para adaptarse a la maternidad, junto con su pareja. Necesita confianza para experimentar y cambiar de opinión unas cuantas veces. Necesita comprobar que algunas de sus ideas funcionan. La principiante más insegura e indecisa puede convertirse con el tiempo en una madre extraordinaria.

El milagro es que las madres consigan sobrevivir en un mundo dominado por los expertos. Después de largos y solitarios periodos de confusión, de repente descubren que están empezando a comprender a sus bebés. Y a medida que crecen sus hijos, crece su confianza.

Estoy aprendiendo a confiar en mí misma más que en los libros. Después de todo, nadie conoce a O mejor que yo, y ni siquiera *yo* le conozco tan bien. [*O*, 5 meses]

No tengo ninguna táctica, y no es bueno hacer sin más lo que la gente te dice. Se trata de experimentar para ver qué funciona con tu bebé en cada momento. [*O*, 5 meses]

Lo que más me cuesta reconocer, y me sigue resultando difícil incluso ahora, es que realmente sé. Soy de esas personas que siempre va corriendo a un libro para que le diga qué debe hacer. Pero con *O* lo sé. Es muy sencillo. Cuando llora, le cojo en brazos. Y normalmente estamos muy bien juntos. [*O*, 6 meses]

Cada vez que pongo un «debería» a lo que está haciendo *O* por lo que he leído o alguien me ha dicho, hago un juicio negativo. Entonces pienso que *O* no es como debería ser y le «pierdo». Y cuando hago eso, dejo de escucharle. [*O*, 6 meses]

Antes era muy voluble. Leía algo y pensaba: «Sí, tengo que probar eso». Luego leía otra cosa con un punto de vista opuesto y pensaba: «Sí, eso es lo correcto». Pero ahora he descubierto que mi estado de ánimo estaba relacionado con lo que leía. Cuanto más leía, peor me sentía. *O* no era como los bebés de los libros. Me costaba creer que pudiera relacionarme sin problemas con él. [*O*, 14 meses]

Tener un segundo bebé puede demostrar a una mujer cuánto ha aprendido:

Cuando tienes un segundo hijo te das cuenta de lo que has aprendido del primero. Pensaba que estaría tan asustada como la primera vez, pero no lo estoy. Y pienso: «¡Manténte firme! Ya has pasado por esto. Puedes hacerlo». [*O*, 2 años; *A*, 4 meses]

La madre que quería un mapa para orientarse dijo esto cuando tuvo a su segundo hijo:

No hay ningún mapa. Ahora lo sé. Es diferente para cada uno. Es muy importante que cada madre haga las cosas a su manera y que nadie la juzgue. Recuerdo que todo el mundo me juzgaba, así que pensaba que hacía las cosas mal. [*O*, 4 años; *O*, 6 meses]

El mensaje más evidente es que cuando las madres se sienten muy inseguras, pueden sentirse intimidadas por los expertos en bebés. Al escuchar a una madre puede parecer que en su casa hay tres personas: ella, su bebé y el experto al que intenta seguir. La experiencia tiene un gran valor en circunstancias excepcionales. Pero las madres pueden llegar a pensar que necesitan que alguien les diga cómo deben llevar su vida cotidiana. Aunque es cierto que vivir con un bebé puede resultar desconcertante, también puede ser una oportunidad para aprender. Cuando empiezan a aprender, las madres descubren que pueden estar más relajadas.

Al ver a una mujer con un recién nacido en una tienda, me alegré mucho de haber superado esa etapa. Ahora conozco realmente a *O*. Es una personita. Ya no es un desconocido. [*O*, 2 meses]

Ser madre es sentirte a tu manera. No tiene nada que ver con la cultura dominante, en la que se planifica y se controla todo. [*O*, 3 meses]

Al principio pensaba que *A* estaba hecha de porcelana, y que era demasiado valiosa para dejarla en cualquier parte. Durante los tres primeros meses la llevaba siempre en brazos porque *ningún* sitio me parecía lo bastante bueno para dejarla. Ahora lo he superado, y al pensar en ello me parece curioso. No sé cuándo desapareció ese sentimiento. [*A*, 5 meses]

Parte del peso de la responsabilidad de una madre es que nadie puede sustituirla del todo. Sigue siendo responsable, aunque haya vuelto a trabajar o deje a su bebé a cargo de otra persona.

Necesitaba un poco de tiempo para mí misma, así que dejé a *O* con *P*. Pero al llegar al final de nuestra calle —fue muy extraño— tuve que saltar del coche y llamar a casa desde una cabina. Contestó *P*. No oía llorar a *O*, así que le dije con tono frenético: «¿Dónde está *O*? ¿Qué estás haciendo?» *P* respondió asombrado: «Está durmiendo tranquilamente». Por su voz me di cuenta de que pensaba que estaba exagerando al creer que era tan difícil cuidar a *O*. [*O*, 2 meses]

El padre tiene su propia relación responsable con su hijo. Sin embargo, en este caso ninguno de los dos parece apreciar que para la madre es diferente. La madre no cuida simplemente a su hijo. Es responsable de él incluso en su ausencia.

Esto la afecta de muchas maneras. Por ejemplo, puede olvidarse de sí misma ante la necesidad urgente de cuidar a su bebé. Las primeras semanas son agotadoras y muchas veces no duerme lo suficiente. No puede estar siempre tranquila y sonriente. Y en algunos casos le pueden sorprender sus reacciones.

Una vez cogí a *A* violentamente, y me quedé sorprendida porque no sabía que era capaz de hacer algo así. Supongo que estás tan concentrada en tu bebé que pierdes el contacto contigo misma. [*A*, 3 meses]

Sentirse lo bastante segura para explorar estos sentimientos inesperados resulta muy útil. Dos madres que se sentían cómodas entre sí y conmigo tuvieron la siguiente conversación:

Primera madre: Me siento avergonzada de lo que voy a decir. Puedo parecer una mujer terrible. Se me solían pasar por la cabeza unas imágenes muy intensas en las que me veía tirando a mi bebé por la ventana o metiéndole la cabeza en el agua de la bañera. Soy consciente de que soy capaz de hacer eso. Eran como alucinaciones, que he tenido hasta hace muy poco. No sé cómo han desaparecido. De hecho, acabo de darme cuenta de que ya no las tengo. [*O*, 5 meses]

Segunda madre: Comprendo lo que dices sobre las alucinaciones. Yo también las tenía. ¿No podrían ayudar de algún modo a prepararnos para lo que no debemos hacer?

Yo: ¿Qué piensas tú?

Segunda madre: Yo creo que son una especie de preparación. [*A*, 5 meses]

Vivo en el segundo piso. Todos los días, cuando bajo con *A* por la escalera, tengo unas visiones terribles de lo que podría ocurrir si me cayera. [*A*, 4 meses]

En mi mente, *A* se ha muerto mil veces. [*A*, 7 meses]

Estas pesadillas y alucinaciones virtuales parecen una especie de preparación interna, pero es fácil ver cómo se pueden interpretar de una manera diferente. Una madre puede creer que realmente quiere hacer daño a su hijo. Freud afirmaba que la gente puede no ser consciente de sus sentimientos; esta hipótesis puede llevarnos a concluir que una madre que piensa en ahogar a su bebé está expresando un «deseo inconsciente».

Las madres que comienzan a reconocer sus responsabilidades también reconocen su enorme poder. Una madre puede utilizar su poder para bien o para mal, para la vida o para la muerte. Puede resultar difícil tomar decisiones responsables para lo bueno y para la vida, no para sí misma sino por el bien de un bebé, y es más difícil aún cuando una madre está sola y duerme poco. Tiene sentido reconocer que en un momento irritable pueda tener miedo de poner en peligro a su bebé, o bien cuidándole mal, o bien desahogando con él su irritabilidad y su frustración. Las visiones que describen las madres parecen un sistema eficaz de advertencia. Es posible que estas madres se estén preparando para estar absolutamente seguras de que, por cansadas e irritables que se sientan, estarán lo bastante alertas para mantener a salvo a sus bebés.

Nadia y Daniel Stern confirman esto a partir de sus propias observaciones:

> La mayoría de las nuevas madres temen que el bebé muera o se haga daño por un descuido o una atención insuficiente. ¿Nunca has temido que tu bebé se caiga de cabeza del cambiador cuando no estás mirando? ¿O que se te resbale de las manos y se ahogue en la bañera? También es posible que se dé un golpe en la cabeza al sacarle de la bañera, o que se enrede con las mantas, o meta la cabeza debajo de la almohada y se ahogue.

Tras expresar otros posibles miedos que puede tener una nueva madre, concluyen: «Estos son los miedos naturales que mantienen a las nuevas madres vigilantes, que las ayudan a proteger a sus bebés, y a interiorizar y asumir sus nuevas responsabilidades.[21]

En este aspecto una investigación resultaría muy útil. Si un estudio pudiera demostrar que muchas madres cansadas experimentan estas visiones involuntarias de hacer daño a sus bebés, pero que *realmente* no quieren hacerles daño, las madres podrían tranquilizarse con esta información. Ya es bastante espantoso experimentar estas visiones. Si sirven de advertencia a una madre, pueden ayudarle a comprenderse mejor. Por otra parte, si le dicen a una madre que su miedo *está* ocultando su deseo inconsciente, esta afirmación actúa como un nudo y no se puede invalidar. (Cuanto más se queja una madre, más se puede afirmar que es una reacción «inconsciente» y que «niega» sus deseos destructivos.)

Sin embargo, algunas madres luchan con ideas de querer destruir a sus bebés. Estas ideas suelen ser *conscientes*. No preparan a las madres para proteger a sus hijos. Las madres que piensan así temen continuamente perder el control de sus ideas y sentimientos. Creen que de repente podrían hacer algo para poner en peligro la seguridad de sus bebés. No es fácil distinguir entre el primer grupo de madres y el segundo. Es posible que se superpongan. Las madres del primer grupo aprenden a proteger a sus bebés. Poco a poco se van tranquilizando. Las madres del segundo grupo no aprenden nada y siguen estando preocupadas. Los sentimientos ambivalentes respecto a los bebés se examinan más a fondo en las páginas 96-97 y 203-219. A veces estas madres se sienten más tranquilas cuando sus hijos crecen y comienzan a hablar.

A medida que el bebé crece, su madre empieza a sentirse más segura. Al menos ahora muchas de las cuestiones básicas le resultan familiares. Pero entonces aparecen nuevas preguntas en el horizonte. La seguridad de una nueva madre puede parecer impresionante, pero suele ser transitoria. Un comentario casual puede hacer que de repente revise sus ideas. Según mi experiencia, incluso la madre aparentemente más segura duda de sí misma. El primer año puede resultar muy duro.

Mi amiga lo hace todo de una manera diferente a la mía. Deja que su bebé llore, pero yo siento un nudo en el estómago y tengo que coger a O. Ahora estoy más segura de lo que hago, y no tenía que defenderme mientras ella estaba en casa. Pero *en cuanto* se marchaba y cerraba la puerta, empezaba a pensar que tenía razón y que lo estaba haciendo todo mal. [O, 8 meses]

Me gustaba explicarle cosas a A. Entonces mi madre me dio una copia del libro del doctor Spock. Dice que demasiadas explicaciones pueden confundir a un niño. Eso hizo que empezara a fijarme en cómo le hablaba a A. ¿La estaba confundiendo? Es absurdo, porque ahora que soy consciente de lo que hago no recuerdo cómo le hablaba. [A, 10 meses]

Algunos días me siento segura. Entonces leo u oigo algo que hace que me derrumbe y vuelvo a perder la confianza en mí misma. [A, 12 meses]

Las madres suelen imaginar que acabarán llegando a un punto de confianza absoluta. Pero puede que ese punto sea inalcanzable. Muchas madres tienen el mérito de seguir cuestionando sus decisiones el resto de su vida. Esto sería insoportable si no fuera por los momentos sorprendentes en los que se dan cuenta de que, después de todo, no son *totalmente* responsables de sus hijos. Los bebés son dependientes, pero también los jóvenes son muy independientes.

No hace falta agitarles cosas en la cara. A O le gusta estar tranquilo, simplemente observando a nuestro gato sin moverse de su asiento. [O, 4 meses]

Los bebés te transmiten lo que necesitan. Si prestas atención lo ves. No tienes que pensar en todo. Cuando me di cuenta de eso, sentí una gran liberación. [O, 5 meses]

No tengo que enseñar a A a ser curiosa, porque ya lo es. Y no tengo que estimularla ni enseñarle a jugar ni nada. ¡Lo hace todo ella! [A, 6 meses]

Puse a *O* en un columpio y le empujé un rato por detrás. Luego di la vuelta para ver si le gustaba y vi una carita pensativa. Estaba *pensando*. Era evidente que estaba pensando en sus propias cosas, aunque no habla, así que debe ser preverbal. No es una extensión de mí. Es él mismo. Me siento tan... Para ser sincera, el primer año no fue fácil, pero esto hace que todo merezca la pena. Su inteligencia brilla como una pequeña hoguera que crece con el tiempo. [*O*, 15 meses]

Estas primeras señales de la independencia de su bebé pueden hacer que una madre se tranquilice al ver que lo que parece una responsabilidad total es un delicado equilibrio que va cambiando. Ese peso no será suyo para siempre.

4. Interrupciones inmediatas

Este tema merece un capítulo propio, porque trata de una de las cosas más difíciles que aprenden a hacer las madres. Es posible que una madre lo haga veinte veces al día sin ser consciente de ello. Puede darse cuenta de que está haciendo algo antes, y después. Pero en medio hay algo que pasa desapercibido. Aunque he escuchado atentamente lo que me han dicho las madres durante muchos años, no tengo citas para incluir en este capítulo. Si les planteo una pregunta, las madres suelen reconocer que lo hacen. Pero no parecen considerarlo algo especial.

Imagina a la madre de un niño pequeño en su cocina. El bebé está dormido en la habitación de al lado. La madre está haciendo apresuradamente cuatro cosas a la vez: limpiando la encimera, preparando un sándwich, intentando escuchar la radio, que tiene muy baja para poder oír a su hijo si se despierta, y haciendo la lista de la compra porque cuando consigue ir de compras con su bebé siempre se le olvida algo importante.

Hacer cuatro cosas a la vez mientras el bebé está dormido es todo un arte que la madre acaba de aprender. No pierde ni un momento. De repente se oye un intenso gemido que viene de la habitación de al lado. La madre deja de limpiar la encimera. Puede coger el sándwich para llevárselo, apagar la radio y decirse a sí misma que no debe olvidar lo que estaba a punto de añadir a la lista de la compra. Entonces va corriendo a ver a su bebé.

Este gesto altruista, en el que una madre deja innumerables aspectos de su existencia personal en cuanto su hijo llora, merece unas palabras de reconocimiento. No todas las madres responden. Algunas ignoran las interrupciones. Otras responden, pero con exasperación, de forma que el niño recibe una bendición a medias. Pero las madres que consiguen responder de una manera más generosa, al menos parte del tiempo, confirman que puede resultar difícil. Cuando una madre está haciendo algo, su bebé se despierta invariablemente y la reclama.

La madre puede sentirse como si hubiera perdido el control de su vida. «Lo más curioso de ser la madre de O es que ahora lo decide todo», me escribió una madre. Sin embargo, su hijo no tenía el poder de decidir tanto. Ningún bebé lo tiene. Si los bebés tuvieran ese poder, la disposición de sus madres a que les interrumpan no sería tan admirable. ¿A quién le gusta que le interrumpan? Las madres que responden no suelen tener miedo de que sus bebés no puedan esperar. La mayoría de los bebés podrían esperar un rato mientras sus madres terminan de hacer algo. Pero la relación se puede resentir. Las madres se dan cuenta de que sus bebés se angustian si no responden rápidamente. Visto así, la decisión de una madre tiene sentido. Quiere que su bebé sepa que puede confiar en ella. Controla su decisión de responder, incluso cuando esto la interrumpe.

Al principio cada arrebato de llanto es una sorpresa, pero poco a poco las madres aprenden a estar preparadas incluso antes de que sus bebés lloren. Están siempre «de guardia». Una madre comienza una actividad sabiendo que la pueden interrumpir en cualquier momento. Cuando todo esto es nuevo para ella, las interrupciones repentinas son comparables a apagar un ordenador sin haber guardado antes el trabajo. Con el tiempo, una madre aprende a dedicar unos segundos a «guardar» lo que esté haciendo. Esto implica darse cuenta de cómo lo deja todo y recordar qué tiene que hacer después para poder continuar con sus tareas sin demasiados problemas. Todos estos pequeños matices los captará más tarde.

Mientras la madre está dando de comer o reconfortando a su bebé, suele estar preparándose mentalmente para continuar con sus actividades. Dejar las cosas a medio hacer es algo habitual con un bebé. Cuando su hijo la necesita, la madre puede tener que cuidarle durante un buen rato, con el fregado a medias y la cena apenas sin probar. Aunque esté sentada tranquilamente con su bebé, puede estar ocupada en su imaginación, terminando varias actividades en su cabeza. Puede que le resulte frustrante tener que dejarlas varias veces a lo largo del día. Pero cuando su bebé se duerme, ya está preparada mentalmente. Si le queda energía, aprovechará el tiempo con una gran eficacia.

Aunque no tenga nombre, al menos este proceso se ha descrito. La escritora estadounidense Tillie Olsen habla de él cuando comenta lo difícil que es para una madre escribir novelas:

Más que cualquier otra relación humana, muchísimo más, la maternidad significa ser receptiva y responsable y que te puedan interrumpir de forma inmediata. Los niños te necesitan *ahora*... El hecho de que esas necesidades sean reales, de que se sientan como algo propio (el amor, no el deber); *de que no haya nadie más responsable de esas necesidades*, hace que sean prioritarias.[22]

Que te necesiten «ahora» no es fácil. Como dice Tillie Olsen, ninguna otra relación es como ser madre. Un profesional que se dedica a cuidar niños tiene tiempo libre. Un familiar de una persona enferma puede vivir una situación comparable. Pero normalmente se puede tranquilizar a un enfermo si ya no es un niño. Una persona mayor, aunque esté enferma, puede comprender que le digan: «¡Ya voy!». Por otra parte, un bebé no dejará de llorar si cree que su madre no va a venir.

Dado que los seres humanos tienen una gran capacidad de adaptación, algunas madres se convierten en expertas en «estar de guardia». Se dan cuenta de que después de todo pueden hacer predicciones aproximadas y planes provisionales. Con el tiempo, estar preparadas para que las interrumpan se convierte en la norma. Entonces a las madres les resulta mucho más difícil continuar con el antiguo método de hacer una tarea a la vez y terminarlo todo.

Una madre puede pensar que se ha vuelto estúpida por no poder centrarse en un asunto durante mucho tiempo como antes. Su pareja también puede sentirse exasperada cuando intenta desarrollar una idea o contarle una anécdota complicada y ve que no le presta mucha atención. A ella le resulta difícil explicar que le cuesta concentrarse. Aunque su bebé esté profundamente dormido, interrumpirá de forma automática lo que esté haciendo para mirar o escuchar, para asegurarse de que el bebé *sigue* estando bien. No es una falta de respeto hacia su pareja. Es una señal de que está aprendiendo a ser una madre fiable y competente para su hijo.

¿Se puede acostumbrar alguien realmente a esas frecuentes interrupciones repentinas? ¿No se sienten las madres resentidas con sus hijos porque las interrumpan? Las madres afirman que su primera reacción suele ser de enfado. Es revelador comprobar cuánto tiempo están enfadadas. ¿Qué sienten en el momento en que llegan donde sus bebés y ven su cara llorosa? Delante de su hijo, una madre puede ver cuánto la necesitaba. La cara de angustia de su bebé lo deja claro. Entonces parece que la interrupción ha merecido la pena. Algunas madres —no todas— dicen que en esos momentos sienten una gran compasión y ternura hacia sus bebés. Eso supera su enfado inicial. Les proporciona energía para atenderlo sin sentirse resentidas ni pensar que están bajo el control del bebé.

Poco a poco el bebé crece. Su madre se da cuenta de que se angustia menos si tiene que esperar unos momentos mientras ella termina lo que esté haciendo. De forma casi imperceptible, el tono de su llanto es cada vez menos urgente, y finalmente acaba siendo raro. Pero esto tiene una explicación. Durante el resto de su vida, su hijo podrá acudir a ella de repente y esperar su atención inmediata.

Esta reacción rápida de las madres no es un gesto trivial. Debe ser una de las razones de la supervivencia humana. Sin duda alguna debemos nuestras vidas a las innumerables madres que nos han precedido y que respondieron al llanto de nuestros antepasados cuando eran niños. La salud de un bebé se puede deteriorar de repente, y entonces necesita a su madre junto a él. Por lo tanto, su disposición habitual siempre será importante.

Pero éste no es el único valor de lo que hace una madre. Un bebé no está necesariamente enfermo cuando reclama su atención. Sin embargo, la respuesta inmediata de la madre transmite algo vital a su hijo respecto a su relación. Si intentamos ponernos en el lugar del bebé lo comprenderemos mejor.

Aunque todos hemos sido niños, no es fácil recordar cómo nos sentíamos. Hace tiempo éramos nosotros los bebés impotentes e inexpertos que llorábamos porque nuestra vida dependía de ello. En el útero estábamos protegidos del hambre, la luz intensa, el ruido y los cambios de temperatura repentinos. Al nacer llegamos a un mundo apasionante, pero con muchas incomodidades físicas. Comenzamos a sentir el dolor del hambre y de los gases. Los ruidos eran mucho más fuertes, y ya no estaban mitigados por el agua. Sobre todo perdimos la independencia de movimientos que teníamos en el útero. Después de nacer podíamos mover los brazos y las piernas, pero el líquido amniótico había desaparecido y el aire que nos rodeaba no nos ayudaba a movernos. Podía despertarnos una luz deslumbrante, tan diferente a la tenue oscuridad del útero. Era demasiado brillante para ver. Ni siquiera podíamos levantar el cuerpo para mirar a nuestro alrededor. Al sentirnos angustiados llorábamos, y poco después nuestra madre estaba junto a nosotros.

Si nuestra madre venía, significaba que respondía a nuestra llamada cuando nos sentíamos más vulnerables. Eso nos daba una tranquilidad que no teníamos en el útero. En el útero estábamos solos, a no ser que fuera un embarazo múltiple. Después de nacer, descubrimos que podíamos confiar en que una persona adulta estuviera a nuestro lado.

Es cierto que varias personas pueden hacer turnos para responder a un bebé que llora. No es necesario que sea siempre la madre. Sin embargo, que sea la misma persona tiene ventajas, aunque esto no siempre es posible. Podríamos acercarnos más a la situación del bebé si nos imaginamos que estamos enfermos en el hospital. Si dependemos totalmente de las enfermeras que nos atienden, un cambio de enfermeras puede alterarnos. En cuanto establecemos una relación con una enfermera el turno cambia, y tenemos que utilizar nuestra valiosa energía para comenzar de nuevo y crear una relación con otra persona. Los bebés parecen estar en esta situación.

Aunque pueda parecer trivial que la madre deje el sándwich, controle su frustración y vaya a ver a su bebé, tiene consecuencias importantes. De esta manera su bebé aprende que puede pedir ayuda a otra persona por ocupada que esté. Lo aprende poco a poco, a través de la repetición. Sabemos que lo ha aprendido porque eso hace que su comportamiento tenga sentido. Al principio llora desesperadamente, como si hubiera olvidado con cuánta rapidez acudió su madre hace tan sólo una hora. Unos meses más tarde su llanto es intenso pero menos desesperado, como una llamada que espera que responda.[23] Ahora parece *esperar* que vaya rápidamente, y que se sienta mal si no lo hace. Sin embargo, si tarda mucho más que de costumbre suele angustiarse. Esto tiene sentido si consideramos que desde su punto de vista se han traicionado sus expectativas de poder confiar siempre en su madre. Puede resultar más difícil tranquilizarle. Sin embargo, una vez tranquilo, parece contento al confiar de nuevo en su madre. Que algunas veces tarde un poco en responder no parece tener demasiada importancia.

A veces a las madres les da miedo «malcriar» a sus bebés. Temen que las manipulen y se conviertan en niños que esperan que ellas sigan dejándolo todo por cosas insignificantes. Pero esto no suele ocurrir. Si un bebé llora para que le presten atención, es porque la necesita. Siempre que un niño acaba siendo un manipulador, es porque no ha sido capaz de conseguir de otro modo lo que necesita. Además, un bebé al que le prestaban atención cuando lloraba se convierte en un niño generoso y sensible con los sentimientos de los demás.

Es importante recordar que en este libro no se prescribe nada. No todas las madres deciden que pueden interrumpirlas en cualquier momento. Las que lo hacen pueden no hacerlo siempre. Se adapta al sistema de algunas madres, pero no al de otras. Es un ejemplo de un valioso gesto que no tiene nombre. Y como no tiene nombre se pasa por alto.

Las madres no suelen darse cuenta de que lo hacen. Pero podríamos ser más conscientes de este gesto maravilloso y observar con cuánta frecuencia lo repiten.

5. El poder del consuelo

El consuelo humano es una de las mejores fuerzas que podemos ofrecernos unos a otros. Se puede dar de forma casual con una sonrisa, una caricia, unas pocas palabras, incluso por el silencio. Sin embargo, es muy eficaz. No suele alterar la causa de nuestros problemas, pero hace que nos sintamos más capaces de enfrentarnos a ellos.

Muchas madres consuelan a sus bebés cuando lloran, aunque esto suele pasar desapercibido. Si un bebé llora mucho, a la madre se la mira con lástima y se considera que tiene «mala suerte» porque su hijo la necesite tanto. Su nueva capacidad para consolar se pasa por alto con frecuencia. El objetivo de este capítulo no es obligar a nadie a consolar, sino a ser más sensibles hacia quienes lo hacen.

El consuelo parece funcionar de forma acumulativa, lo cual significa que es más difícil de dar al principio. Los recién nacidos especialmente parecen vivir ante todo en el momento presente. Cuando lloran, es un drama que ocurre ahora mismo, y eso hace que resulte difícil consolarlos. Cualquiera de nosotros puede llorar «como un bebé», pero por mucho que lloremos, podemos recuperar nuestra perspectiva adulta para tranquilizarnos. Sin embargo, un recién nacido no ha descubierto esto aún.

La urgencia del llanto de un bebé es muy poderosa. Esto tiene una ventaja práctica. Un bebé necesita ser capaz de alertar a su madre, puesto que su supervivencia diaria depende de ella. ¿Quién de nosotras dejaría de dormir por la noche si nuestros bebés no insistieran en ello? Entonces nos despertamos, recordamos que somos madres y nos ponemos alertas. El llanto nos obliga a hacer algo al respecto.

Las teorías para afrontar esta situación suelen centrarse en la técnica. Sin embargo, para responder a un bebé que llora hace falta algo más que técnica. Por detrás de lo que hace una madre se encuentra su visión de la naturaleza humana. Aunque no sea consciente de ello, influye en muchas de las decisiones rápidas que debe tomar. Básicamente puede pensar que su bebé es bueno, en cuyo caso confía en él, o verle como el resultado de la maldad humana o del pecado original, lo cual la obliga a formarle. Esto supone una gran diferencia.

La madre que confía en su bebé le cogerá y le tendrá cerca de ella. La que ve el llanto de su bebé como una necesidad de formarle mantendrá cierta distancia. Puede ayudar que la madre que responde de un modo aprecie que la que hace lo contrario no es una ignorante. Simplemente no comparten la misma filosofía básica. Cuando reconocen esto, las madres pueden comprenderse. No todas las madres tienen una filosofía bien definida. Algunas no están seguras de lo que creen. Primero lo intentan de una manera y luego de la otra. Las madres indecisas pueden encontrar este capítulo muy útil para aclarar algunos de estos aspectos.

La madre que educa a su bebé suele conseguir resultados mucho más rápidos que la que confía en el suyo. El bebé «educado» aprenderá enseguida las reglas sistemáticas que su madre ha establecido. Esto significa que la vida de su madre será más previsible y ordenada. Aunque se sienta muy diferente de la mujer que era hace unos años, su estilo de vida habrá vuelto a ser en cierto sentido como antes. Por el contrario, la madre que confía en su bebé puede encontrarse en una situación caótica. Los días y las noches se confunden. No hay nada previsible. Vamos a seguir la pista de este segundo grupo de madres, porque el consuelo tiene un papel muy importante en sus vidas. Sin embargo, muchas veces se las compara desfavorablemente con el primer grupo. Comparada con una madre que educa a su bebé, una madre que consuela parece no estar haciendo nada.

Muchas nuevas madres trabajan en empleos muy absorbentes hasta que dan a luz. Esto significa que justo antes de coger la baja maternal, muchas se sienten obligadas a demostrar que pueden seguir siendo eficaces y competitivas. En un gran número de empleos los sentimientos se consideran un obstáculo, y a una mujer le puede resultar más fácil dejar sus emociones a un lado mientras está trabajando. Sin embargo, un bebé puede transformar a su madre en un instante. Cuando llora parece asustado y desvalido, y eso puede llegarle al corazón. Puede sufrir mucho por su bebé. Y esto se ve. Su cara, sus gestos y su voz se suavizan y adopta una expresión alerta y vigilante. Siente una gran compasión por su bebé, y su compasión poco a poco se va extendiendo. Empieza a fijarse en otros bebés, luego en otras madres, y por último en todo tipo de gente vulnerable.

Cuando *A* llora es como un grito de dolor. Me siento fatal. Entonces la cojo y yo también lloro. [*A*, 2 meses]

Pienso: «Por favor, *por favor*, para ya». Pero no puede evitarlo. [*A*, 2 meses]

Primera madre: O estaba llorando en la clase de madres. No podía calmarle. Me sentía fatal. Pensaba que el resto de las madres habían ido allí para tener un poco de paz y tranquilidad y que mi bebé las estaba molestando. [*O*, 2 meses]

Segunda madre: Yo estaba allí y te puedo decir cómo me sentí. A mí también se me caían las lágrimas, no por *O* sino por ti. Sabía exactamente cómo debías sentirte. [*O*, 3 meses]

Estaba viendo en televisión a un bebé que no dejaba de llorar. Sabía que tenía hambre. Y me di cuenta de que tenía las manos sudadas, el corazón latiendo a toda velocidad, y los pechos ardiendo como si la leche fuera a salir disparada. Antes de tener a *O* ni siquiera me habría percatado. [*O*, 3 meses]

No sólo las madres primerizas sienten esta compasión. Un bebé alterado también puede preocupar a una madre con experiencia.

O era diferente de mis otros tres hijos. Solía llorar todas las tardes, sobre todo después de que los mayores volvieran de la escuela. Era terrible. Me sentía fatal, aunque tenía experiencia como madre. Aunque estoy aquí sentada diciendo lo mal que me sentía cuando lloraba *O*, esto no es nada comparado con cómo me sentía en esos momentos. [*O*, cuarto hijo, 3 meses]

Tampoco es el resultado de la falta de familiaridad de una mujer con los bebés. Las mujeres que han trabajado como pediatras, comadronas, enfermeras maternales y niñeras suelen decir que gran parte de esa familiaridad no sirve cuando tienen a sus propios hijos.

He trabajado en una guardería durante seis años, y pensaba: «Estás tan acostumbrada a los bebés que no te resultará difícil. No habrá ningún problema». Pero ser madre es muy diferente. No estaba preparada para un nivel de ansiedad tan alto cuando *A* llora. Esto es nuevo para mí. [*A*, 2 semanas]

Estos dos últimos meses he llorado mucho. He sido niñera, he estudiado pediatría y he tenido que aconsejar a muchos padres. Conozco las «respuestas» a la mayoría de los problemas que tienen las madres. Pero ahora que tengo a mi propio hijo es *completamente diferente*. [*O*, 2 meses]

Pensaba que sería capaz de soportar que *A* llorara. Puedo soportar que *otros* bebés lloren. Soy comadrona y estoy acostumbrada a eso. Pero cuando *A* lloraba, parecía que conectaba un interruptor en la parte de atrás de mi cabeza. Era terrible. A *P* y a mí nos daba mucha pena y solíamos llorar con ella. Yo lo hacía, y estoy segura de que *P* también. [*A*, 9 meses]

Puede parecer extraño estar tan sumamente sensible. Esto se suele atribuir a las «hormonas». A una madre le puede apetecer esconderse del resto del mundo. Pero el mundo se beneficia de la sensibilidad y la compasión de las madres. Una madre puede encontrarse fijándose continuamente en las injusticias del mundo que la rodea. Desde que se ha convertido en madre las percibe con más intensidad. Las voces compasivas suelen ser más suaves, aunque lo que digan resulte desconcertante.

Al principio, cada vez que llora un bebé, parece que es urgente. Su madre suele comenzar cogiéndole y dándole el pecho, o apresurándose para preparar un biberón. El estómago de un bebé tiene el tamaño de una nuez, pero tiene que duplicar el peso con el que nace en unos cinco meses. Por definición un adulto ha terminado de crecer, y no puede recordar la urgencia que se siente al tener hambre. Sin compasión, a una madre le podría exasperar tener que dar de comer a su hijo tan a menudo. Sin duda alguna, los bebés son sensibles a cómo les dan de comer. Una madre compasiva puede demostrar que está ahí para su bebé en esos momentos esenciales.

Con menos frecuencia el llanto de un bebé es agudo y estridente. Está claro que no llora por hambre. Su madre se pone alerta inmediatamente. Le observa y enseguida se da cuenta si tiene fiebre, palidez, debilidad muscular, problemas para respirar o una mirada distante. Aunque esta capacidad de alerta es universal en las madres, no parece haber palabras para describirla.

Otras veces un bebé llora sin ninguna razón concreta. No puede ser hambre. No parece que le duela nada. El médico confirma a la madre que su hijo no está enfermo. La gente dice que tiene «cólicos» o está irritable. Un bebé puede llorar hasta acabar agotado sin que nadie sepa por qué. Cuando no hay una causa evidente, no hay una solución evidente. ¿Qué puede hacer la madre? Le preocupa que su bebé llore tanto. Debería estar lavando la ropa y preparando la cena. Pero no puede pensar en nada más.

Las madres descubren enseguida que los bebés responden a determinados gestos de consuelo. «Hacia la segunda semana

—señala Judy Dunn en su extraordinario libro *Distress and Comfort*, comprobamos que la voz humana es más eficaz para calmar a un bebé que un sonajero o una pelota.»[24] La capacidad de una madre para consolar se ha registrado desde la antigüedad. «Como consuela una madre a su hijo», decía el profeta Isaías en el siglo VIII a.C.[25] Durante siglos, la gente ha observado cómo los adultos sometidos a torturas o un dolor extremo lloraban por el consuelo de sus madres. Incluso los estudios sociales recientes demuestran que la gente se siente reconfortada con la sonrisa y el saludo de una mujer, mientras que un hombre que se comporta del mismo modo provoca ansiedad.[26]

Por lo tanto, resulta extraño que se haya escrito tan poco sobre cómo aprender a consolar. Nadie apoya a una madre mientras está aprendiendo a consolar, ni la felicita cuando es capaz de hacerlo. La gente le pregunta a las madres: «¿Duerme ya toda la noche?», «¿Le has empezado ya a dar comidas sólidas?», «¿Le ha salido algún diente?». Pero no: «¿Has descubierto qué le consuela?». Sin embargo, la capacidad de dormir toda la noche, de digerir alimentos sólidos o de echar los dientes tiene muy poco que ver con la maternidad. Los bebés consiguen hacer estas cosas cuando han madurado lo suficiente, mientras que la capacidad de consolarlos depende de la habilidad de las madres.

Invariablemente, una madre parte de la incertidumbre de *ignorar* cómo se consuela. Cada nuevo niño es una persona desconocida. Si tiene varios hijos, descubre que tiene que adaptarse a cada uno de ellos. La madre de unas gemelas recordaba que no podía coger a las dos de la misma manera. «A Rachel le gustaba saltar, y a Grace balancearse», observaba.[27] La madre de unos gemelos comentaba que uno se calmaba cuando le arropaban, mientras que al otro le gustaba moverse con libertad. Descubrir todo esto lleva tiempo.

Imagina que un niño se cae en un parque y empieza a llorar. «Necesita a su madre», reconoce todo el mundo. Entonces le levantan y le llevan donde está ella. Llora desconsoladamente y tiene la cara llena de lágrimas. Su madre le acuna un momento, le acaricia la espalda y el niño empieza a tranquilizarse. «¿Mejor ahora?», le pregunta su madre a la vez que comprueba si tiene alguna herida. Él sonríe, asiente con la cabeza y se va para seguir jugando. Esta maravillosa transformación se ha producido en unos minutos. ¿Qué ha hecho la madre?

Es evidente que no es la primera vez que le consuela. Este proceso depende de que tanto la madre como el hijo recuerden momentos anteriores. Sin embargo, si pudiésemos rebobinar un vídeo imaginario hasta el comienzo, cuando el niño era un recién nacido, no veríamos a la madre consolándole de un modo tan eficaz. Lo más probable es que esté en ese difícil pero importante estado de incertidumbre maternal. Su bebé está muy angustiado y ella no sabe qué hacer.

A llora todos los días desde las nueve hasta las doce de la noche. Se pone tan ronca que le cuesta llorar. Es terrible. Nos sentimos de lo más impotentes. Nos la pasamos del uno al otro, pero ninguno de los dos puede hacer nada con ella. [*A*, 6 semanas]

Cuando *O* llora, parece que no va a acabar nunca. Me siento desesperada. Cuando *no* llora, sé que no siempre estará así. Pero cuando *llora*, pierdo el sentido del futuro. [*O*, 4 meses]

Cuando una madre pierde su sentido del futuro es porque está atrapada en la inmediatez del llanto de su bebé. Vivir en el presente, sin mucho sentido del pasado y el futuro, puede parecer caótico y muy intenso. Pero puede ayudar a una madre a «conectar» con su bebé. Esto es algo que descubren muchas nuevas madres. Entonces pueden ayudar a sus hijos a calmarse. He visto a madres reconfortar a sus bebés (por ejemplo dándoles el pecho, acunándolos, acariciándolos, agitando unas llaves, silbando, tarareando, repitiendo el nombre de sus hijos), mientras intentaban seguir hablando con otras madres, sin ser conscientes de que estaban haciendo algo maravilloso.

He buscado documentación sobre el consuelo, pero hay muy poco material disponible. Se han escrito varios estudios sobre cómo «apaciguar» a los bebés.[28] Pero esto significa ayudarles a dejar de llorar. El consuelo va más allá. La madre no sólo intenta cambiar el comportamiento de su bebé. Siente compasión por su angustia y hace todo lo posible para reconfortarle. La palabra reconfortar se deriva del latín *fortitudo*, que significa «fuerza». Las madres utilizan su compasión para ayudar a sus hijos a sentirse fuertes.

Como no encuentro ninguna descripción publicada, ofreceré una de carácter provisional. El objetivo es describir lo que he visto hacer a las madres, no decir a ninguna madre lo que debería hacer. Las que lo hagan de un modo diferente habrán observado todo tipo de detalles que yo he pasado por alto.

La primera respuesta de la madre es reconocer que su bebé está alterado y que la necesita. Deja lo que está haciendo y centra toda su atención en él. Esto es una proeza en sí. Las madres aprenden enseguida a hacer varias cosas a la vez, así que el cambio es considerable. Ahora su bebé tiene toda su atención. Como veíamos en el capítulo 4, no hay palabras para referirse a este valioso gesto.

Una parte esencial del proceso de consuelo es su valoración de la situación. Un bebé no puede hacer esto por sí mismo. Si pensamos en nuestra infancia, recordaremos que a veces volvíamos a casa con las rodillas destrozadas. Pero nuestras madres reaccionaban con calma, diciendo que era algo perfectamente normal. Es muy probable que los bebés capten este tipo de pistas. La valoración de la madre sirve para «contener» la situación. Incluso una madre muy nerviosa suele tranquilizarse lo suficiente para hacer una valoración. Esto la ayuda a calmarse y le proporciona una base.

Entonces el resto del mundo parece alejarse, dejando a la madre sola con su bebé alterado. También ella podría alterarse con facilidad, pero en vez de eso intenta transmitirle su sensación de calma. Esto no lo hace quedándose quieta o callada. A Platón, el gran filósofo griego, le desconcertaba que las madres que intentaban calmar a sus hijos lo hicieran con movimiento, «puesto que los acunan constantemente en sus brazos; y en lugar de silencio utilizan una especie de tarareo».[29] Es fascinante que las madres hagan lo mismo hoy en día. «No es fácil averiguar cómo funcionan las técnicas para calmar a un bebé», afirma Judy Dunn en *Distress and Comfort*.[30] Esto se debe probablemente a que sólo hay una técnica. La madre tiene que calmarse para ayudar a su hijo a salir del estado de pánico en el que se encuentra.

La última fase del proceso de consuelo parece ser una reorientación para ayudar al bebé a regresar de nuevo al mundo, pero con más fuerza. Es posible que el consuelo no haya solucionado el problema y que el bebé no haya dejado de llorar. Pero la madre sabe que la urgencia ha desaparecido. Puede decir algo como: «¡Qué asustado estabas! Lo has pasado mal, ¿verdad? ¿Quieres comer ahora?» Esto le ayuda a volver a la vida normal y cierra el proceso de consuelo.

Una parte importante del consuelo depende de que la madre considere razonable la angustia de su bebé. Eso le permite tratarle con respeto. Aunque no comprenda por qué está llorando, confía en él. No intenta negar su malestar o librarse de un «ruido sin sentido». Se compadece realmente de él y quiere ayudarle.

Al principio, cuando O lloraba y yo sabía que había comido y que le había cambiado los pañales, pensaba: «¿Qué le ocurre?» Es muy difícil aceptar que puede ser un dolor de cabeza o de estómago y que no puedes hacer que se sienta mejor. Lo único que puedes hacer es acunarle y esperar a que se le pase. [O, 4 semanas]

La gente dice: «Tiene un temperamento terrible». Pero llora por alguna razón. [O, 4 meses]

Vino una amiga a visitarnos, y yo me disculpé porque A no estaba de muy buen humor. Normalmente es muy alegre. Y pensé: «¿Por qué tengo que disculparme? ¿Por qué tiene que estar siempre contenta y sonriendo? No espero eso de ella. La acepto de cualquier manera». [A, 7 meses]

Una madre dijo que cuando su bebé lloraba, «tenía» que cogerle. Yo le pregunté si no podía hacer otra cosa. Ella acarició la cabeza de su hijo y respondió con una profunda emoción:

Cuando llora, no me queda más remedio que cogerle. No, eso no es cierto. Tengo otras opciones. Podría llevarle a una guardería o dejarle llorar. Pero yo creo que es como un seguro. Este año no se puede sustituir. En algún momento la vida le dará algún golpe. Si tiene un buen comienzo, se sentirá fuerte y seguro para enfrentarse a las dificultades de la vida más adelante. [*O*, 7 meses]

Esto lo confirma una afirmación positiva incluida en *The Womanly Art of Breastfeeding* [El arte femenino de dar el pecho], de la Liga de la Leche Internacional: «Nuestro consejo para la madre de un bebé alterado es: No dejes que tu bebé llore solo. El bienestar y la seguridad de tus brazos amorosos no se pierden nunca. El amor engendra amor».[31]

Después de las dificultades de las primeras semanas, suele venir una época en la que la madre y el bebé parecen ver la luz de repente. Todo resulta más familiar. Es difícil recordar que hubo un tiempo en el que la madre se encontraba confundida y desorientada.

A se despierta aún por las noches gritando con algún tipo de dolor, pero ahora sé que puedo consolarla. La pongo en su mochila, la paseo de un lado a otro y se le acaba pasando. [*A*, 3 meses]

Cuando *A* llora porque está cansada, saca el labio inferior. También puede llorar porque tiene hambre. O porque está aburrida y quiere que la cojan; estoy empezando a darme cuenta de eso ahora. [*A*, 3 meses]

Una madre, cuya hija estaba llorando, la dejó en una esterilla enfrente de ella y comentó: Va en contra de mis instintos. Sé que debería acunarla o darle de comer. Pero *A* prefiere estar tumbada. ¿Verdad, *A*? Enseguida se calmará. [*A*, 3 meses] *En tres minutos A había dejado de llorar y estaba sonriendo.*

A no dejó de llorar los tres primeros meses. Que no llore ahora es también muy duro. Antes solía pasar horas de pie acunándola. Ahora me encuentro de pie acunándola aunque no esté conmigo. [*A*, 4 meses]

Ahora, cuando *A* llora, sé exactamente qué le pasa. Normalmente es porque se le mete una idea en la cabeza y se enfada conmigo si no le hago caso. O si tardo mucho. [*A*, 5 meses]

He descubierto que hay veces en las que tengo que dejar llorar a *O*. Cuando los adultos vuelven de trabajar, lo único que quieren es relajarse. Llorar es la forma de relajarse de *O*. [*O*, 6 meses]

Una vez que *O* estaba llorando y no funcionaba nada pensé: «¿Qué haré si no puedo consolarle?» Sentí un pánico terrible. Para mí es muy importante comprenderle ahora y saber qué hacer. [*O*, 6 meses]

Cuando una madre empieza a comprender a su hijo, se siente más relajada, y se puede desarrollar entre ellos una relación mucho más fácil. La madre no tiene que saltar cada vez que llora su bebé:

Me estoy volviendo más fuerte. Hoy estaba llorando
A, y he pensado: «¡Vamos! Sé que puedes esperar».
[A, 4 meses]

Las madres pueden disfrutar de algunos momentos tranquilos, pero es importante seguir recordando que esos momentos surgen de la incertidumbre de los primeros días. Esto se suele menospreciar. La mayoría de la gente subestima el consuelo maternal. Una madre observaba:

A es muy tranquila. Cuando está jugando, apenas mira alrededor para ver si estoy allí; *sabe* que estoy allí. La gente dice que tiene un carácter tranquilo, pero yo no lo creo. No es el carácter, es lo que haces por ellos. [A, 11 meses]

Después del primer año, el niño necesita que le consuelen menos pero en situaciones más graves. Cuando el niño ya ha crecido un poco y se hace daño o está enfermo, su madre suele darse cuenta de que está desarrollando nuevas formas de reconfortarle.

Una noche A estaba realmente enferma. Lo intenté todo, pero nada parecía funcionar. Al final lo único que pude hacer fue cogerla en brazos. Cogiéndola de distintas maneras parecía que se sentía mejor. [A, 14 meses]

Aunque el consuelo se suele asociar con las madres, no todas lo dan. Como hemos visto, algunas madres tienen una filosofía diferente. Creen que así se «malcría» a los niños, y que las madres que consuelan están haciendo algo contraproducente. Ese proceso las irrita, y no siempre se guardan su irritación. Muchas madres que deciden consolar a sus bebés tienen amigas y familiares que desaprueban su actitud y les aconsejan que «eduquen» a sus hijos.

Cuando *O* no deja de llorar, todo el mundo te dice que hagas esto o lo otro. Pero *no puedo* dejar que llore como ellos quieren. Me da mucha pena, y no puedo ignorarlo. [*O*, 4 semanas]

Cuando *A* llora mientras estamos comiendo, mis suegros siempre me dicen: «Primero termina de comer *tú*». Eso hace que me sienta furiosa. [*A*, 2 meses]

La gente dice que hay que dejar llorar a los niños. Pero ¿cuánto tiempo? Cuando me estoy lavando los dientes y *O* llora unos segundos, a mí me parece una hora. Quiere que le coja en brazos todo el tiempo. Apenas tengo tiempo de cerrar una cremallera. Pero no me gusta dejarle llorar. [*O*, 3 meses]

La gente pregunta si es buena y si llora mucho. Mi madre dice que es una tirana, ¡y sólo tiene doce semanas! [*A*, 3 meses]

A estaba llorando, y mi madre me dijo que no la cogiera. Pero lo hice. Siempre lo hago. Yo lo veo como una manera de satisfacer sus necesidades. Mientras la estaba levantando, mi madre dijo: «¡Mira su cara!» Cuando miré, había dejado de llorar. Estaba sonriendo. Para mí era una sonrisa de felicidad porque sabía que yo estaba respondiendo a sus necesidades. Pero estoy segura de que a mi madre le pareció una sonrisa de *triunfo* porque *A* había conseguido lo que quería. [*A*, 8 meses]

A veces las madres se dan cuenta de que es probable que a ellas no les hicieran caso cuando eran pequeñas, y eso parece reforzar su determinación para consolar a sus hijos.

Mi madre siempre me dice: «Deja que *A* llore. No le pasará nada». Pero yo no puedo soportarlo. Y pienso: «Seguro que eso es lo que hacía ella conmigo. Me dejaba llorar». Me siento tan… *Indicó una sensación de ahogo en la garganta.* [*A*, 5 semanas]

El otro día *O* lloró por la noche. No quería comer ni dormir. Quería eso que dan las madres; consuelo, supongo. Fue terrible. Mi madre murió cuando yo era pequeña. Me asusta que *O* me necesite. [*O*, 3 meses]

Siento que de niña estuve abandonada. No literalmente. Mi madre me metía en la cama por la noche y eso era todo. Creo que yo sólo lloraba un poco y luego lo dejaba estar. No estoy segura, y mi madre no puede recordarlo. Pero aún me siento abandonada. [*O*, 4 meses]

Me pongo furiosa cuando *O* llora, y no puedo hacer nada al respecto. Sé que de pequeña me dejaban llorar, y siento que me invade la ira cuando quiero irme y dejarle llorando. Me siento muy impotente. [O, 6 meses]

Es posible que haya más razones para hablar de esos recuerdos tristes. Pocas madres mencionan recuerdos felices. Sólo una describió un recuerdo feliz, pero únicamente cuando se lo pregunté. Su historia debe representar a muchas historias similares que no se cuentan.

Esta madre me aseguró que su bebé de dos meses nunca lloraba. Al oír eso me quedé sorprendida. En una reunión me di cuenta de que había llorado varias veces. Tenía un problema en un pie que no dejaba de molestarle. Su madre le consolaba enseguida cuando lloraba. Al preguntarle después por ello respondió que apenas se fijaba en ese tipo de llanto. No «contaba». Ella era la más pequeña de siete hijos. «Mis hermanos eran tan rápidos animándome —dijo—, que solían hacerme llorar a propósito para ver cuál de ellos conseguía hacerme reír antes.» Al recordarlo sonrió, y yo pensé que debía haberle dado confianza para sentir que podía reconfortar a su hijo.

Ésta es sólo una pequeña colección de historias escogidas al azar. Sin embargo, indica que las reacciones de algunas madres hacia sus bebés están relacionadas con las que tuvo su familia con ellas cuando eran bebés. Cuando establecen esta relación, estas madres se dan cuenta de por qué sus reacciones son tan intensas. Comprender su sentido las ayuda a sentirse más tranquilas para atender a sus bebés.

Los libros escritos hace unos cincuenta años recomendaban a las madres que dejaran sus sentimientos personales a un lado para cuidar a sus bebés, pero ahora se las anima a tener en cuenta sus sentimientos. Este planteamiento es relativamente nuevo, y se deriva de los resultados de la psicoterapia. Uno de ellos es que se reconocen con más sinceridad sentimientos que una madre de hace cincuenta años no se habría atrevido a expresar. Sin embargo, estas declaraciones demuestran que al reconocer sus sentimientos, las madres se sienten capaces de hacer algo respecto a ellos:

Cuando *A* llora no puedo soportarlo y empiezo a pensar que lo estoy haciendo todo mal. Y estoy segura de que ella capta mis tensiones y aún llora más. Así que me siento, hablo conmigo misma e intento sentirme menos tensa. [*A*, 8 semanas]

Me sentía incapaz de ser madre. Creía que era demasiado para mí. Cogía rabietas como un niño de tres años. Me tumbaba en el suelo y daba puñetazos durante unos cincuenta segundos mientras *P* estaba con *O* en otra habitación. Después de eso podía cogerle otra vez. [*O*, 3 meses]

O empezó a llorar por la noche y yo no sabía qué hacer. *P* estaba durmiendo en la habitación de al lado, y no se despertó. Nada de lo que hacía funcionaba. Te puedes sentir muy impotente. Me daba miedo hacer algo mal, así que dejé a *O*, fui al cuarto de baño y lloré un rato. Luego me sentí mejor para afrontar la situación. [*O*, 6 meses]

A no dejaba de llorar, y yo estaba harta. Entonces la dejé en su cuna y cerré la puerta; luego fui a la cocina, cerré la puerta y rompí un plato viejo. Tuve que tirarlo unas cinco veces porque *se negaba* a romperse. Pero después me sentí mucho mejor. Me daba miedo hacerle algo a *A*. [*A*, 6 meses]

Compartir estos momentos solitarios es reconfortante para las madres. Cada una recibe el afecto y la comprensión de las demás. Recibe toda su atención (si los bebés se lo permiten), el reconocimiento de lo difícil que es mantenerse firme en esas ocasiones, y su compasión. Entonces cada madre puede regresar a su situación conflictiva con más fuerza tras recibir la maravilla del consuelo humano.

Sin embargo, algunas madres describen una respuesta confusa cuando sus bebés lloran. En esos momentos la compasión hacia sus bebés parece estar fuera de su alcance. Experimentan una sensación de vacío y un colapso de energía, y a veces un intenso arrebato de ira y odio con fantasías de destruir a los bebés a los que pensaban que querían tanto. A una madre en este estado le resulta difícil creer que tenga esos sentimientos negativos hacia su propio bebé. Parece irracional, y puede tener la sensación de que está perdiendo el control y volviéndose loca. Para muchas madres es un estado en el que pueden entrar si sus bebés lloran mucho tiempo, y del que agradecen salir. No es un estado cómodo para quedarse en él.

No creo que las mujeres hablen realmente de cómo se siente una madre. Yo tampoco me daba cuenta antes. A veces, cuando *A* llora, podría tirarla por el balcón. Y sin embargo…, y sin embargo… eso es sólo una parte de mí. [*A*, 5 meses]

Muchas madres relatan momentos como éste. Algunos autores afirman que todas las madres, si fueran sinceras, los reconocerían.[32] Sin embargo, este tipo de afirmaciones son puramente teóricas. No parecen ser ciertas en todos los casos. Es más probable que algunas madres sientan a veces estos sentimientos ambivalentes y que otras no los experimenten en ningún momento.

Una madre con unos sentimientos ambivalentes muy fuertes suele descubrir que el llanto de su bebé la afecta profundamente. Se siente arrastrada por la intensidad del llanto, y al principio cree que es capaz de hacer y darle cualquier cosa para que esté contento. Al mismo tiempo, parece experimentar el llanto de su bebé de un modo particular, y oye en él mensajes críticos y muy negativos sobre su valía como madre. Su llanto tiene un tono acusador y desesperado, como si estuviera atacándola. También ella espera más de su bebé de lo que podría darle. Normalmente los bebés no pueden dejar de llorar para pedir nada.

Así se inicia un ciclo del que resulta difícil salir. Como la madre se siente acusada por el llanto de su bebé, no centra su atención en él, sino en ella misma. ¿Qué ha hecho mal? ¿De qué la está acusando su bebé? Estas preguntas hacen que le cueste sintonizar con su hijo y centrarse en consolarle. «… Examinamos incansablemente nuestras técnicas, consultamos nuestros libros de texto y exploramos nuestras almas para buscar las razones [a los problemas de un bebé]», dice la escritora australiana Susan Maushart en *The Mask of Motherhood* [La máscara de la maternidad].[33] Es significativo que no se le ocurra fijarse en el bebé para buscar esas razones. Sin embargo, no es probable que examinando sus técnicas, sus libros de texto y su alma encuentre la solución. Es una búsqueda en la dirección equivocada.

Como es lógico, una madre puede sentirse entonces menos segura que nunca. Intenta arreglar las cosas haciendo un gran esfuerzo para calmar a su bebé. Pero como no le ha prestado la atención suficiente es posible que no haya descubierto lo que prefiere. Sus esfuerzos pueden ser inútiles. Entonces, si sigue alterado, eso parece «demostrarle» que es una madre incompetente. Se siente rechazada, dolida y desconcertada. Aunque está haciendo todo lo posible para calmarle, ni siquiera así está contento. ¿Quiere más de ella? ¿Puede ser tan ambicioso e insaciable? Debe ser un auténtico monstruo. La madre se siente en una posición muy vulnerable. Si deja de dar, habrá fracasado como madre y la gente pensará que es un fracaso. Pero si sigue dando, acabará consumida por las necesidades de su bebé. No le quedará nada. En cualquier caso parece un callejón sin salida.

Éste es el momento en el que suele sentirse furiosa con su bebé. Ha perdido el sentido de que su bebé llora por algo y podría consolarle si supiera más sobre él. No está centrada en el bebé, sino en ella. Eso no se debe a que sea una egocéntrica en el sentido habitual de esta expresión, sino todo lo contrario. No parece tener un sentido estable de sí misma. No puede ir al cuarto de baño a llorar, o romper un plato, para recuperar esa firmeza. Su sentido personal está amenazado y cree que, para complacer a su bebé, tiene que dar, dar, dar, hasta caer rendida. Si su bebé sigue llorando, piensa que debe seguir dando. Eso es en su opinión lo que intentan hacer las «mejores» madres, y eso la vuelve loca.

Ahora se siente como la esclava de su bebé. Se percibe sin ningún poder ni ningún derecho. Y cuanto más controlada cree estar por su bebé, más posibilidades hay de que surjan sus sentimientos de odio hacia él. Ha perdido el contacto consigo misma y con su propia responsabilidad. Por ejemplo, puede coger rápidamente a su bebé cuando llora, pero a lo mejor no es eso lo que pide el bebé ahora. Si lo hace es porque ella ha escogido hacerlo. Como ella no reconoce que tiene poder de elegir, pierde una valiosa oportunidad de sentirse satisfecha consigo misma por su trabajo como madre. También le resulta difícil reconocer que no es una «mala madre» si decide poner límites a lo que le da a su hijo, en qué momento y durante cuánto tiempo.

Algunas madres descubren que las ayuda reconocer que tienen sentimientos ambivalentes, en vez de luchar contra ellos. Entonces se sienten más tranquilas y capaces de seguir cuidando a sus hijos. Unas pocas encuentran la manera de salir de este ciclo. Una madre explicó que fue su propia madre la que inesperadamente le mostró una alternativa:

Cuando O no se dormía, me pasaba el día subiendo y bajando por la escalera, pero no dejaba de llorar. Al final volví donde mi madre. Me parecía que ya no quería a O. Cuando le cogió, observé cómo lo hacía. Estaba claro que su llanto *pasaba* más allá de ella, no se le quedaba *dentro* como a mí. Y pensé: «Yo también podría hacer eso». Esa noche estaba echado en la cuna, y yo sólo quería cogerle y abrazarle. Volví a quererle. [O, 6 meses]

Otra madre se dio cuenta de que mirar a su bebé la ayudaba a superar los momentos difíciles:

Tengo muy poca paciencia, y me daba miedo convertirme en una de esas mujeres que maltratan a los bebés. Pero ahora he descubierto que cuando las cosas son frustrantes, nos sentimos más unidas. Miro a A a los ojos, y veo en ellos a otro ser humano. Entonces sé que en esto estamos juntas. [A, 8 semanas]

Cuando un bebé llora mucho, puede ser especialmente difícil. Algunos investigadores creen que esto es crucial. Afirman que si una madre no puede calmar a su bebé, se sentirá incompetente como madre. «En nuestra opinión —señalan dos psicólogos estadounidenses—, si una madre ha fracasado previamente a la hora de controlar el llanto de su hijo, acabará en un estado de impotencia.»[34] Como ocurre con muchas investigaciones, esto puede ser cierto en algunos casos. Pero la gente puede tener muchos recursos. Esa afirmación general no hace justicia al esfuerzo de algunas madres que consiguen arreglárselas con bebés que lloran mucho. Si estas madres tienen suerte, reciben la compasión de los demás. Pero sin duda alguna merecen mucho más que compasión. Merecen nuestra admiración.

Por poner un solo ejemplo, había una madre cuya hija se pasó casi tres meses llorando todo el día y todos los días (aunque afortunadamente dormía por la noche). Recuerdo que cada vez que llamaba a esta madre, fuera la hora que fuera, siempre oía llorar a la niña cuando ella cogía el teléfono. Tanto entonces como después de que se le pasara me decía con franqueza lo desesperada que se sentía. Pero no parecía sentir ira hacia su hija. Un día llevé a una reunión dos libros sobre niños que lloraban mucho. Cuando le pregunté qué pensaba de ellos, respondió:

Hasta las portadas tienen un aspecto inhumano. Decididamente no me apetece cogerlos ni abrir ninguno de los dos. Parecería que acaban de inventar a los bebés.

Al parecer no hay ninguna solución. Han dominado los transplantes de corazón, pero no los cólicos. Eso es lo que me indigna. No es culpa de *A* que tuviera que llorar. Sé que le habría gustado parar como a cualquiera. Yo hacía todo lo posible para no transmitirle mi frustración. Cuando estaba desesperada, solía mirar a la pared de enfrente o a la puerta. [*A*, 4 meses]

Se podría argumentar que las madres ocultan su ambivalencia sin ser conscientes de ello. Es posible. Sin embargo, no todo se puede ocultar. Podríamos esperar en esta madre algunas señales del ciclo de sentirse acusada por su bebé. Pero es evidente que se sentía de un modo diferente. Como la madre anterior, era capaz de ver a su hija como un ser humano. Aunque no sabía por qué lloraba, aceptaba que «tuviera que llorar». No se culpaba a sí misma ni a su hija por ello. Se consideraba una principiante.

Por lo tanto, como es lógico, la ira de esta madre estaba dirigida hacia la gente con más experiencia que no la ayudaba: los editores de libros sobre bebés que lloraban, con portadas inhumanas, y los médicos que no habían investigado ese tema lo suficiente. También sabía que su bebé era un blanco fácil para su frustración, y buscó un método para desviar sus sentimientos. Estaba sometida a más presión que la mayoría de las madres, y decidió responder de un modo ingenioso. Aparte de eso, su descripción de sí misma no parecía extraordinaria.

Su manera de coger y hablar a su hija parecía muy cariñosa y reconfortante, y hacía que otras madres sintieran compasión por ella. Una me confesó: «He estado toda la semana pensando en *M* y en su bebé. No me puedo quitar de la cabeza lo que ha debido pasar». [*A*, 11 meses]. Por lo tanto, cuando su hija se calmó lo suficiente para venir con ella a las reuniones, esta madre recibió todo el aprecio y el consuelo de las demás.

No todo el mundo espera ser consolado. La gente a la que le han enseñado a no quejarse nunca o a no «cargar» a los demás con sus problemas, suele retirarse cuando se siente mal. Se sienten más seguros solos, «lamiéndose sus propias heridas» para consolarse. También hay formas impersonales de conseguir consuelo. Se lo puede encontrar en la bebida, la comida, el tabaco, las drogas, los juegos de ordenador u otras actividades solitarias que suelen ser repetitivas y adictivas. Otra forma de controlar la angustia es decirse a uno mismo: «No importa. No hay para tanto». Si esto es una negación de sus verdaderos sentimientos, esa persona puede sentirse tranquila, pero a costa de renunciar a un nivel normal de sensibilidad humana. La gente que se encuentra en esta situación pierde toda una dimensión de contacto humano.

Esto es importante, porque va en contra de un enfoque reciente respecto a los niños que lloran. Ahora los psicólogos afirman que para los bebés es importante aprender por sí mismos a dejar de llorar.[35] Afortunadamente, muchos padres siguen prefiriendo consolar a sus hijos. Si no lo hicieran, nos encontraríamos viviendo en una sociedad de gente muy solitaria que ha aprendido a controlar su angustia en vez de buscar fuerza compartiéndola.

Un bebé consolado se encuentra en una situación extraordinaria. No le han enseñado a no quejarse. Se queja, recibe consuelo y lo valora. Poco a poco se acostumbra a confiar en él. Es una transición inmensa. En el útero, donde ha pasado nueve largos meses, puede haber aprendido a dar vueltas en el líquido amniótico para descubrir de repente que tenía el cordón umbilical enrollado alrededor del cuello. No había nadie para desenrollárselo. Puede haber explorado un hueco interesante para encontrarse de repente con la cabeza encajada y sin poder moverse. No había nadie para ayudarle y permitir que volviera a sentirse fuerte. Por lo que él sabe, tiene que depender de sí mismo. Los recién nacidos tienen una mirada especial de autosuficiencia. Aprender a confiar en sus madres debe suponer un cambio de perspectiva enorme.

Después de nacer, suelen pasar varios meses hasta que el bebé confía en que su madre vaya a consolarle. Este proceso lleva tiempo. Poco a poco la madre y el bebé comienzan a sintonizar el uno con el otro. La madre descubre que el bebé responde a determinados gestos de consuelo; el bebé aprende a esperar una serie de respuestas; y su madre reconoce por su forma de llorar cuándo las necesita. Se desarrolla una relación de confianza mutua que se extiende hasta la infancia. Un niño pequeño puede recordar que le han consolado antes, aunque aún tenga la rodilla magullada. Poco a poco comienza a distinguir las cosas triviales de las graves, y a afrontar por sí solo los dolores triviales. Un niño algo mayor con un dolor más grave puede seguir recurriendo a la voz, el tacto y el olor familiar de su madre, que parecen tener un poder extraordinario. Del caos, la ansiedad y la incertidumbre de los primeros momentos ha surgido la capacidad de la madre para darle consuelo.

Esto no significa que todas las madres consuelen a sus hijos todo el tiempo. La mayoría de las madres recuerdan momentos en los que no estaban allí, o no se dieron cuenta de que sus hijos estaban alterados por algo. Al pensar en ello, les gustaría haberlos consolado y se sienten impacientes. Ninguna madre es perfecta. Sin embargo, por lo que sabemos, bastantes madres consuelan lo suficiente para que el consuelo esté asociado con la maternidad. El niño consolado aprende de su madre a afrontar el sufrimiento. El sufrimiento forma parte de la vida. Nadie puede evitarlo. Sin embargo, la gente puede recibir y dar consuelo y ayudarse entre sí para soportarlo mejor.

«Los niños siempre exigen cuidados, pero no siempre dan consuelo», dice un antiguo proverbio inglés.[36] Esta advertencia puede ayudarnos a no hacer tratos tácitos y unilaterales con nuestros hijos. Sin embargo, algunos niños consuelan. No está claro si los niños a los que no les consolaban de bebés pueden aprender a consolar. Pero las madres que han consolado a sus hijos dicen que éstos desarrollan sus propias maneras de dar consuelo.

Fuimos a visitar a mi tutora, y mientras estábamos allí apareció su marido para pedirle el divorcio. Había un ambiente muy tenso, como si se hubiera muerto alguien. *A* estuvo increíble. No dejaba de dar la mano a la gente y de sonreír, así que tenían que sonreírle a ella. Los hijos de mi tutora eran mayores que ella, y *A* hizo que cambiara el ambiente. Todo el mundo dijo que se alegraba de que estuviera allí, y yo creo que dio lo mejor de ella. Al día siguiente me di cuenta de que estaba cansada, y durmió casi todo el día. Se había dado realmente a sí misma. [*A*, 7 meses]

Le dije a *O* que quería hablar con él y le expliqué: «Hoy, cuando te he pegado en la mano, me he equivocado. Lo siento. A veces me equivoco y tú sufres por ello». Lo estaba diciendo para tranquilizar mi conciencia. No pensaba que *O* lo entendería. Pero se puso de rodillas y me besó en la boca. Fue como si dijera: «Te he oído. Está bien. No te preocupes». [*O*, 12 meses]

O ya no tose tanto, pero se sigue despertando por las noches, así que no duermo mucho. Un día que yo estaba llorando con las manos sobre la cara, vino *O* y apoyó la cabeza en mi regazo. Era como si estuviera diciendo: «Sé cómo te sientes». [*O*, 13 meses]

A me consuela tanto como yo a ella. Cuando estoy preocupada, me da palmaditas en la espalda como solía hacerle yo a ella cuando lloraba porque tenía gases. Es tan dulce. [*A*, 22 meses]

Aunque el niño sea pequeño, la calidez de sus gestos suele tener el poder de consolar realmente. Su consuelo no se puede considerar oportunista. No espera nada a cambio; simplemente está devolviendo algo que ya ha recibido. Ha aprendido de su madre que el consuelo humano puede ser muy bueno.

6. «No consigo hacer nada en todo el día»

La mayoría de la gente está de acuerdo en que ser madre es un trabajo muy duro. Pero ¿cuál es exactamente el trabajo de una madre? En esto hay menos acuerdo. La gente parece pensar que cuidar a un bebé no tiene nada que ver con el trabajo que se supone que debe hacer una madre.

Por ejemplo, imagina a una madre que está enjuagando la ropa de su bebé. Sabe que su hijo está dormido pero que puede despertarse en cualquier momento. Efectivamente, unos minutos después el niño empieza a llorar, así que la madre se seca las manos y va rápidamente a cogerle. Parece que está alterado, así que le acuna un rato. Luego se pregunta si ha tenido un mal sueño y empieza a cantar una cancioncilla que le gusta y suele animarle. ¿Cuál de estas actividades es su trabajo?

La mayoría de la gente diría que al enjuagar la ropa está trabajando, mientras que al coger a su bebé tiene que dejar de trabajar. Las madres suelen hablar de una dolorosa sensación de «fracaso» en esos momentos en los que, si prestásemos más atención, nos daríamos cuenta de que están cuidando a sus hijos. Lo contrario también es cierto. Cuando una madre está ocupada con tareas domésticas concretas y visibles, pero de carácter secundario respecto a sus obligaciones maternales, es muy probable que tanto ella como otras personas digan que está «consiguiendo hacer su trabajo».

Hoy en día una madre puede sentirse muy sola. La mayoría de la gente no es consciente de lo que hace. Esto no se debe a que la maternidad haya cambiado. Los elementos esenciales de la maternidad parecen ser invariables. Pero el mundo que rodea a una madre está cambiando siempre. Sin embargo, las madres no pueden retirarse a un vacío social. Ser madre es tanto un papel privado como social. Cada madre construye un puente que conecta a su hijo con la sociedad que todos compartimos. Si es un buen puente, su hijo podrá utilizarlo para acceder al mundo exterior. Ese puente está basado en su relación mutua. Si se puede relacionar bien con su hijo, éste tendrá la oportunidad de convertirse en una persona que se relacionará bien con nosotros. El conjunto de nuestra sociedad depende de cómo se relacione cada madre con su hijo. Ése *es* su trabajo maternal.

A la mayoría de las madres les preocupa mucho que la gente que las rodea apruebe a sus hijos. La respuesta más despreocupada de otra persona puede afectar a una madre durante todo el día. Pero ¿cómo puede comunicar la gente sus reacciones de una manera responsable si no se da cuenta de lo que hace una madre cuando está cuidando a su hijo? No es que no les importe. La mayoría de la gente tiene una opinión muy clara sobre cómo hay que educar a los niños. Pero cuando ven a una madre sentada tranquilamente con su bebé, no pueden ver nada concreto. No es la idea que tiene la mayoría de la gente del trabajo de una madre.

Esta falta de comprensión es más evidente si pensamos en un niño un poco mayor. Por ejemplo, podemos observar a una madre con su hijo en un supermercado. La madre está relacionándose con él de varias maneras a la vez. Le está inculcando el comportamiento que considera apropiado para un niño de su edad en un lugar público. También le está demostrando cómo debe comportarse en un supermercado al decirle que no se tiran las cosas de las estanterías y que no se llena la cesta con todo lo que hay a mano, sino que se eligen los productos y se paga por ellos. Le está mostrando sus valores personales al comprar, por ejemplo calculando precios, o dando prioridad a la rapidez y demostrándole cómo se relaciona con los empleados. No le está enseñando en un sentido estricto, sino compartiendo su mundo con él, y esto es agotador. Todo le cuesta el doble de tiempo, y tiene que desviar su atención continuamente del mundo adulto de las compras al mundo infantil de su pequeño acompañante. Si hay algún malentendido, tendrá que mediar entre estos dos mundos.

Pero ahora llegamos a la falta de comprensión. Si preguntásemos a la madre del supermercado qué está haciendo, casi con toda certeza respondería: «La compra». Si preguntásemos a otros compradores y a los empleados qué creen que está haciendo la madre, la mayor parte diría: «La compra». Sin embargo, la madre está haciendo mucho más que eso. Está haciendo dos trabajos, no sólo uno. El segundo es un trabajo silencioso que se deriva del primero. No tiene un nombre específico. Cuando un niño comienza a ir a la escuela, los profesores hablan de la importancia de la «socialización». Sin embargo, cuando una madre está socializando a su hijo de forma gradual y haciendo muchas más cosas, no se lo tiene en cuenta, porque todo el mundo cree que simplemente está «de compras».

Si la actividad de la madre se limita a «comprar», entonces la compañía de su hijo parece un impedimento. La obliga a ir más lenta y le impide hacer las cosas con su eficacia habitual. Pero si reconocemos que todo esto forma parte de su trabajo, podríamos redefinir su tarea como «cuidar y comprar». Eso daría a su hijo una posición legítima en sus acciones. También explicaría por qué una madre puede estar tan cansada e irritable después de ir de compras. Dos trabajos son más duros que uno. Y le resulta aún más duro si ignora el segundo y cree que sólo ha realizado el primero. En vez de estar satisfecha por haber combinado dos trabajos razonablemente bien, por lo general acaba enfadada consigo misma por hacer uno aparentemente mal.

Cuando la madre y el hijo llegan a casa, suele haber otro ejemplo de esta falta de comprensión. Al sacar las compras, la madre ve el resultado de sus esfuerzos. Pero al mirar a su hijo, no observa un gran cambio. Ha intentado ser paciente con él, pero parece cansado y enfadado, y es posible que tenga hambre. ¿De qué ha servido todo su esfuerzo maternal? Como se lamentaba una madre:

Cuando estás trabajando, sabes qué has hecho durante el día. Has hecho tantas llamadas de teléfono, has escrito tantas cartas y tienes algo para demostrarlo. Pero cuando miro a O después de estar trabajando todo el día pienso: «¿Dónde está la diferencia? ¿Dónde ha ido todo mi esfuerzo maternal?» [O, 2 meses]

No ha desaparecido, pero es difícil de reconocer. Está ahí, enfrente de ella. Es posible que su hijo esté enfadado; en este caso, puede ser *porque* le ha cuidado bien. No está enfadado *con* ella, sino *para* ella. La diferencia es crucial, pero fácil de malinterpretar. Un niño enfadado confía en su madre y espera algo de ella. Le pide más que a otras personas porque ella está cerca de él y parece comprenderle. Normalmente está seguro de que su madre se lo arreglará todo. «Un bebé que llora mucho puede hacerlo porque tiene una estrecha relación con la madre», señalaban dos perspicaces investigadores de un hospital de Londres.[37] Pero esto va en contra de una suposición cultural muy extendida según la cual si un bebé llora y un niño se enfada es porque hay una mala relación. Por lo tanto, desgraciadamente, la mayoría de las madres no se toman como un cumplido que sus hijos lloren o se enfaden. El enfado de los niños, que muchas veces puede indicar cuánto confían en sus madres, se suele malinterpretar como una prueba de fracaso maternal.

A parece reservar sus arrebatos de llanto para mí. Cuando hay más gente está entretenida y contenta. Pero cuando estamos solas, no puedo dejarla ni un minuto. [*A*, 7 meses]

A *P* le gustaría consolar a *A*. Le gustaría llevarla a otra habitación para darme un respiro. Así es. Pero cuando está alterada, sólo quiere estar conmigo. [*A*, 7 meses]

P se llevó a *A* toda la tarde y volvieron cansados, pero era evidente que se lo habían pasado en grande. *P* dijo que no había llorado en ningún momento. Luego me la pasó a mí, e incluso antes de cogerla tenía la boca abierta y estaba berreando. Es porque soy su madre, la única persona con la que puede ser sincera. Comparte sus verdaderos sentimientos conmigo. Sabe que la entiendo. En cambio con *P* se porta bien. [*A*, unos 18 meses]

Los bebés no suelen confirmar que las madres hacen las cosas bien. A una madre la tranquilizaría que su hijo le dijera de vez en cuando: «¡Anímate, mamá! Te estás relacionando muy bien conmigo». Pero los bebés no pueden hacer esto. Una madre puede sentirse muy sola e incomprendida durante esas primeras semanas.

La mayoría de las madres que se mencionan en este capítulo y que nos hablaron de sus problemas estaban de baja maternal. Pero no todas las madres cojen bajas maternales. En las páginas siguientes, las madres comentan que pasan mucho tiempo con sus bebés. Esto les puede resultar extraño a las que sólo están con sus hijos por la noche y los fines de semana. No hay un modo perfecto de criar a un bebé, y el objetivo de estas descripciones no es sugerir que todas las madres deberían dedicar mucho tiempo a sus hijos. Sin embargo, escuchar lo que dicen estas madres puede resultar útil a todas las madres. Sin duda alguna, otros aspectos de la relación resultan familiares tanto a las madres que trabajan como a las que se quedan en casa. En cualquier caso, una madre es responsable de su hijo. Aunque delegue esta responsabilidad, no deja de ser ella su punto de referencia. Gracias a ella su bebé no se enfrenta solo al mundo.

El tiempo que se pasa siendo directamente responsable de un bebé puede ser productivo. Pero las madres no lo ven así. Sobre todo al principio hay un gran «choque cultural».

Cuando trabajaba tenía objetivos, los cumplía y seguía adelante. En casa no hay nada que tenga que hacer. Así que no hago nada. Al final del día, cuando lo único que he hecho es ponerme la ropa, me siento como una inepta. [*O*, unos 2 meses]

De repente empieza otra vez *Woman's Hour* [La hora de la mujer; un programa de radio] y pienso: «¿Qué estoy haciendo?» El tiempo ya no significa nada. [*A*, 2 meses]

Soy procuradora. En el trabajo que desempeñaba antes de tener a *A*, tenía que justificar cada cuarto de hora. Ahora se me pasa un cuarto de hora sin haber hecho nada. [*A*, 3 meses]

Soy una mujer a la que le gusta tener las cosas hechas. [*O*, 3 meses]

Las mujeres con parejas que trabajan saben muy bien lo importante que es el trabajo. Ahora son sus parejas las que mantienen a la familia. El dinero es un resultado evidente, y por lo tanto están «haciendo algo». Más de una madre se compara desfavorablemente con su pareja. Tiene la impresión de que cuando él vuelve a casa por la noche, puede ser mucho más paciente y atento con el bebé que ella. Bajo su punto de vista tiene más mérito, porque además de ganar dinero, ahora él parece ser mejor padre. El esfuerzo que ella hace para cuidar a su bebé todo el día le puede parecer más bien una forma de pasar el tiempo más que la proeza que realmente es.

El padre que vuelve a casa por la noche puede desear formar parte de la nueva familia. Pero necesita ponerse al día. Esto puede ser frustrante para ambos. Como veíamos en el capítulo 1, no hay palabras para que una madre pueda expresar la importancia de los sucesos cotidianos. Puede ser consciente de que hay días difíciles en los que las cosas no funcionan entre ella y su bebé, mientras que al día siguiente todo vuelve a ir bien, pero esto es difícil de explicar. Una persona puede decir: «He tenido un día horrible en el trabajo», e incluso sin conocer los detalles sabemos aproximadamente a qué se refiere. Sin embargo, «He tenido un día horrible con O» puede no significar nada.

> Me siento realmente deprimida. En parte es por el tiempo. Pero también porque no consigo hacer nada. Estoy todo el día con O, y pienso: «¿A qué se ha reducido mi vida?» [O, 4 meses]

> Se me pasa el día sin darme cuenta. No me veo haciendo nada especial. [O, 4 meses]

> Me paso las horas mirando a O. No sé en qué estoy pensando. Mi casa es un desastre. El tiempo se va sin más. [O, 4 meses]

> Tengo una voz crítica que no deja de decirme que no hago lo suficiente. Sobre todo si estoy toda la mañana en la cama con O [dándole el pecho]. Supongo que estar en la cama suena a estar en paro o ser estudiante. No lo asocio con ser madre. [O, 5 meses]

> Me encontré con mi jefe mientras paseaba por la calle con O enseñándole un cerezo en flor. Me saludó y me preguntó cuándo iba a volver, y estoy segura de que pensó que era una madre ridícula que estaba haciendo cosas sin sentido con mi bebé. [O, 19 meses]

• • •

Las frases que más repiten las madres en estas conversaciones son «no hago nada» y «no consigo hacer nada». Así es como describen su experiencia. Deberíamos escuchar atentamente y preguntarnos qué significa «no hacer nada». Antes suponía que era la ausencia de «hacer algo». Pero al escuchar lo que dicen las madres, parece que es una experiencia en sí misma.

Para empezar, la libertad de acción que tenía una madre ha desaparecido, y si continúa trabajando fuera, se ha reducido en gran medida. Ya no puede disfrutar de tanta «felicidad de movimientos», expresión que utiliza Tillie Olsen para describir el tiempo que pasaba lejos de su casa y de las necesidades de sus hijos.[38] Cuidar a su bebé puede significar estar sentada tranquilamente durante horas. Puede sentirse apartada del ajetreo de la vida normal, y esto puede desorientarla. Por ejemplo, una madre puede asociar la luz de la mañana con el desayuno, pero su bebé reclama su atención y no consigue desayunar. Si no hay nadie más, ni siquiera parece importarle. El día continúa, pero su día personal no parece moverse. Esta desorientación es tan intensa que puede sentirla incluso cuando su bebé no la necesita.

Cuando O se duerme por la noche, no sé qué hacer. Me quedo sentada y pienso: «¿Qué debería hacer ahora? ¿Y ahora qué?» [O, 2 meses]

Cuando viene una amiga y coge a O, tengo una hora entera para mí. A veces me quedo sentada y simplemente estoy allí. Después pienso: «¿Por qué no he hecho algo y he puesto al día unas cuantas cosas?» [O, 9 meses]

En algunas religiones, como el budismo tibetano, la experiencia de la nada es uno de los niveles más difíciles de alcanzar. Sin embargo, el simple hecho de buscarla debe ser significativo. Entonces abrirse a la sensación no egocéntrica de la nada representa un cambio deseable y determinado para quien la busca. Paradójicamente, esto se convierte en «algo». Por el contrario, cuando una madre considera su forma de utilizar el tiempo como «no hacer nada», es incapaz de ver lo que hace como parte de un cambio deseable y significativo. Como no ve ningún cambio, puede pensar que la acción (o inacción) maternal de estar con su bebé no tiene ningún valor.

Esto contrasta con la opinión popular de que las madres siempre están ocupadas. Una «madre ocupada» es casi un cliché. Este término sugiere una gran cantidad de acciones útiles y visibles. Pero la vida con un bebé durante los seis primeros meses puede no ser activa en absoluto. Normalmente es lenta. Por ejemplo, una madre no puede apretar un botón de aceleración cuando está dando el pecho a su hijo. Mama, se para, la mira a la cara durante un rato, sigue mamando, cierra los ojos y se adormece, pero se despierta enseguida para seguir mamando si ella se mueve. ¿Ocupada? Incluso su mente parece ir lenta. Más tarde es posible que esté un rato ocupada limpiando, ordenando y llamando por teléfono. Pero esas acciones están menos relacionadas con el hecho de ser madre. Tienen más que ver con cuidar la casa, al resto de la familia y a ella misma. Tendrá que hacer la mayoría de estas cosas cuando su hijo se quede por fin dormido.

Todo ese tiempo está *con* su bebé. Es esa relación invisible la que hace que le parezca que «no hace nada». En vez de ocuparse con una larga lista de tareas, está reduciendo el ritmo de su vida para adaptarse al de su bebé. Para cualquier persona acostumbrada a la velocidad frenética de la vida urbana, el contraste es enorme. También tiene que renunciar de algún modo a su conciencia activa y acceder a algo más simple y antiguo para acercarse al mundo de su bebé. No es fácil. Sin embargo, ahí está la clave de la relación trascendental entre los dos. Lejos de no hacer nada, está haciéndolo todo.

¿Cómo inicia una madre una nueva relación? Los investigadores parecen estar de acuerdo en la primera fase. El psicoanalista Donald Winnicott acuñó la expresión «preocupación maternal primaria», que es muy similar a la «adaptación maternal»[39] de Daniel Stern, y al «periodo maternal sensible»[40] de Klaus y Kennell. Todos ellos parecen referirse al mismo proceso, y todos ellos intentan describirlo. Esto resulta extremadamente útil. Sin embargo, como psicoanalistas, psiquiatras y psicólogos, después pasan a hablar de todo tipo de desviaciones de una buena relación.

Winnicott y Stern especialmente dan muchos ejemplos de los supuestos fallos de la relación. A Klaus y Kennell les preocupan las pautas generales. Ninguno de ellos dedica mucho tiempo a explicar qué ocurre en una gran variedad de relaciones concretas que se desarrollan bien. También da la impresión de que describen un estado a corto plazo por el que pasa una madre durante unas semanas tras el nacimiento de su hijo. Sin embargo, muchas madres afirman que se encuentran en ese estado sensible durante al menos un año.

¿Cómo describen las madres el comienzo de la relación con sus bebés? Normalmente vacilan. Incluso las que tienen muchos hijos suelen hacer previamente comentarios de este tipo: «Como es lógico, sólo puedo hablar por mi propia experiencia». Quizá precisamente porque hablan con humildad y describen lo que han experimentado pueden enseñarnos a evitar las teorías grandiosas sobre buenas y malas relaciones. Gracias a sus observaciones podemos empezar a construir un cuadro de la gran variedad de buenas relaciones humanas.

¿Qué dicen entonces las madres? ¿Qué hacen al principio? Pueden decir que no hacen nada. Sin embargo, al escucharlas queda claro que para ellas hay dos formas de no hacer nada. Una es cuando el bebé está dormido en los brazos de su madre, pero ésta sabe que en cuanto le acueste se despertará y llorará. Por lo tanto decide que es mejor quedarse donde está mientras siga durmiendo. En muchos casos se abstrae y casi se olvida de su bebé. Las madres suelen culparse por soñar despiertas durante el día. Sin embargo, con un nuevo bebé la intimidad puede ser un lujo. La madre no puede descansar siempre que lo necesita. Estar ensimismada con sus pensamientos parece una buena manera de recuperar fuerzas.

A veces, durante unos momentos, me olvido de que mi hija existe. Una vez estaba en una tienda con *A* en su cochecito. Estaba hojeando unas revistas y me enfrasqué en ellas. De repente volví a la realidad y pensé: «¡Pero si tengo una hija!» Creo que podría haber comprado una revista y haberme marchado sin la niña. [*A*, 4 meses]

Cuando *O* era muy pequeño, un día *P* se quedó con él para que pudiera darme una ducha. Era la primera vez que estaba sola desde hacía mucho tiempo y me relajé totalmente. Luego oí llorar a un bebé, pero no parecía que tuviera nada que ver conmigo. Cuando me di cuenta de que era *O*, me sentí muy culpable. Estaba

tan a gusto en la ducha que se me olvidó que *O* era mi
bebé. [*O*, 13 meses]

Una madre puede necesitar un descanso porque ha estado
durante un tiempo centrada en otra forma más intensa de «no
hacer nada»: observando detalladamente a su bebé para conocerle. Para ello debe estar en un estado receptivo y abierto, con
todos sus sentidos alertas. Esto puede cansar mucho, así que es
comprensible que las madres necesiten recuperarse de esos
momentos tan intensos. Como veremos en el capítulo 7, la
mayoría de la gente mantiene la salud mental alternando el
trabajo y las actividades de ocio. Las madres parecen conseguirlo alternando la realidad con la imaginación. Después de
soñar despiertas pueden «volver» sintiéndose como nuevas.
Lejos de no hacer nada, están disfrutando de un descanso absolutamente esencial.

Al principio hay muchas cosas que aprender, y probablemente que olvidar. Muchas madres hablan de un periodo de
caos durante las primeras semanas, que les parecen muy com-
plicadas. Al hablar de caos quieren decir que no ven ninguna
pauta lógica en lo que hacen sus bebés. Son responsables de
unos recién nacidos a los que no comprenden. Las madres suelen centrarse en la imprevisibilidad de cada día, y normalmente lo consideran un fracaso personal. He perdido la cuenta de
todas las madres que dicen:

O [o *A*] y yo no tenemos ninguna rutina de momento. No sé qué estamos haciendo mal.

El pánico maternal es comprensible. Como veíamos en el
capítulo 2, en las sociedades más tradicionales una mujer se

preparaba con antelación ayudando a cuidar a otros bebés antes que al suyo. Veía a muchas madres a su alrededor cuidando a sus hijos. Podía adquirir una gran cantidad de información para basarse en ella. Pero hoy en día las madres suelen comenzar sin estas ventajas. Los días y las noches se confunden; todo parece caótico. Para una madre es muy fácil pensar que ha fracasado, aunque no sea así. El periodo de caos puede ser una parte necesaria para iniciar esta nueva relación. Está conectado con la sensación de incertidumbre de la que hablábamos en las páginas 60-62.

Cuando una madre se encuentra en medio del periodo caótico, puede mirar asombrada a otras madres que lo han superado. ¿Cómo pueden estar tan tranquilas con un bebé? Las madres que ya han pasado por este periodo pueden tranquilizar y animar a las que están aún padeciéndolo:

Primera madre: Estoy muy cansada. O no durmió anoche. Estuve todo el tiempo sentada mirando el reloj, viendo cómo pasaban las horas y pensando: «¿Cuándo podré dormir?» [*O*, 4 semanas]
Esto provocó un coro de protestas comprensivas en las madres del grupo cuyos bebés tenían entre dos y once meses: ¡Aparta el reloj! ¡No lo mires! Sólo conseguirás sentirte mal por nada. Todo se acaba arreglando. Recuperarás el sueño perdido, de verdad. No te preocupes.

Estaba tan preocupada pensando en que lo hacía todo mal, que decidí ir a dar un paseo. Y me alegro de haberlo hecho. Me encontré con un ángel del cielo. *El ángel resultó ser la madre que en otro tiempo miraba*

el reloj. Pero de eso ya hacía cinco meses, y ahora era
capaz de tranquilizar a otras madres. Me dijo que ella
también había pasado por eso, y que no debía permitir que me afectaran las críticas de los demás, porque
yo conocía a mi bebé mejor que ellos. Cuando volví a
casa me alegré de haber dado ese paseo, porque recu-
peré mi nivel habitual de energía. [*O*, 4 meses]

Después de un tiempo la sensación de caos va y viene:

Ahora parece que estoy tranquila. No os podéis ni
imaginar que hace una hora estaba gritándole a mi
marido por teléfono: «¡*No puedo* con esto. No hay
ninguna rutina. Es todo un desastre. Soy un *desastre*!» [*A*, 6 meses]

Poco a poco estas madres descubren que el grado de caos
disminuye. Están aprendiendo de sus bebés a la vez que sus bebés aprenden de ellas. Este aprendizaje es menos consciente
que el que veíamos en el capítulo 5, cuando una madre responde al llanto urgente de su bebé. Ahora su aprendizaje no parece tan definido. Las madres no tienen un objetivo concreto. Se
sientan tranquilamente durante largos periodos de tiempo
porque así sus bebés parecen estar contentos. En ese momento
pueden pensar que no están haciendo nada. Pero después se
dan cuenta de que han aprendido muchas cosas. Este tipo de conocimiento se denomina «instintivo» o «intuitivo», probablemente porque suele ser no verbal y por lo tanto es similar al
instinto y la intuición. Pero el instinto y la intuición son reacciones rápidas, mientras que la comprensión maternal se desarrolla con lentitud.

La gente me pregunta cuándo voy a volver a trabajar. Pero ya estoy trabajando. Estoy pensando en O todo el tiempo. No puedo pensar en nada más. Es muy difícil. [O, 4 meses]

Me paso la mayor parte del día siendo, no haciendo. Tengo que dejar muchas cosas que me gustaría hacer, pero estoy siendo la madre de O. Eso no significa que no sea yo, pero estoy aprendiendo a ser en el presente. [O, 6 meses]

Si una madre pasa mucho tiempo con su bebé, descubrirá de repente algunas pequeñas pautas. Por ejemplo, por la noche su hijo puede estar muy irritable y comenzar a llorar. Al principio la madre no sabe por qué. No parece haber ningún motivo. No ha cambiado nada desde el momento anterior, antes de que empezara a llorar. Puede tardar varias semanas en darse cuenta de que su bebé está muy excitado. Un bebé sensato diría: «Ya he tenido bastante. Dame un respiro y ayúdame a dormir, mamá». Pero los bebés tienen mucha curiosidad. Llegan a un estado en el que no pueden asimilar nada más ni darse por vencidos. Por eso lloran. Cuando una madre reconoce ese estado, todo tiene sentido. Su alivio es enorme. También ella se siente emocionada tras haber descifrado algunas letras de ese código. Decidir qué hacer no es entonces tan problemático. Por lo general experimenta con varias ideas. Pero ahora controla de nuevo la situación.

Se han realizado algunos estudios muy interesantes sobre cómo interactúan los padres con sus bebés. Los investigadores han intentado separar cada tipo de interacción, y han observado atentamente los comportamientos visuales, verbales, de contacto y de afecto.[41] Podría dar la impresión de que una madre debería estar siempre *haciendo* cosas con su bebé. Pero esto sería agotador para los dos. Normalmente están juntos de un modo más tranquilo e inactivo, pero muy conscientes el uno del otro. Por ejemplo, si te sientas a hablar con una madre que está dando el pecho a su bebé, *parecerá* relajada, como si no estuviera haciendo nada. Después de todo, la comida que le está dando la produce su cuerpo. No tiene que prepararla. Mientras su bebé está tomando el pecho, ella puede conversar contigo. Pero tiene una alerta interna que no se ve. Sus brazos son sensibles a cualquier cambio en su bebé. Una madre que tiene a su hijo en brazos casi puede oírle a través de ellos. A la vez que te escucha, está comprobando de forma regular cómo está su bebé.

Antes me sentía ofendida cuando hablaba con una madre porque en cuanto su hijo decía algo, se daba la vuelta para mirarle. Y pensaba: «Así que te parezco aburrida». Pero ahora que yo también soy madre le digo a la gente que comprendo cómo se sienten. Les explico que me interesa lo que están diciendo. Pero con una parte de mi mente tengo que cuidar a mi hijo.
[O, 9 meses]

Poco a poco, mientras descubre qué puede hacer para que su bebé esté más cómodo, también encuentra maneras que le vienen bien a ella. Ambos necesitan adaptarse. Ése es el secreto de su relación. Aunque son dos personas muy diferentes, tienen que buscar el modo de sentirse a gusto juntas. La madre aprende a estar con su bebé a la vez que continúa con su vida. Una madre que era cocinera profesional descubrió que podía llegar a una especie de acuerdo con su hija.

La gente me dice que necesito descansar de *A*. Pero no es así. Es una compañía estupenda. Le gusta lo que a mí me gusta. El otro día *tenía* que freír pescado, así que le enseñé el pescado y pareció comprender que era importante. La senté en su silla y conseguí hacerlo mientras ella me miraba. Luego pensé que como estaba allí tan tranquila, podría cocinar algo más. Pero entonces empezó a retorcerse como si quisiera decir: «Has dicho *pescado*, nada más». [*A*, 5 meses]

Cada relación es una creación original. A veces las madres intercambian ideas, pero ninguna tiene la receta de la perfección. Por ejemplo, sería ridículo sugerir que todas las madres deberían dejar que sus hijos viesen cómo cocinan. La cuestión es que cada madre encuentre la manera de que ambos se diviertan. Si la relación funciona bien, la madre descubrirá que las actividades cotidianas son más divertidas cuando su hijo participa en ellas. Para un bebé la actividad más mundana es nueva y apasionante. Si una madre arruga una bolsa de papel para tirarla, puede darse cuenta de que su bebé está mirándola con curiosidad para ver qué es ese crujido. La vida diaria es cada vez más emocionante.

Esos momentos tranquilos queden compensados por otros momentos tensos en los que la madre cree que no está en sintonía con su hijo. Se siente invadida de nuevo por el caos, y eso puede influir en su estado de ánimo durante todo el día. Por ejemplo, un bebé puede dejar de dormir de repente por la mañana. Un buen día está despierto y lleno de energía. Esto puede parecer un pequeño cambio, pero la madre ya ha empezado a utilizar su energía suponiendo que tendría un rato libre mientras su bebé estaba durmiendo. Si hubiera sabido que no iba a tener ese tiempo, se habría organizado de otro modo. Ahora se siente cansada e irritable por el cambio.

Algunas madres se quejan de que nunca están en sintonía con sus hijos. La relación parece funcionar con todo el mundo excepto con ellas. Esto suele pasar cuando la madre tiene más expectativas y tiende a exigir a su bebé más de lo que puede dar. Habla como si ambos estuvieran ascendiendo por una escalera sin límites. A algunas madres en esta situación les resulta útil comparar su experiencia con la de otras madres. Dicen que eso las tranquiliza y las ayuda a reducir sus expectativas. Cuanto menos esperan de sus bebés, mejor empiezan a comprenderlos.

Las circunstancias externas pueden hacer que esta fase de la maternidad resulte difícil. Algunas madres se sienten deprimidas por la casa, por su precaria situación económica o por la relación con el padre de su hijo. Puede haber enfermedades y muertes en la familia, o problemas políticos inevitables. A una madre le puede resultar difícil dejar a un lado su ansiedad para relajarse y aprender a conocer a su bebé.

El milagro es que, a pesar de las dificultades y la falta de comprensión social, las madres consiguen salir del caos inicial. El paso del caos al orden parece ser la forma normal de aprender. Uno de los rasgos de la inteligencia humana es la capacidad de percibir pautas de comportamiento significativas en acciones aparentemente casuales.[42] Cómo perciben las madres estas pautas, y cuáles son, podría ser el tema de otro libro. Aquí estamos intentando demostrar que las *perciben* y que no se quedan sentadas «sin hacer nada».

Una madre puede comenzar a dudar de que el comportamiento de su bebé tenga algún significado. Es difícil escuchar a una madre que está en ese estado de caos. A mí también me ha preocupado a veces que una madre muy alterada no pueda encontrar la manera de superarlo. Pero lo consigue. Es una hazaña extraordinaria. Cada nuevo ser humano, único y complejo, es un reto para nuestra comprensión. Una pauta que sirve para un bebé puede resultar inútil con otro. Sin embargo, si un bebé no parece estar bien, incluso durante las primeras semanas, los profesionales de la salud le preguntan a la madre: «¿Se comporta como de costumbre?» Han descubierto que pueden confiar en que las madres hayan observado desde el principio cómo son sus hijos normalmente.

Si no hay una madre o una persona que le cuide, el bebé no tiene a nadie que le comprenda o se comunique con él. Los estudios de niños que viven en orfanatos, como los de Rumanía, son una muestra de lo mal que puede estar un niño cuando falta esa atención maternal. Las respuestas de los niños se reducen; se protegen a sí mismos con comportamientos reconfortantes repetitivos, y normalmente se sienten muy renuentes a confiar en la gente. Estos estudios deberían ayudarnos a apreciar el tremendo logro que realizan tantas madres en nuestro entorno sin que nos demos cuenta.

Después del periodo de caos inicial, llega un momento en el que la madre y el bebé pasan del caos a la comprensión. Es un cambio inconfundible.

No he hecho nada en toda la semana. Sólo he estado con *A*, y me encanta. Estoy muy a gusto con ella, y ahora la entiendo mucho mejor. [*A*, 4 meses]

Ahora comprendo a *O*. Sé cuándo se encuentra cansado y enfadado, o cuando está aburrido. Sé cuándo le interesa algo aunque tenga hambre y cómo reacciona entonces. Le entiendo muy bien. [O, 6 meses]

Reconozco sus señales, y por ejemplo sé que unos chillidos quieren decir: «Devuélveme mi cepillo. Quiero morderlo». [A, 7 meses]

Me gusta mucho estar con O, y yo creo que también a él le gusta estar conmigo. [O, 1 año]

Las madres a las que les resulta imposible estar sentadas «sin hacer nada» pueden animarse al saber que a las que hacen esto también les gustaría estar activas y ocupadas.

Cuando O está dormido, consigo hacer diez cosas cuando antes sólo conseguía hacer una. Si estoy sentada tomando una taza de té me siento culpable. Creo que debo hacer algo. [O, 4 meses]
Un día *tenía* que limpiar el suelo de la cocina, y le dije a P que tenía que quedarse con O para poder hacerlo. No es que estuviera demasiado sucio, pero así vería el resultado de algo que hubiese hecho yo. Cuando estoy todo el día cuidando a O, no parece haber ninguna diferencia. [O, 7 meses]

Es importante recordar que no hay una única manera de ser una buena madre. Algunas madres desarrollan relaciones muy diferentes con sus bebés en las que no hay lugar para la inactividad. El objetivo de este capítulo no es minar su confianza en el estilo que han elegido, sino apoyar a esas madres que se siguen martirizando porque «no consiguen hacer nada».

Si estas madres están fascinadas con sus bebés, los bebés les devuelven ese regalo con creces. La relación empieza a florecer:

Es algo mutuo. Me mira fijamente a la cara con expresión de asombro. Recibo tanto como doy. [O, 3 meses]

No puedo dejar a A ni un segundo. Quiere estar conmigo todo el tiempo. Si alguien más me dice que debe estar echando los dientes, gritaré. No hay ningún diente a la vista. Tengo que recordarme a mí misma que A es inteligente. Si no, ¿por qué querría que alguien la cogiera en brazos para poder mirarme? [Pausa] Supongo que no me lo puedo creer. [A, 7 meses]

Sin embargo, ésta no es una relación sentimental. Si las madres pasan mucho tiempo con sus bebés, los bebés ven a sus madres en todo tipo de estados de ánimo.

Primera madre: Cuando llora le digo «¡Hola!» con una voz dulce. Entonces me mira, y estoy segura de que sabe que estoy de buen humor. [O, 7 semanas]

Segunda madre: Sí, te comprendo. Te mira con unos ojos enormes. Lo que quiero decir es que no podría *mentirle*. A veces voy donde él y no me siento muy bien, pero no le puedo mentir. No puedo engañarle. [O, 4 meses]

O no tiene una imagen de una madre idealizada. Si estás con tu hijo todo el día, sabe cuándo no te apetece hablar o cuándo estás deprimida o llorando. Lo ve todo. [*O*, 9 meses]

Este análisis recíproco indica que la madre y el bebé se dan cuenta de que necesitan aprender el uno del otro. No saben de forma automática cómo es la otra persona.

Al principio era una relación de abrazos que dependía físicamente de mí. Abrazaba a *O* con fuerza, sin apretarle demasiado, y me quedaba sentada así durante horas. A veces me daba cuenta de que me perdía, como si fuera él y hubiera entrado en su conciencia. Ahora me parece extraño recordar eso. [*O*, 8 meses]

El «como si» protector de esta madre es crucial. Uno se puede perder en una película o una novela de un modo similar. Es un intento de comprender un mundo diferente. Uno puede abrir una novela siendo consciente de estar sentado en una silla y de tener un tiempo limitado para leer. Entonces los detalles de la novela le atraen hacia ella. En un punto determinado se da permiso para olvidarse temporalmente de la silla y del tiempo limitado. Pero en un nivel más profundo nos anclamos y podemos volver a ser nosotros mismos. No somos Elizabeth Bennet o Darcy [personajes centrales de *Orgullo y prejuicio*, de Jane Austen]. Durante un rato nos hemos puesto en su lugar para acercarnos a ellos y comprenderlos. Las madres suelen describir un proceso similar.

Hasta que no me convertí en madre, no tuve ni idea de lo que había que aprender de cada bebé. Unos años antes, como estudiante, había leído el popular libro de Winnicott *The Child, the Family and the Outside World* [El niño, la familia y el mundo exterior]. Entonces no sabía qué pensar de él, así que lo guardé «para cuando tuviera hijos». Cuando tuve a mi primer bebé, me sentía totalmente desorientada en un mundo desconocido. Un día me acordé de repente del libro de Winnicott. Recuerdo que me emocioné al encontrarlo de nuevo, y me senté con mi bebé en un brazo y el libro en el otro. El primer párrafo me dio un pequeño susto, como si algo no sonara demasiado bien. Sin embargo, el estilo ameno y cordial de Winnicott me animó a leer los primeros capítulos sin detenerme. Luego volví al primer párrafo, y tuve que leer cada frase por separado para poder identificar la que me preocupaba. La oración completa es: «Soy un hombre, así que nunca podré saber realmente lo que es ver envuelta en una cuna a una parte de mí mismo, una parte de mí con una vida independiente, pero que al mismo tiempo es dependiente y se está convirtiendo en una persona».[43] La frase que me había asustado era «una parte de mí mismo».

Me volví hacia el bebé que tenía en el otro brazo antes de volver a mirar la primera página. ¿Era mi hija «una parte de mí misma»? No. Ése era mi problema. Era completamente diferente. Tampoco se estaba «convirtiendo en una persona». Ya era una persona real. Era evidente que tenía sus propias ideas y su propia manera de ver las cosas. Me ponía a prueba continuamente. Aunque era muy pequeña, yo estaba obligada a relacionarme con ella no como un «bebé», sino con el respeto que una siente por una persona igual a una misma.

Las madres y los bebés se comportan desde el principio como si se reconocieran el uno al otro como personas distintas. A veces da la impresión de que las madres se sienten unidas a sus hijos sin hacer ningún esfuerzo. Pueden referirse a sí mismas y a sus bebés como «nosotros», por ejemplo en una frase como: «Hemos pasado un buen día juntos». Lo más importante de este tipo de frases es que describen a dos personas diferentes que están aprendiendo a comprenderse y a llevarse bien. Al hablar en plural la madre no niega la individualidad de su hijo, sino que afirma que han encontrado una manera de estar juntos.

Algunas madres dicen que hablan a sus bebés de los sucesos del día. La mayoría de los bebés escuchan con atención. Abren bien los ojos y jadean con entusiasmo. No todas las madres utilizan palabras durante el primer año. Algunas dicen que se sienten ridículas hablándole a un bebé. La madre que llegó a un acuerdo con su hija para freír el pescado era una de ellas. Hizo el trato usando un mínimo de palabras y confiando sobre todo en los gestos. Las palabras no son esenciales en este tipo de intercambio. Lo más importante es que se atiendan el uno al otro respetando los turnos.

Aunque se sabe que la comunicación es importante, en esta primera fase puede parecer aún que es como «no hacer nada». Es espontánea y divertida. Pero más tarde, en la escuela, el niño se basará en el trabajo inicial de su madre. Esta base maternal es sin duda alguna fundamental, aunque en ese momento se subestime.

Mientras la madre aprende a comunicarse con su hijo, surge otra dimensión en su relación. Es la relación moral entre los dos. Antes se consideraba una parte esencial de ser madre y se solía discutir en el ámbito religioso. Ahora que la religión organizada tiene menos influencia, esta cuestión resulta desagradable. No es un tema cómodo. Para empezar, la madre y el bebé no se relacionan como iguales físicamente. Sólo tenemos que retroceder un poco para ver que la madre es, con mucho, la más grande, fuerte y experimentada de los dos. Por lo tanto, su relación moral se debe ver en el contexto de una persona más fuerte que se relaciona con otra más débil.

La relación moral entre una madre y su bebé es un tema muy extenso y complejo. Sólo una pequeña parte de él está relacionada con este capítulo, que proporciona otro importante aspecto de la maternidad del que no se suele hablar. El silencio lo convierte en «nada». Sin embargo, es una parte intrínseca de la experiencia diaria de una madre, que puede preguntarse a menudo si está siendo una buena madre. Otras personas también pueden opinar sobre la mejor manera de criar a su hijo. Incluso un desconocido puede acercarse a ella en la calle y preguntarle: «¿Es un buen bebé?» Hoy en día la «moralidad» y los «juicios de valor» son conceptos impopulares. Las madres no siempre son conscientes de con cuánta frecuencia se plantean cuestiones morales, pero están seguras de que lo hacen.

Cómo ser una buena madre puede parecer un poco abstracto durante el embarazo. Las madres embarazadas reciben muchos consejos de su familia, amigos y profesionales sobre la mejor manera de cuidarse por el bien de sus bebés. Las madres embarazadas suelen decir que no entienden a qué viene tanta complicación. Sin embargo, cuando una madre puede ver y coger a su bebé, no le parece tan complicado. De forma milagrosa, su cuerpo ha dado a luz a una persona completamente nueva. Es impresionante que le hayan confiado a ella el milagro de crear una nueva vida. Las nuevas madres desean apasionadamente hacer todo lo posible por sus bebés. Ser madre no es suficiente; la mayoría de nosotras decidimos en ese momento convertirnos en *buenas* madres.

Trasladar la bondad a las actividades cotidianas es un asunto diferente. No suele haber tiempo para hacer inventario.

Cuando una madre tiene que elegir, las opciones pueden parecer tan triviales que su decisión parece pragmática. Es fácil dejar de ver la dimensión moral. Ella misma se queja de que ya no se siente como una persona con libre albedrío. ¿Cómo puede tener opciones? Sin duda alguna es al revés. Es su bebé quien lo decide todo. ¿No está casi atada a él como una esclava, corriendo a su lado cuando la necesita? Además de no tener opciones, ha perdido su libertad para hacer planes. Sin embargo, está utilizando su capacidad de elegir. La última palabra la tiene siempre ella. Es la parte más fuerte. Cada vez que su bebé quiere algo y ella se lo da, decide usar su poder adulto de una forma humana. Está pasando por alto todas esas pequeñas decisiones.

Normalmente tiene que decidir con rapidez, porque las cuestiones aparentemente triviales surgen de repente. Los bebés suelen quedarse dormidos justo cuando la madre tiene una cita en algún sitio. ¿Debería despertarle o faltar a la cita? No le hará ningún daño si le despierta. Pero está profundamente dormido y despertarle sería un acto de egoísmo. Entonces sopesa los intereses de ambos tanto desde el punto de vista moral como desde el pragmático.

Me siento como una monja en el buen sentido de la palabra. Tengo la tele apagada porque creo que no sería bueno para O tenerla encendida. Podría no molestarme en hacer cosas como ésa. Pero me alegro de hacerlas. [O, 4 semanas]

Estoy siempre sopesando qué es bueno para ella y qué es bueno para mí. Todo es muy difícil de decidir. [A, 5 meses]

Tengo un montón de preguntas en la cabeza. Por ejemplo: ¿Le presto a O la atención suficiente? ¿Le descuido cuando hago otras cosas? ¡Y siempre vamos tarde! ¿Le hago daño cuando le pongo a toda prisa los zapatos para intentar llegar a tiempo a algún sitio? [O, 6 meses]

Es difícil saber hasta dónde deberíamos dejar que nuestros bebés corran riesgos. Si fuésemos hombres diríamos que estamos en el filo de la ciencia y nos felicitaríamos por ello. Pero somos mujeres, así que nos seguimos sintiendo culpables. [A, 13 meses]

También está el complejo equilibrio de los intereses de los hermanos, o las necesidades de una mascota. ¿A quién debería cuidar antes la madre y por qué motivo?

Yo creo que uno de nuestros gatos está deprimido desde que nació A. No sale de su cesta en todo el día. Necesita mi atención. Es terrible. Los gatos han sido mis bebés durante muchos años antes de tener a A. [A, 3 meses]

No sé qué hacer cuando mis dos hijos quieren que les haga caso al mismo tiempo. [A, 5 años; O, 3 meses]

Estos ejemplos son morales, porque la madre está sopesando la mejor manera de actuar. Lejos de no hacer nada está manejando un enorme poder. Sería muy fácil abusar de tanto poder, y es imposible utilizarlo siempre bien. Muchas veces toma sus decisiones en medio del caos del momento. Al principio es posible que no sean coherentes. Experimenta, lo piensa bien y a veces cambia de opinión. Pero poco a poco surge una pauta reconocible. Con el tiempo las pequeñas decisiones de una madre comienzan a estar relacionadas, y de ese modo su hijo empieza a saber qué es la justicia.

Una de las personas que reconoció el enorme poder moral de las madres fue Platón, pero se apresuró a añadir que ese poder era demasiado valioso para dejarlo en manos de las mujeres. En su última obra, *Las leyes*, consideró el mejor modo de organizar la sociedad humana, y por lo tanto qué tipo de leyes serían necesarias para preservar esta organización social. Decidió qué tipo de ciudadanos harían falta para dirigir esta sociedad ideal, y eso le llevó a preguntarse qué tipo de infancia necesitarían para darles la mejor preparación posible para sus responsabilidades adultas. Sus argumentos se siguen considerando provocadores actualmente. No tenía ninguna duda de que los adultos estaban influidos por su infancia. E incluso pensaba que la cantidad de ejercicio que hacía una mujer embarazada afectaba a su hijo.

Luego Platón pasaba a plantearse esas preguntas que las madres conocen tan bien. ¿Hay que coger y apaciguar a un niño que llora, o hay que enseñarle disciplina? ¿Hay que estimular a los bebés con cosas especiales, o hay que mantenerlos tranquilos? ¿Hay que tratar a los niños y a las niñas de un modo diferente, y si es así, a partir de qué edad? Estaba seguro de que cada pregunta tenía una respuesta ideal, que tendría una gran influencia para formar el carácter del niño. La respuesta ideal podría estar legislada. Pero Platón sabía que las madres y las niñeras podrían no obedecer esas leyes. Sospechaba que se reirían de ellas. «¡Sin duda alguna haríamos el ridículo!»,[44] señaló. Así pues, en su sistema, el padre de cada familia sería el responsable de que se educara a todos los niños de acuerdo con las leyes.

Afortunadamente, este sistema totalitario sigue siendo un sueño. Las madres tienen aún su poder moral. Esto no significa que ese poder sea ilimitado. La madre lo comparte con el padre de su hijo. Hablar y compartir decisiones puede ser muy útil. La familia y los amigos también influyen en la pareja. Como veíamos al comienzo de este capítulo, a las madres les suele preocupar lo que piensan los demás de sus hijos. También hay organismos estatales que pueden intervenir si una madre maltrata o descuida a su hijo. Sin embargo, aparte de eso, se deja a las madres solas con sus responsabilidades. Una madre puede crear su propio sistema moral en su propia casa.

El principal reto no suele ser de los adultos, sino de su bebé. Los bebés no son recipientes vacíos en los que una madre puede verter sus valores. Las madres se suelen asombrar de la firmeza con la que sus hijos afirman sus propios valores desde el principio.

> *A* sabe cómo quiere que la lleve. Le gusta apoyarse en mi hombro. Pero cuando fuimos al consulado a sacar mi pasaporte, se enfadó porque no podía llevarla así. [*A*, 6 semanas]

> Ahora *O* puede expresar sus opiniones. [*O*, 4 meses]

> *A* es muy obstinada. Si quiere algo, pone una mirada insistente y no hay forma de desviarla. [*A*, 6 meses]

> Me he dado cuenta de que no puedes controlar a otro ser humano. No puedo obligar a *O* a comer algo espe-

cial, por ejemplo, aunque sea por su propio bien. [O, 12 meses]

Se ha escrito mucho sobre la educación moral de los niños, o la ausencia de ella. Los bebés son muy sensibles, y parecen captar las normas morales desde una edad muy temprana. Si una madre trata a su bebé con respeto, el bebé responderá del mismo modo, no de forma inmediata, sino cuando sea más mayor. Por lo tanto, una madre tiene un poder más sutil. Enseña con el ejemplo. Eso significa que debe centrarse en su comportamiento más que en el de su hijo.

Esto no es tan sencillo como parece. Vivir con un bebé puede ser frustrante, y no siempre hay una tercera parte para presenciar cómo se relacionan. Para una madre es muy fácil desahogar su frustración, disculparse y echar la culpa al bebé. La tentación es muy grande. Sin embargo, algunas madres afirman que después de tener un arrebato de ira con sus hijos, se arrepienten.

Madre: Le hablo a O en voz alta. De ese modo puedo oír qué estoy haciendo. Si hago algo mal, siempre se lo digo.

Yo: ¿Te disculpas siempre si ves que te has equivocado?

Madre: Sí, sí. Siempre me estoy disculpando. Espero que cuando sea más mayor se dé cuenta de que eso es lo que hay que hacer. [O, 8 meses]

Los bebés parecen estudiar minuciosamente a los adultos para aprender las normas del mundo adulto. Si una madre se disculpa con su hijo cuando se equivoca, el niño se dará cuenta desde el principio de que se toma la dimensión moral en serio. No tiene que sentarse para convencerle de su importancia. Lleva mucho tiempo observando lo que hace con relación a él. Por el contrario, algunas madres se excusan pero reprochan a sus hijos por los mismos errores. Entonces el niño puede llegar a la conclusión de que las normas morales son «sólo para niños».

Cuando un niño empieza a gatear suele mirar a su madre antes de intentar algo nuevo. La observa para aprender pautas tanto pragmáticas como morales. Sin embargo, si una madre cree que no hace nada importante, puede pasar por alto esta ocasión. Poco después el niño empieza a señalar cosas. Su madre le dice cómo se llaman, y puede aprovechar la oportunidad para añadir algo: «Es el periódico. ¡Ten cuidado, no lo arrugues! A papá y a mamá les gusta que esté planchado».

El niño empieza enseguida a unir palabras y frases. Con el tiempo es capaz de desafiar esas normas morales con un montón de preguntas que suelen comenzar con «¿Por qué?» Es importante ver que de ese modo está cuestionando detalles y normas concretas. Al hacerlo está demostrando que acepta que debe haber algunas normas para que los miembros de la familia se traten con respeto y amabilidad. Las madres no tienen que enseñar a sus hijos todas las normas. Con unas pocas aprenden lo que necesitan, y empiezan así a comprender la importancia de la justicia.

La justicia es un antiguo concepto humano. Las sociedades más primitivas tienen códigos de buenos y malos comportamientos, y premios y castigos apropiados para ellos. Esto nos permite vivir en grupos sociales complejos y multidimensionales en los que la mayoría nos respetamos los unos a los otros. Al pasar de una situación a otra estamos haciendo continuamente esos pequeños cambios de adaptación. En cada situación aprendemos códigos sociales de comportamiento y desarrollamos nuestros códigos personales. Tenemos que aprender cuándo debemos aceptar los códigos sociales y cuándo debemos protestar por ellos. Por lo tanto, un bebé tiene por delante todo este vasto y complejo mundo social.

¿Quién puede predecir el futuro de un bebé? Podría convertirse en un adulto con una gran responsabilidad, o por el contrario encontrarse en una sociedad que le oprime con sus derechos limitados. En esas circunstancias, sus primeras experiencias con su madre y el recuerdo de cómo utilizaba su poder para relacionarse con él pueden resultarle muy útiles en su vida adulta. En situaciones críticas, como afirmaba Platón, la influencia moral de la madre puede extenderse mucho más allá de la infancia.

Cuando una madre está sentada tranquilamente con su bebé es posible que no registre ningún logro visible. Mientras se considere este tipo de relación como «no hacer nada en todo el día», a la mayoría de las madres les costará reconocer el valor de lo que hacen. Sólo se sienten valoradas por los cambios visibles que consiguen. Sin embargo, los cambios visibles pueden ser banales, como señala la socióloga Jessie Bernard: «Se protege, se cuida y se socializa a generaciones de niños con actividades banales como cambiar pañales, lavar los platos, poner tiritas y empujarlos en los columpios».[45]

Aunque no todas las madres se sienten así, les resulta difícil justificar sus sentimientos. Algunas de las que reconocen la importancia de la maternidad de una forma más clara son las que trabajan con gente joven desatendida. La ironía es que por lo general estas madres sólo tienen unos meses de baja maternal. Cuando se termina su baja, están obligadas por razones económicas —y a pesar de sus lágrimas de pesadumbre— a dejar a sus bebés con cuidadoras profesionales mientras ellas continúan trabajando como profesoras de educación especial, psicólogas, trabajadoras sociales, empleadas de centros de rehabilitación o psicoterapeutas. Todas estas actividades están relacionadas con los problemas de los jóvenes que no han recibido la atención apropiada de sus padres. Pero al preocuparse por ellos pueden pensar que están descuidando a sus propios hijos.

Cuando los niños llegan a la edad escolar, su capacidad para relacionarse es más evidente. Entonces los profesores lo llaman «socialización», pero es otra forma de materializar el valor invisible de las relaciones. Si un niño ha tenido una buena relación con su madre, que no sepa utilizar los servicios de la escuela o comer con cuchillo y tenedor se puede solucionar en unos minutos. Extenderá el respeto por su madre a su profesor, escuchará con atención y estará orgulloso de aprender. Si el niño ha crecido en un hogar conflictivo en el que sus padres no le mostraban mucho respeto y no intentaban comprenderle, es muy probable que su primera tarea en la escuela sea protegerse de lo que él considera un trato humillante por parte de los adultos, en vez de aprender las sutilezas del comportamiento escolar.

Cuando se convierte en un adulto, su situación es más difícil aún. Entonces las relaciones son un problema frecuente. Los adultos pasan muchas horas de su tiempo libre en terapias individuales o de pareja, en terapias de grupo, en agrupaciones de padres, o incluso aprendiendo a desarrollar sus «habilidades sociales», porque éstas no surgen de un modo natural. Cuando la gente habla de este tipo de situaciones, uno de los temas recurrentes es que el «paciente» no parece haber sido respetado por su madre en su infancia. Como es lógico, el niño se ha convertido en un adulto que carece de la experiencia de una buena relación inicial. Puede que nunca haya experimentado la alegría y el dolor de querer a otra persona. Es posible que no se dé cuenta de que, aunque sea reconfortante hacer las cosas «a su manera», puede ser más apasionante hacerlas de un modo diferente por amor. Dos personas en una sólida relación de amistad o de pareja pueden desarrollarse más que cualquiera de ellas por separado. Todo esto se puede aprender como adulto, pero es mucho más fácil crecer con esa experiencia.

Aunque tenemos todo tipo de sistemas correctivos para ayudarnos, seguimos menospreciando el trabajo que resolvería este problema. Si continuamos refiriéndonos a los periodos de tranquilidad maternal como si fueran «no hacer nada», la mayoría de las madres seguirán considerando que no hacen «nada».

7. Estoy muerta de cansancio

El cansancio de una nueva madre es especial. Es fácil oír conversaciones como ésta:

—¿Cómo estás?

—¡Cansada!

—Yo también. Si me metiera en la cama estaría una semana durmiendo.

—¿Una semana? Yo me conformo con cuatro horas seguidas.

—Antes me preguntaba qué querían decir las madres cuando decían que estaban cansadas. Ahora ya lo sé.

—Te cansas pensando en cosas que te ayudarían a estar menos cansada.

—Durante los primeros meses crees que nunca vas a volver a dormir bien.

—Cuando estás tan cansada pierdes el sentido del humor. No soporto que la gente haga bromas.

—Y sacas las cosas de quicio. Cuando estás así no puedes ni pensar.

¿Qué hace que la madre de un bebé esté tan cansada? Las madres suelen responder: «Necesito dormir más». Normalmente no pueden recuperarse con un periodo de sueño continuo. Pero esto es sólo parte de la explicación. El principal motivo al parecer es que las madres creen que no deberían estar cansadas.

Esto se refleja en cómo describen su cansancio. No están orgullosas de él. No lo consideran una consecuencia lógica de tener un nuevo bebé. Hablan como si fuera culpa suya. En una conversación sobre el cansancio, es habitual que una madre diga que «ha perdido el control», que «no tiene ninguna rutina» o que «no puede justificar ese cansancio». Puede parecer un director de empresa más que la madre de un bebé. Esto es comprensible, porque cuando menciona su cansancio, normalmente le dan consejos para estar menos cansada. Nadie le felicita por cansarse por una buena causa. Por lo tanto, el cansancio parece el resultado de una mala gestión.

Las madres primerizas se sienten especialmente desorientadas. Pueden haber oído a sus amigas que tener un bebé es agotador, pero hay gente que siempre está quejándose. Antes de que el bebé naciera no parecía tan complicado. Al fin y al cabo, ¿no duermen mucho los bebés? Cuando están despiertos sólo necesitan comer, echar los gases y que les cambien el pañal, y todo el tiempo que sobra puede ser para jugar.

Después del parto, el cansancio puede llegar de repente como un *shock*. Las madres que hablan conmigo suelen considerarse mujeres competentes. Unos meses antes muchas de ellas dedicaban toda su energía a trabajos absorbentes, por ejemplo en la enseñanza, la sanidad, la televisión o los negocios. Estaban acostumbradas al estrés y a superar situaciones difíciles. Tenían una imagen positiva de sí mismas.

Esa imagen suele desaparecer durante los primeros meses de maternidad. El cambio parece increíble.

El cansancio de una madre que trabaja es relativamente fácil de explicar, pero ¿qué ocurre con las madres que cogen una baja maternal? Están en casa, un lugar asociado con el tiempo libre y la relajación. ¿Cómo puede quejarse una madre de sentirse cansada *en casa*? Allí tiene todo tipo de comodidades y está a cargo de todo. No tiene que preocuparse por la jerarquía de trabajo, los plazos o un posible despido. Muchas madres suponen que quedarse en casa será fácil. Antes del parto deciden animar un poco esa vida doméstica (y disfrutar con ello aunque se sientan culpables) decorando una habitación o estudiando algo. ¿Cómo pueden explicarles luego a sus parejas y a las amigas que trabajan que se encuentran tan cansadas después de haber pasado todo el día en casa?

¿Por qué es el cansancio tan característico de la maternidad?

Al principio las madres sólo se sienten un poco más cansadas que de costumbre. Durante las primeras semanas muchos recién nacidos se pasan la mayor parte del día durmiendo. Los estudios indican que un recién nacido normal duerme alrededor de dieciséis horas diarias.[46] (¡La mayoría de los recién nacidos que yo conozco no son tan normales!) Por lo tanto, la nueva madre espera estar cansada como los demás. En esta etapa lo más cansado son las tomas nocturnas. Aparte de eso, si el bebé duerme tanto, ser madre puede parecer relativamente sencillo. En muchos casos una madre cree que tiene un bebé «fácil» y empieza a retomar algunas de sus antiguas actividades. Entonces, justo cuando decide que la maternidad es más fácil de lo que decía la gente, y cuando las ofertas de ayuda y las llamadas amistosas comienzan a disminuir, su bebé pasa a una nueva etapa. En vez de quedarse dormido después de cada toma, mira a su alrededor fascinado con los ojos bien abiertos.

En ese momento los recién nacidos suelen estar especialmente activos por la noche, cuando los adultos necesitan dormir. Los recién nacidos parecen experimentar el día y la noche de un modo diferente. A muchos los abruman los ruidos y la intensa luz del día. Entonces, cuando sus padres apagan las luces y hablan en voz baja, parecen sentirse más cómodos. Abren los ojos, miran a su alrededor y comienzan a animarse. Esta novedad puede resultar divertida durante un tiempo.

Me gustan las noches. Entonces estamos sólo O y yo, como si no hubiera nadie más en el mundo. No me importa el cansancio. Es un pequeño precio que hay que pagar. [O, 6 semanas]

Pero el precio aumenta. La mayoría de los bebés necesitan comer por la noche. Tienen el estómago pequeño y necesitan rellenarlo más a menudo que los adultos, así que muchas veces se despiertan con hambre. Muchos tienen un rato previsible, normalmente por la mañana, en el que prefieren dormir un poco más. Pero entonces suele ser cuando sus madres esperan que estén despiertos. Stanley Coren dice en su libro *Sleep Thieves* [Ladrones de sueño]: «Durante el primer año, un nuevo bebé supone entre 400 y 750 horas de sueño [maternal] perdido».[47] Esto se debe sobre todo a que las madres tienen que levantarse para dar de comer a sus bebés por la noche, y no les gusta dormir durante el día.

Otro problema es que los adultos y los bebés tienen diferentes ritmos de sueño. El ciclo de sueño de un adulto es de ochenta y cinco a noventa minutos. Sin embargo, el de un bebé es mucho más corto, de cincuenta a sesenta minutos.[48] Por lo tanto, cuando un bebé se despierta después de un ciclo de sueño de una hora, es posible que su madre sólo haya cubierto dos tercios del suyo. En vez de estar descansada se siente frustrada. Puede quejarse de que duerme poco porque no se da cuenta de que romper el ciclo de sueño también puede hacer que se sienta así.

Pero los seres humanos son adaptables. No tenemos que dormir las mismas horas de sueño que hemos perdido. En su extraordinario libro *Sleep and Wakefulness* [Sueño e insomnio], publicado por primera vez en 1939, Nathaniel Kleitman describe un proceso que ahora denominamos «recuperación del sueño». Por ejemplo, «después de 3 o 4 días sin dormir, un joven normal duerme aproximadamente entre 12 y 14 horas, y puede dormir una hora más que de costumbre la noche siguiente, pero no mucho más».[49]

Los experimentos de Kleitman se llevaron a cabo con voluntarios que tenían que estar despiertos durante periodos continuos. Las madres suelen echar cabezadas o caer en un sueño ligero. No hay mucha información sobre ellas. En el campo de la investigación la palabra clave es «fatiga». «Desgraciadamente, no se ha investigado mucho sobre la fatiga», afirman los autores de un artículo.[50]

Se han realizado algunos estudios sobre la fatiga que sufren los médicos, el personal militar, los trabajadores de equipos de rescate, los controladores aéreos, los pilotos y los camioneros de largas distancias. Pero no parece que haya nada similar respecto a las nuevas madres. «Una búsqueda en las revistas de medicina y enfermería de los últimos veinte años reveló una gran cantidad de estudios sobre la fatiga en poblaciones sanas y enfermas, pero muy pocos estudios sobre la fatiga durante la maternidad… La fatiga durante la maternidad sigue siendo un tema poco estudiado», concluyen las investigadoras Renee A. Milligan y Linda C. Pugh.[51] Si las madres supieran más podrían organizarse mejor.

Un extraño podría preguntar cuál es el problema. Sin duda alguna las madres, los bebés y el sueño no han cambiado tanto desde el comienzo de la humanidad. ¿No han encontrado las madres métodos para afrontar el cansancio durante esa época? La respuesta es que las pautas sociales han cambiado. Las soluciones que antes ayudaban a las madres no suelen ser factibles hoy en día.

Para comenzar con lo más evidente, la electricidad nos permite realizar todo tipo de actividades nocturnas que no eran posibles cuando sólo había velas y lámparas de aceite. Tenemos luz eléctrica, calefacción, televisión y ordenadores a todas horas. Pasamos mucho más tiempo despiertos y activos del que pasaba la gente antes de que la luz eléctrica fuera de uso generalizado. Incluso antes de que nazca el bebé, los padres pueden estar forzando su energía hasta el límite. Cuando se añade un bebé a este precario equilibrio de actividad continua con un mínimo de sueño, la balanza se inclina hacia el agotamiento paternal.

Además, un bebé no siempre se queda dormido cuando está cansado. La vida moderna no es sólo estimulante para los padres; también estimula a su bebé. Esta situación puede ser familiar para los padres, pero para un bebé es todo nuevo. Las luces deslumbrantes de una casa normal, los sonidos amplificados de la televisión y sobre todo la rapidez de los movimientos y las voces de sus padres, pueden ser apasionantes para el bebé. El ritmo de vida es especialmente rápido en las ciudades. Aunque los padres sean conscientes de esto, normalmente les cuesta reducir ese ritmo. Las madres comentan que cuando sus parejas vuelven a casa del trabajo, empiezan a preparar la cena juntos, lo cual implica una gran cantidad de sonidos y olores nuevos para su bebé. Entonces al niño, que ahora está completamente despierto y lleno de curiosidad, le puede resultar difícil calmarse y quedarse dormido.

Las madres solteras suelen decir que dormir a sus bebés por la noche no es un problema porque las noches son muy tranquilas. Esto lo confirman las madres cuyas parejas tienen que pasar unas semanas fuera de casa. Estas madres dicen al principio que no saben cómo se las van a arreglar a la hora de ir a la cama sin la ayuda de su pareja, pero luego descubren que es más fácil porque las noches no son tan excitantes. Algunas madres cuyos maridos e hijos mayores vuelven a casa a última hora de la tarde haciendo ruido, han comprobado que sus bebés se excitan mucho y les viene bien echar una siesta durante el día.

Una madre se puede quedar sorprendida por el contraste al llevar a su hijo de la ciudad a una zona rural.

Estuvimos de vacaciones en España en una casa de campo preciosa junto a un bosque. No hicimos mucho porque no había mucho que hacer, y nos relajamos completamente. Entonces descubrí que O tenía un ritmo que nunca había visto en Londres, porque siempre estoy mirando el reloj para ver si es hora de hacer algo que he planificado. En Londres hay muchas opciones, y me encanta. Pero en España me di cuenta de que era muy relajante. Todos descansábamos cuando O dormía, y a todos nos apetecía levantarnos al mismo tiempo. [O, 11 meses]

Aunque mantengas la habitación en silencio, puedes oír aviones, helicópteros, radios y un montón de ruidos. Sin embargo, en la India [donde acababa de estar la madre con la familia de su marido en un pueblo remoto], la noche es oscura y tranquila, y no podíamos hacer nada excepto dormir. [*O, 15 meses*]

En las sociedades tradicionales, las responsabilidades maternales se suelen compartir, y se espera que las mujeres de la familia ayuden a la madre. Pero en las sociedades modernas estas mujeres no suelen estar disponibles. Lo más probable es que tengan un empleo de jornada completa. La madre de la madre, tradicionalmente la primera persona a la que recurriría una nueva madre, puede estar trabajando todo el día y es posible que le queden unos cuantos años para jubilarse. Si sus madres viven lo bastante cerca, las nuevas madres pueden llegar a acuerdos especiales con ellas para que cuiden a sus hijos, pero ya no es un sistema informal que se da por supuesto.

Las madres que aún viven en familias tradicionales dicen que las responsabilidades se reparten entre las mujeres de la familia. Alguien se ocupa del bebé mientras ellas duermen, y reciben mucha ayuda práctica. Pero se apresuran a añadir que no es tan sencillo. Estas madres han recibido una educación moderna y han aprendido a pensar de forma independiente. Pero sus allegados suelen esperar que sigan las costumbres familiares a la hora de cuidar a sus bebés, y se sienten ofendidos si quieren hacer las cosas de otro modo. Por lo tanto, estas madres creen que tienen que pagar un precio por la ayuda que reciben. En otras palabras, puede que esta solución tradicional al cansancio maternal no se adapte a las madres actuales, que están orgullosas de tomar sus propias decisiones.

Otro cambio está relacionado con la estructura de trabajo. La mayor parte del trabajo moderno está organizado de forma que una madre no puede tener a su bebé con ella mientras lo realiza. Ahora la mayoría de las madres vuelven a trabajar antes de que sus bebés tengan un año. Esto significa que llevan prácticamente dos vidas: una en el trabajo, aunque «de guardia» por si sus bebés las necesitan, y otra en su tiempo libre, que no dedican a relajarse como sus colegas que no son padres, sino a atender las necesidades de sus hijos. «Todos los estudios sobre madres trabajadoras —dice la escritora Melissa Benn— indican que llegan al límite de su resistencia.»[52]

Hay otra dificultad que afecta a las mujeres que tienen un trabajo intelectual. Nunca ha habido tantas mujeres con estudios superiores. Cuando estas mujeres se convierten en madres, experimentan un cambio drástico.

No me puedo concentrar en un libro. [A, 6 semanas] *Esto lo decía alarmada una madre cuya subsistencia dependía de la lectura.*

Mi cerebro, que es una parte muy importante de mi identidad, se ha quedado en blanco. Tengo que aceptarlo y confiar en que se acabe recuperando. Es lo único que puedo decir. [A, 3 meses] *Quizá resulte tranquilizador saber que tres años después se publicó el primer libro de esta madre, y recibió unas críticas brillantes por su extraordinaria calidad.*

Ando por ahí aturdida con la cabeza embotada. [A, 6 meses]

Los estudios recientes confirman lo que dicen estas madres. «El sueño es del cerebro, por el cerebro y para el cerebro», afirma J. Allan Hobson.[53] Por lo tanto, tiene sentido que las mujeres con carreras universitarias se sientan especialmente desorientadas cuando duermen poco. Sin duda alguna les resultaría útil estar preparadas para este cambio y recordar que es temporal. Ya es bastante difícil cuidar a un bebé sin la ansiedad añadida de tener el cerebro en blanco permanentemente.

También ha habido un cambio significativo en el lugar donde duermen los bebés. En las sociedades tradicionales, los niños dormían junto a sus madres. Pero hoy en día, en las sociedades occidentales, los bebés suelen dormir en su propia cuna en una habitación separada. Esto puede cansar mucho, porque la madre tiene que levantarse por la noche e ir a otra habitación cada vez que su hijo se despierta para una toma. Además, sin duda alguna no duerme tan profundamente si tiene que estar atenta al llanto de su bebé o los sonidos del interfono. Las madres que dan el pecho suelen «redescubrir» lo relajante que es dormir con sus bebés. Algunas aprenden a dar el pecho casi dormidas y apenas necesitan despertarse.[54]

A algunas madres les angustia mucho que sus bebés las despierten por la noche. Es sorprendente saber a cuántas de ellas les enseñaron a dormir toda la noche cuando eran pequeñas. Hoy en día esto no es tan habitual. Pero cuando estas madres eran bebés, a sus madres les aconsejaban que no les hicieran caso y las dejaran llorar. Es posible que no todos los bebés a los que les enseñan a dormir se conviertan en padres angustiados, pero algunos sí.

Como madres parecen considerar la noche un periodo de tiempo en el que *deberían* dormir un número determinado de horas, obligatoriamente, y lo dicen con un tono imperioso en su voz. Al mismo tiempo señalan que sienten una profunda angustia cuando sus bebés lloran por la noche. Es posible que esto reactive el *shock* de haber tenido que aprender a dormir sin sus padres por la noche. No tienen el recuerdo consciente de que llorasen. Pero cuando estas madres piden consejo a sus padres para dormir a sus bebés, se quedan asustadas al enterarse de que a ellas las dejaban llorar.

> Yo era uno de esos bebés que dormía toda la noche. Necesito ocho horas de sueño, pero tengo suerte si duermo cinco. Es una tortura. Me siento completamente torturada. [*O, 4 meses*] *Esta madre se enteró a través de un amigo de la familia de que de bebé no se quedaba dormida automáticamente, sino que la dejaban llorar hasta que se dormía en una habitación de la planta baja.*

> Durante el día me las arreglo y me siento feliz y orgullosa de ser madre. Pero por la noche me convierto en una persona diferente. [*Entre lágrimas*] Cuando O no se duerme, me desespero tanto que no sé qué hacer. [*O, 9 meses*]

Por lo tanto, estas madres tienen un conflicto. Se angustian al oír llorar a sus bebés por la noche y quieren responder con sensibilidad, pero al mismo tiempo parecen sentir la presión de haber tenido que aprender a dormir toda la noche en su infancia. Varias madres comentaron que lo que les permitió superarlo fue la ayuda de sus maridos. Por lo visto habían elegido parejas que tenían un enfoque más flexible que ellas respecto a este tema. Les ayudó tener a alguien que las reconfortase mientras expresaban lo mal que se sentían por tener que despertarse por la noche.

En este campo se han llevado a cabo algunas investigaciones. ¿Cuánta angustia maternal por levantarse por la noche es el resultado de haber enseñado a dormir a toda una generación? Los seres humanos son adaptables. Una de nuestras cualidades, de la que depende a veces nuestra supervivencia, es la capacidad de estar despiertos durante mucho tiempo y recuperar el sueño perdido más tarde, en un momento seguro. Enseñar a dormir puede interferir en esta capacidad. A un bebé le pueden enseñar a dormir a unas horas regulares para ajustarse a las conveniencias sociales. Esto puede resolver un problema inmediato, pero al niño le resultará más difícil convertirse en un adulto adaptable.

El cansancio inmediato no es la única dificultad que se deriva de no dormir bien por la noche. A la madre también le preocupa no tener suficiente energía para el largo día que tiene por delante. Las madres suelen hacer planes con antelación.

Pienso en cómo voy a llegar al final del día y al final de la semana. Luego habrá otro lunes, otro martes y otra semana, y después habrá otro año. ¿Cómo voy a llevar todo eso? [A, 2 meses]

Cuando me despierto por la mañana tengo que pensar en un día para dos personas. [A, 5 meses]

Las madres que están trabajando parecen ser especialmente conscientes de lo que pueden cansar las horas.

• • •

La niñera estaba enferma, así que tuve que ir a casa. Al cabo de una hora estaba agotada. Ni siquiera puedes prepararte una taza de café. Trabajar es mucho más fácil. [*A*, 7 meses]

La mayoría de la gente funciona en dos «esferas» de actividad separadas. Van a un lugar de trabajo donde se exige un estilo de comportamiento totalmente diferente del que utilizan en su «tiempo libre». Incluso la gente que trabaja en casa suele hacer una distinción clara entre los momentos en los que está trabajando y los momentos en los que está libre. Esta diferencia puede ser reconfortante. Al pasar de un ámbito al otro podemos descansar de una serie de circunstancias antes de volver con energía renovada. Si hay un problema en un ámbito, podemos discutirlo y encontrar cierto alivio en el otro. Pero cuando nace un bebé, la madre puede sentirse limitada a una «esfera» de actividad, y acostumbrarse a esto lleva un tiempo.

Cuando una madre tiene un problema con su bebé, puede que no haya otro ámbito que la ayude a recuperarse. Es posible que ni siquiera sea consciente de su problema porque no hay palabras para describirlo. Muchas madres dicen que se sienten «atrapadas» en casa. Esto se puede deber a que ya no son capaces de funcionar en dos ámbitos separados. Algunas madres vuelven a trabajar no sólo por el dinero, sino también para «mantener la cordura». Puede ser difícil pasar el día y la noche en una sola esfera de actividad.

Esto podría explicar por qué las madres cansadas suelen reaccionar bien ante una crisis. Una crisis es excepcional por naturaleza, y por lo tanto las reglas son distintas. Aunque esto resulte estresante, también puede aumentar el nivel de energía. Una serie de pruebas realizadas a mujeres que no son madres han demostrado que, aunque una persona duerma poco, puede actuar bien durante una emergencia. Las madres pueden hacer esto mejor que nadie. Son capaces de acceder a una energía extraordinaria, sobre todo si sus hijos están enfermos.

> Si no duermes, te sientes fatal. No estoy diciendo que sea fácil. Pero cuando O estaba enfermo y pensaba que quizá no podría superarlo, no me importaba dormir poco. [O, 7 meses]

> De alguna manera sacas recursos. Cuando A estaba enferma, me quedaba levantada con ella toda la noche porque eso era lo que ella quería. Si la dejaba en la cuna, empezaba a gritar. [A, 10 meses]

La vida normal con un bebé es menos dramática y más rutinaria. Una madre tiene que esforzarse para que haya una continuidad. En una crisis la vida adquiere una «forma» inesperada. Sin una crisis puede parecer que tiene una forma imprecisa. El día se convierte en noche, y los días de labor en fines de semana. Todo continúa o hay que volver a hacerlo. Nada se termina del todo.

Lo extraño es que las madres no suelen darse cuenta de que esto les ocurre a muchas. Por ejemplo, cuando una madre lleva a su hijo al parque o de compras, eso puede cambiar su estado de ánimo. Una vez fuera, el bebé parece contento y la madre se siente orgullosa de haber conseguido salir de casa. Entonces se encuentran menos cansada. Eso significa que cuando otras madres la miran, ven a una madre aparentemente tranquila con un bebé feliz. De igual manera, cuando ella las mira puede pensar que ése es su estado permanente. No se le ocurre pensar que ella también da la impresión de que es una madre tranquila. Y puede volver a casa desanimada porque cree que es la única a la que le resulta tan cansado.

Tener un bebé parece algo normal. En las concurridas calles de Londres, y cada vez que encienden la televisión, las madres ven gente. Por lógica, esas personas deben haber sido bebés en algún momento: millones de ellos. Millones de madres deben haberlos cuidado. Ser madre no puede ser tan difícil. Las mujeres competentes como ellas deberían ser capaces de afrontarlo. Sin duda alguna el mundo no está lleno de madres cansadas. La conclusión parece evidente. Son un desastre. Su cansancio es una prueba de ello.

Es revelador comparar sus sentimientos con los de otro grupo de gente cansada. Los estudiantes de medicina y los médicos residentes, como las madres, ven su sueño interrumpido, aunque eso afecta a su estado de ánimo de un modo diferente. «Los estudiantes de medicina y los médicos residentes suelen hablar de sus noches sin dormir como si fueran medallas de honor, símbolos tangibles de su dedicación profesional y un testimonio para todos de que su sacrificio justifica el estatus de la profesión.»[55] En otras palabras, la medicina tiene un estatus, y el sacrificio del sueño parece estar justificado por una causa tan noble. Pero ¿qué ocurre si la causa es un bebé? Una madre no ha recibido una formación ni ha pasado unos exámenes competitivos para cualificarse. No le pagan un sueldo alto por ser madre. No es responsable de una planta llena de pacientes, sino de un solo bebé. Se puede sentir cansada y desmoralizada precisamente por eso, y su bajo estado de ánimo aumenta su cansancio.

Quizá por eso las madres se animan cuando hablan unas con otras.

Podría daros muchos ejemplos de las cosas estúpidas que hago cuando estoy cansada. Suelo echar el café en mi plato de cereales, y una vez llevé a O a una tienda que estaba muy lejos para cambiar una camisa, pero al llegar allí me di cuenta de que me había dejado la camisa en casa. [O, 4 meses]

Lo único que quiero es dormir. Es lo único en lo que puedo pensar ahora. [A, 5 meses]

A se despierta cada hora y media por la noche. Me canso tanto que no puedo ni moverme. [Después de dar el pecho] me apetece beber un poco de agua, pero estoy demasiado cansada incluso para levantar el brazo. [A, 5 meses]

Es terrible decirlo, pero a veces me gustaría deshacerme de A por la noche y volver a recogerla a la mañana siguiente. Haría cualquier cosa por dormir. [A, 6 meses]

Cuando O no se duerme, creo que me voy a morir. Sé que no voy a morirme, pero me siento atrapada. [O, 6 meses]

Durante el día me cuesta creer que pueda ser real cómo me siento por la noche. Estoy tan cansada que creo que no puedo continuar. Suena terrible, pero rezo a Dios para que me deje morir. [O, 6 meses]

La gente que no es madre no debería tener *derecho* a decir que está cansada. [A, 6 meses]

Éstas son descripciones de cansancio *acumulativo*. No se sabe mucho sobre el efecto que tiene en las madres. El estudio realizado con los médicos residentes puede ser el mejor disponible para hacernos una idea de cómo las afecta. Este estudio indicaba que aunque los médicos se sintieran orgullosos de estar cansados por una buena causa, el cansancio acumulativo también los afectaba de forma negativa. Sorprendentemente, los médicos seguían siendo capaces de funcionar bien durante breves periodos de tiempo. Pero las relaciones personales sufrían.[56] Como hemos visto, las madres también suelen responder bien en una emergencia. Y, al igual que los médicos, se enfadan con su familia y sus amigos.

> Le grité a *P*: «¡No me importas tú! ¡No me importa
> *A*! Lo único que me importa es dormir veinticuatro
> horas». [*A*, 6 meses]

Aunque expresaran estos sentimientos tan intensos, ninguna de las madres que se mencionan aquí estaban deprimidas o eran incapaces de afrontar la situación. Reconocer cómo se sentían las ayudaba en este sentido. A cualquier madre que intentaba ser «positiva» cuando otra manifestaba lo agotada que estaba (por ejemplo sugiriendo que debería pensar en la suerte que tenía en vez de quejarse), le decían amablemente: «Tú debes tenerlo más fácil». La mayoría de las madres que escuchan comprenden las quejas de una madre cansada. La mayoría de las madres reconocen el cansancio. Es un territorio común.

¿Podría morir una madre literalmente por falta de sueño o por interrumpir el sueño? No parece probable. Hay muchas más probabilidades de que antes se quede dormida. Sin embargo, las referencias de una madre a la muerte pueden tener sentido de un modo figurado. Cuando revisé mis notas, me quedé impresionada al ver con cuánta frecuencia decían las madres que se sentían como si se estuvieran muriendo. Esto suena histriónico porque, aunque se encontrasen físicamente cansadas, estaban muy vivas. Sin embargo, sus palabras tienen sentido si consideramos que no se referían sólo a su cuerpo, sino a la vida que tenían antes de que nacieran sus bebés. Eso es una auténtica pérdida. Nada es ya lo mismo. No pueden volver a su antigua vida, que sin duda alguna «ha muerto».

Cuando una madre dice que está desesperadamente cansada, suele querer decir que no ha reconocido esto aún. Su antigua vida le puede seguir pareciendo «real», y su bebé una desviación temporal de esa realidad. Si pudiera «controlar» al bebé, su vida podría volver a ser como antes. Una madre lo expresaba de este modo:

> Si no estuvieses tan cansada, si tuvieras mucha energía, estarías haciendo todo tipo de cosas que crees que tienes que hacer o te gustaría hacer; y entonces estarías cansada por eso, ¿verdad? [O, 4 meses]

La sociedad moderna no está organizada para facilitar la transición que tienen que hacer las mujeres cuando se convierten en madres. Es un cambio trascendental. Las nuevas madres suelen decirse a sí mismas que la maternidad es complicada al principio, pero que luego resultará más fácil. Sin duda alguna es cada vez más fácil, pero no de forma automática. Resulta más fácil cuando las madres se despiden de su antigua vida y se adaptan a la nueva.

En una reunión varias nuevas madres estaban explicando lo cansadas que estaban. También había tres madres con bebés algo mayores, de entre ocho y catorce meses, que las escucharon en silencio. Al cabo de un rato les pregunté si ellas se cansaban al principio —«¡Por supuesto!»— y si seguían estando tan cansadas —«Ya no»—. Puesto que habían resuelto el problema, les pedí que les dijeran a las nuevas madres qué podían hacer. Las tres respondieron a coro de forma espontánea: «¡Vivir con ello!» Luego cada una miró a las otras dos, a las que no había visto nunca hasta ese momento. No se podían creer que hubieran dicho las mismas palabras.

Cuando les pedí más detalles, sus respuestas fueron similares:

Simplemente te adaptas. Tienes que hacerlo.

Ellos no pueden cambiar su pauta de sueño para adaptarse a ti, así que tú tienes que cambiar la tuya para adaptarte a ellos.

Antes pensaba que tenía que dormir nueve horas todas las noches. Ahora si duermo seis me considero afortunada. Pero puedo afrontarlo. He tenido que hacerlo para sobrevivir. Cuando A se duerme, aunque no me gusta dormir durante el día y creo que debería estar trabajando, yo también duermo. He decidido dejar pasar las cosas y dar prioridad al sueño.

Las madres encuentran todo tipo de soluciones. Dormir cuando su bebé duerme no es una panacea para todas las madres. Es sólo un ejemplo. Lo más importante es el cambio de actitud.

Cuando dejas de resistirte y dices: «La vida es así de momento», deja de ser tan frustrante y agotador. Pero no es fácil. [*O*, 5 semanas]

Sólo puedo hablar por mí misma. No sé si ayudará a alguien más. *O* seguía despertándose por la noche y yo estaba muy cansada. Hasta que un día pensé: «Si quiere tomar el pecho por la noche, eso es lo que quiere. No puedo negárselo». Entonces de algún modo pude hacerlo y encontré la energía necesaria. Cuando tomé esa decisión no fue tan difícil. [*O*, 3 meses]

P, *O* y yo nos levantamos todas las mañanas a las ocho. Estamos una hora y media levantados y luego, a las nueve y media, volvemos a la cama para echar una siesta de dos horas. Vivimos con mis suegros, y sé que no lo aprobarían, pero para entonces se han ido. Al principio pensaba: «No consigo hacer nada. ¿Dónde está mi vida?» Pero cuando dejé de sentirme culpable por nuestra siesta y acepté que las cosas eran así, fue mucho más fácil. [*O*, 8 meses]

Ayudar a sus bebés a dormir se convierte entonces en una cuestión técnica.

Cuando me parece que *O* tiene sueño, nos tumbamos en la cama y yo cierro los ojos para que me vea. Entonces él cierra los suyos y se queda dormido. [*O*, 2 meses]

* * *

Siempre dejo a su lado una camiseta vieja que huele a mí, y eso parece ayudarle a dormir. [A, 4 meses]

O se duerme si ronco mucho. Eso indica cuántos ronquidos debe haber en mi casa. [O, 6 meses]

El mayor ajuste para algunas madres es superar su reticencia a aceptar ayuda. Muchas creen que deberían arreglarse solas con sus bebés sin ningún problema.

Vino a verme una amiga y estuvimos charlando un rato. Justo cuando se iba, me di cuenta de que podía haberle pedido que cuidara a O. Entonces era demasiado tarde para pedírselo, y me enfadé conmigo misma. Como trabajo, la gente me considera una mujer capaz. No soy el tipo de persona a la que creen que hay que ofrecer ayuda. Mi amiga me hizo darme cuenta de que necesito ser más sincera con mis amigos respecto a lo que pueden hacer por mí. [O, 4 meses]

Todos los días me siento fatal, peor que si tuviera una resaca. Hace poco vino mi suegra para quedarse unos días, y se llevaba a O para que yo pudiera recuperar el sueño perdido. Dormía un par de horas más por las mañanas y un rato por las tardes. Sabía que podía dormir todo lo que quisiera porque a ella le encanta estar con O. Así conseguí recuperarme y ahora me siento bien. [O, 4 meses]

Un día estaba desesperada, así que llamé a *P* al trabajo y le *ordené* que volviera a casa y cuidara de *O* para que yo pudiera dormir. [*O*, 5 meses]

P baila con *A* sobre su hombro para dormirla. Ponen música, pero a *A* no le gustan las cintas infantiles. La que más le gusta es una de jazz. [*A*, 9 meses]

Para algunas madres la clave está en ciertos métodos, como enseñar a sus hijos a dormir, a controlar el llanto y a reconfortarse a sí mismos. No me gusta la filosofía de estos métodos, aunque a algunas madres les resulten útiles. Si no funcionan o dejan de ser eficaces al cabo de un tiempo, el bebé se puede angustiar mucho. Sin embargo, las madres suelen adoptar un método porque necesitan una estructura más firme, y su determinación parece ayudar a que el método funcione. Entonces tienen la sensación de que han recuperado el control de su vida.

Siempre hay historias de otras madres que se las arreglan mucho mejor.

Una amiga mía me dijo que su bebé dormía diez horas por la noche. Me dio tanta envidia que pensé: «¿Por qué no puede hacer eso *O*?» Esa noche se despertó como de costumbre y me enfadé muchísimo. Le di de comer y se durmió, pero estaba tan enfadada que me quedé despierta. Ahora pienso que me iba mejor cuando no comparaba a los bebés. Nunca se debería hacer. Puedo arreglarme perfectamente si acepto a *O* como es. [*O*, 5 meses]

Las madres que trabajan fuera de casa tienen que buscar soluciones especiales para conservar su energía. Esto suele implicar un recorte en sus actividades habituales, como llevarse trabajo a casa o tomar una copa con sus colegas después de trabajar. Muchas madres dicen que tienen una actitud mucho más restringida respecto al trabajo.

> La gente me mira extrañada porque ya no salgo con mis amigas después del trabajo. En cuanto dan las cinco salgo por la puerta para volver con mi hija [A, 8 meses]

Podríamos añadir más formas de conservar la energía que aplican las madres. Pero puede dar la impresión de que el cansancio es siempre soluble, y a veces no lo es. Los niños de un año aproximadamente suelen estar muy activos durante el día, y se despiertan con frecuencia por la noche sin ninguna razón evidente. Entonces una madre puede estar desesperada por dormir, pero también por reconfortar a su bebé cuando la necesita por la noche. He hablado con muchas madres que han sacrificado su sueño y se han despertado muchas veces cada noche porque sus bebés las llamaban. Es terrible que estas mujeres crean que han fracasado por eso. Sin duda alguna una madre que ha decidido sacrificar su sueño merece un gran respeto y admiración por su generosidad.

Cuando los niños crecen, las madres suelen describir una pauta reconocible. Un bebé más mayor puede ser muy independiente durante el día, pero en cuanto llega la noche reclama a su madre. Las madres suelen esperar un desarrollo más equilibrado. Muchas creen que la independencia diurna irá acompañada de una independencia nocturna. Así pues, cuando un bebé de nueve meses parece necesitar más atención maternal por la noche, su exhausta madre se siente como si los dos estuvieran «caminando hacia atrás». Pero no es así. Es más bien como el movimiento de un péndulo: si oscila mucho hacia un extremo, también oscilará mucho hacia el otro.

Las madres suelen decir que su irritabilidad aumenta cuando sus bebés tienen más de nueve meses. Esto se debe en muchos casos a que esperan que los seis primeros meses sean difíciles y los siguientes resulten más fáciles. Pero los niños no se desarrollan necesariamente a este ritmo. Un bebé de nueve meses puede tener una necesidad intensa de que su madre le cuide. Muchas madres descubren que en esta etapa tienen que enfrentarse al cambio que se ha producido en su vida. Tener un bebé no es como tomarse unas largas vacaciones de la vida diaria. *Es* la vida diaria. Cuando una madre acepta esto, es capaz de buscar soluciones más radicales para afrontar su cansancio. Entonces está más tranquila con su hijo. La vida no es una lucha de necesidades en conflicto. Están los dos en el mismo lado. La vida es más lenta pero más armoniosa. Ahora puede florecer el amor de una madre por su bebé.

> Siempre estoy corriendo de un lado a otro. Me gusta hacer algo todos los días. Pero un día bajé el ritmo e hice las cosas a la manera de *A*. Nos quedamos en casa y le di el pecho todo el tiempo que quiso. Después me sentí realmente feliz. [*A*, 5 meses]

> Me siento como si hubiera cruzado un puente. *O* sigue tomando el pecho por la noche, y todo el mundo

me dice que tengo un problema. Pero esta semana he encontrado una página *web* en Internet y he descubierto que O es un bebé *normal*. Antes contaba las tomas que hacía por la noche. Ahora le miro y pienso: «Puedes alimentarte siempre que lo necesites». He dejado de preocuparme y no estoy tan cansada. Cuando veo cómo mama, me siento llena de amor por él. [*O*, 6 meses]

Estaba buscando una carpeta, y me estaba poniendo nerviosa porque estaba tan cansada que no podía recordar dónde la había puesto. O se estaba quejando, así que le llevé conmigo al estudio porque estaba decidida a encontrar esa carpeta. Pero no la encontré. Luego vi cómo me estaba mirando O y pensé: «Esto es ridículo. ¿Qué es más importante, la carpeta o él?» Así que le cogí, le abracé y me relajé. E inmediatamente me vino a la cabeza dónde había puesto esa carpeta y supe dónde estaba. [*O*, 7 meses]

Las madres suelen preguntarse cómo se las arreglarían con más de un hijo. ¿Será el doble de cansado con dos? Pero normalmente, con su segundo hijo, una madre comprueba que la falta de sueño no explica del todo su cansancio. Con un segundo bebé puede dormir poco y estar cansada, pero no como la primera vez. Ella y su primer hijo han creado la base de un sistema familiar. Es muy probable que el hijo mayor la ayude a «adiestrar» al hermano pequeño. Por lo tanto, no tiene nada que ver con la tremenda adaptación que tuvo que realizar la primera vez.

Cuando una madre se queja a su familia y a sus amigos de que está cansada, pueden intentar ayudarla llamando su atención sobre cosas que podrían provocar su cansancio. Sin embargo, es posible que lo que más necesite la madre sea que la escuchen. Si no ha pedido consejo, puede que no lo necesite.

Preocuparse por un bebé es, sin duda alguna, cansado. Pero las madres podrían afrontarlo mejor si todos reconociésemos lo difícil y complejo que puede ser. Si una madre dice que duerme poco, podría ser una señal de lo bien que está cuidando a su hijo, no de que haya fracasado. Yo creo que la peor cualidad del cansancio maternal es que la madre tenga que luchar contra la falta de respeto predominante. El bebé puede cansarla, pero nosotros podemos agotarla si no vamos con cuidado.

8. ¿Qué quieren los bebés?

¿Podemos generalizar sobre los bebés? Algunos afirman que no pueden ver ninguna diferencia entre un bebé y otro. Pero los que ven bebés cada día observan todo tipo de diferencias, incluso cuando nacen. Por lo tanto, ¿es posible decir algo sobre todos ellos?

Los bebés son misteriosos. Gran parte de nuestra comprensión depende de lo que les ofrezcamos. Les ofrecemos algo, y esperamos a ver cómo responden. No podemos ofrecerles todo, así que debe haber muchas cosas que no sabemos de ellos. Inevitablemente, nuestro conocimiento es limitado. Pero al menos el comienzo puede ser sencillo. Los recién nacidos expresan con claridad sus sentimientos. A través del llanto y del lenguaje corporal dicen de forma inconfundible: «¡Qué maravilla!», o «No estoy seguro de esto», o «¡Es terrible!» Hace años ése era también nuestro lenguaje. Como madres, de repente nos encontramos en el lado del receptor de ese antiguo lenguaje.

Las madres dicen que lo que les impide comprender a sus hijos no es la comunicación con ellos, sino sus propias expectativas.

Cuando nació *A* no vino con un manual de instrucciones. Leí todos los libros que cayeron en mis manos y pregunté a todo el mundo que conocía. Pero hace poco me he dado cuenta de que en realidad sabía lo que quería. El problema era que no creía que tuviera que querer esas cosas. No era como los bebés de los libros. Ahora estoy aprendiendo a aceptarla como es y a sentirme bien con lo que quiere, y todo es mucho más fácil. [*A*, 8 meses]

Las madres comienzan inevitablemente dudando de lo que quieren sus hijos. Cada bebé sorprende a su madre con algo nuevo. Una vez me llamó una madre para pedirme, como asesora de lactancia materna, que la ayudara a comprender el comportamiento de su bebé. «Ninguno de mis otros hijos se comportaba como *O*», dijo. Por detrás se oían muchas voces de niños, así que le pregunté cuántos hijos tenía. «Diez —respondió—, pero *O* es diferente de los otros nueve.» Esta madre experimentada tenía la humildad suficiente para darse cuenta de que aún tenía algo que aprender.

Cuando el bebé sólo tiene unas semanas, su madre puede comentar con orgullo: «A *O siempre* le ha gustado esto más que lo otro». Este tipo de observación es diferente de la investigación metódica que podría hacer un psicólogo con una muestra de bebés. Las observaciones maternales suelen ser casuales y concretas. La ventaja es que todos esos detalles que describen las madres se han observado en un contexto natural, no en una situación especial. Los psicólogos son a veces escépticos a la hora de confiar en lo que dicen las madres: «Un informe verbal es muchas veces una señal distorsionada de la cualidad esencial que a un científico le gustaría conocer de una forma más clara», señala el profesor Jerome Kagan en el primer capítulo de su libro *The Nature of the Child*.[57]

Pero ¿las madres no son científicas? En cierto sentido las madres están obligadas a convertirse en científicas especializadas. Una madre, como un investigador, puede comenzar con la mente muy abierta, aunque quizá con uno o dos condicionantes ideológicos. Sin embargo, es posible que al tener un bebé tenga que librarse rápidamente de esos condicionantes. En muchos casos descubre que alguna de sus creencias no funciona con su hijo. Entonces, como un buen científico, tiene que modificar sus ideas. Si escuchamos a las madres, encontraremos bastantes ejemplos de esto porque el tema surge con frecuencia.

He tenido que renunciar a todas las ideas que tenía sobre *A*. En un momento está muy tranquila, y al siguiente es como una bola de fuego. No esperaba eso de ella. [*A*, 2 meses]

De algún modo tenía la ilusión de que podría poner a *O* en una mochila y llevarle a todas partes. Pero esa idea se ha ido al traste. *O* se queja y se excita mucho, así que tenemos que volver a casa. [*O*, 5 meses]

Ahora *O* nos echa de la cama. Le gusta tener su propio espacio. Me imaginaba que querría estar con nosotros todo el tiempo, pero no es así. [*O*, 13 meses]

Me gustaría que *A* dejara de decir «No». Lo dice cada vez que le pregunto algo. Sigo pensando que no debería decirlo. En mi cultura casi nunca usamos esa palabra. Decimos: «Eso podría ser difícil». [*A*, 16 meses]

Tengo en la cabeza una idea fija de lo que quiere *A*.
Pero mientras tanto ella no deja de avanzar. Me cuesta seguir su ritmo. [*A*, 2 años]

En otras palabras, si una madre escucha las «señales» de su bebé, se da cuenta de que tiene que renunciar a sus propias expectativas. Tiene muchas cosas que decirnos sobre su hijo. Escuchando a muchas madres también podemos componer un cuadro general de lo que parecen querer muchos bebés. Como es lógico, un cuadro general no sirve para todos los casos, pero puede ofrecer pautas útiles. Para mi sorpresa, el cuadro que he obtenido escuchando a las madres tiene un contorno muy claro. La información que he recopilado ha resultado ser bastante coherente.

De este modo sabemos que cuando los bebés quieren algo, lo exigen apasionadamente. ¿Y qué es lo que más quieren? Entre todos los detalles individuales, de las declaraciones que se incluyen en este capítulo surge una pauta inconfundible. Las madres afirman que —más que juego y entretenimiento, quizá incluso más que seguridad, comida o consuelo— los bebés quieren que les hagamos sitio en nuestras ajetreadas vidas. Quieren que los acojamos, que les permitamos escuchar lo que decimos y que les escuchemos, compartir nuestros buenos y malos momentos, y que los incluyamos en lo que hacemos como personas de verdad. No muestran mucho entusiasmo por que los tratemos como «bebés». Ni siquiera parece que quieran toda nuestra atención de forma continua. Los bebés parecen muy interesados en estudiar a unos padres que suelen estar ensimismados con sus preocupaciones adultas. En otras palabras, los bebés quieren algo de nosotros que nos puede resultar difícil, pero no imposible.

Hacer sitio para un bebé es un objetivo muy adaptable. No depende de unas condiciones previas concretas. Las madres se adaptan en función de sus circunstancias. Esto se refleja en todas esas divisiones entre una madre y otra que a veces causan tantas discrepancias, como si trabaja fuera de casa o no, si da el pecho o biberón,[58] o si el bebé duerme con sus padres o le enseñan a dormir acostándole todas las noches a una hora determinada. Un bebé sano es lo bastante inteligente y capaz para adaptarse a cualquier combinación de estas posibilidades. Lo que los bebés quieren de nosotros es algo más esencial. No parece que tenga que ver con los detalles de lo que hacemos, sino con la sensación de que ellos nos importan profundamente, y de que tenemos en cuenta sus intereses además de los nuestros.

Éste no es el cuadro que se encuentra siempre en los libros para padres. A veces se describe a los bebés como absorbentes, avariciosos e insaciables. Es cierto que un bebé puede querer una gran cantidad de lo que le ofrezcan. A primera vista esto puede parecer egoísta. Sin embargo, hasta el bebé más apasionado acaba llegando a un punto de satisfacción. Un bebé puede parecer «muy absorbente» si la madre escucha a las autoridades que ahogan la voz de su propio hijo. Sólo el bebé puede saber con certeza cuándo quiere comer o está preparado para dormir. Las madres que observan a sus hijos comprueban que no tienen hambre y sueño a intervalos regulares, sino de acuerdo con sus pautas personales. Entonces no les parecen insaciables, sino razonables.

No parece haber una palabra adecuada para describir el proceso de descifrar lo que quiere un bebé. Sin embargo, como veíamos en el capítulo 3, es esencial para ser madre. Por el momento podría servir «seguimiento». Una nueva madre intenta seguir a su bebé para saber a qué hora tiene hambre y sueño. A su vez, el bebé sigue a su madre para conocerla. Las madres se dan cuenta de que si un bebé se siente comprendido, sigue comunicándose, mientras que si no le hacen caso cuando llora, se comunica mucho menos.[59] La comprensión no es siempre perfecta por ambas partes. Pero a veces hay momentos de auténtica conexión. Los primeros intercambios básicos respecto a comer, despertarse y dormir preparan el camino para los deseos más complejos del bebé.

Durante muchos años he tenido el privilegio de oír a las madres hablar de los resultados de este seguimiento detallado. Sin duda alguna es difícil ser justo en este campo dada la abundancia de material. Por lo tanto, he elegido unos cuantos aspectos como muestra de los datos que reúnen las madres. No pretende ser un cuadro equilibrado, pero espero que sea interesante. Sobre todo espero que incluya suficientes observaciones maternales para poner en tela de juicio el estereotipo del bebé avaricioso y absorbente.

Inmediatamente después de nacer, un bebé necesita aprender a sobrevivir. Tiene que aprender las funciones más básicas, como respirar, mamar y tragar sin atragantarse. Las madres comentan cómo se desarrollan sus bebés y cómo disfrutan con sus progresos físicos.

O es muy inquieto. Está deseando sentarse. Quiere que le levante todo el tiempo. Si le tumbo se pone furioso, como si dijera: «¡No puedes hacer *eso*! ¡No soy un *bebé*!» [*O*, 4 meses]

Todo le agrada. Le gusta ponerse de pie y tensar los músculos de las piernas. [*O*, 5 meses]

O casi gatea, así que le puse en el suelo para decirle de algún modo: «¡Vamos, *puedes* hacerlo!» Pero luego vi que estaba perfeccionando otras habilidades antes de gatear. Estaba trepando sobre cosas. Y es capaz de volver a sentarse después de caerse hacia los lados. Me quedé fascinada. Me senté de nuevo y le observé asombrada. Me alegro de no haberle acuciado a gatear, porque entonces me habría perdido todo eso. [*O*, 6 meses]

¿Os habéis dado cuenta de lo tranquilos que son los bebés? *A* siempre está intentando hacer algo nuevo. Si no puede hacerlo, pasa a otra cosa. No… *M hizo un gesto rápido con la mano de alguien que la estuviera empujando.* Y cuando lo consigue, no se emociona especialmente. Es como si supiera que podía hacerlo. [*A*, 8 meses]

Algunos argumentan que los bebés no tienen deseos. Cuando lloran es por necesidad. Uno de los mayores defensores de esta teoría fue Sigmund Freud. Mantenía que en esta etapa los bebés están dominados por sus instintos primarios. Con su peculiar estilo afirmaba: «Si un niño pudiera hablar, sin duda alguna diría que el acto de mamar del pecho de su madre es con diferencia lo más importante de su vida».[60] Los bebés han sido menospreciados a menudo por gente mucho menos considerada que Freud con la afirmación de que «sólo les interesa comer».

¿Confirman las madres lo anterior? Las madres pasan mucho tiempo dando de comer a sus bebés y hablando de cómo hay que hacerlo. Uno esperaría que corroboraran la teoría de Freud. Pero no lo hacen. El cuadro que obtenemos de ellas es diferente. Los bebés tienen que comer. Necesitan duplicar el peso con el que nacen en unos cinco meses. Por lo tanto, comer es una actividad esencial, y afortunadamente a la mayoría de los bebés les gusta. Pero también parece haber un amplio margen para otras cosas. Esto es lo que cuentan las madres de los primeros meses:

Cuando estaba embarazada, solía escuchar una bonita pieza de violonchelo todos los días, y me relajaba con ella. Si la pongo ahora, A se relaja inmediatamente, aunque antes estuviese llorando. [A, 3 semanas]

O estaba jugando con su tablero de actividades. De repente descubrió cómo podía concentrarse y golpeó algo. Estuvo haciéndolo durante una hora. Luego se quedó dormido. Dormía tanto que empecé a asustarme. Tenía que haber comido hace rato. Entonces llamé a la comadrona y vino a verle. Dijo que estaba perfectamente, sólo cansado de tanto jugar. [O, 7 semanas]

Una madre comentó que fue a visitar a una amiga con un bebé ciego. Cuando se marchaba, su amiga dijo: «Mi bebé te está sonriendo». *La madre reflexionó:* Yo no lo creía, porque el bebé no me estaba mirando. Pero se me había olvidado que era ciego. Ahora creo que sonreía al oírnos hablar. Por lo tanto me estaba sonriendo. [Su bebé y el de su amiga tenían unos 3 meses]

Tenía un absceso en el pecho, así que tuve que pasar de dar el pecho al biberón. Al principio pensaba que eso cambiaría nuestra relación, que yo dejaría de ser especial para *A*. Pero lo *soy*. Nuestra relación no está basada en la comida, sino en el cariño y la comprensión. Soy la única que *comprende* realmente a *A*. Me deja muy claro lo que quiere. [*A*, 4 meses]

Estas madres no se relacionan con pequeños sacos de instintos. Se relacionan con personas complejas, aunque sean pequeñas. Cuidar a alguien a quien se percibe como una persona no tiene nada que ver con ocuparse de un saco de instintos. Una persona despierta sentimientos de solidaridad. Estos sentimientos ayudan a los padres a responder a sus bebés aunque sea agotador y muchas veces duerman poco. Los sentimientos de solidaridad generan energía para hacer cosas porque parecen apropiadas, no porque sean fáciles.

La mayoría de los bebés transmiten a sus madres un mensaje muy simple: que se sienten más felices cuando están con ellas. En teoría esto parece sencillo. En la práctica puede ser bastante frustrante. El bebé quiere ir con su madre a todas partes, así que ella se pasa el día haciendo cosas con una mano mientras agarra a su hijo con la otra. Si agarrase un muñeco, parecería absurdo. Pero una persona que provoca sentimientos de solidaridad es muy diferente. Las madres suelen hablar de sus bebés con mucho respeto, casi como un adulto de otro.

A *A* no le gusta quedarse sola, así que la llevo conmigo al cuarto de baño. Soy una experta bajándome las bragas con una mano y sentándola en mi rodilla. [*A*, unos 3 meses]

• • •

A duerme con nosotros, y por la mañana me tira de la nariz para despertarme. Recuerdo que cuando yo era pequeña, me sentía muy sola en mi cama por las mañanas. No creo que los bebés se sientan vivos si no hay alguien con ellos. [*A*, 8 meses]

Los bebés aprenden mucho estando con sus madres.

O sigue diciendo «Isss», y yo pensaba: «¿De dónde ha salido eso?». Luego me di cuenta de que yo digo muchas veces «This» [esto]. Hizo que me diera cuenta de que no deja de observarme y de que lo capta todo. [*O*, 7 meses]

Una noche le pregunté a *P*: «¿Qué hora es?» Entonces *A* se miró la muñeca, aunque no lleva reloj, por supuesto. Me quedé asombrada de cuánto se fija en nosotros. [*A*, 15 meses]

Una madre me dijo que mientras volvía a casa con su hija, que aún no tenía dos años, se acordó de repente de algo que quería tocar en el piano. La niña andaba muy despacio, y cuando llegaron a casa la madre no podía esperar más. Se quitó el abrigo a toda prisa y se sentó frente al piano inmediatamente. Esperaba que su hija se sentara a su lado, porque normalmente quería hacer lo mismo que ella. Pero entró en el dormitorio, y la madre oyó cómo revolvía algo. Cuando la niña salió por fin, llevaba con orgullo un sombrero viejo. Fue corriendo donde su madre, se subió a la banqueta del piano y empezó a tocar. Entonces la madre se dio cuenta de que, aunque se había quitado el abrigo, se le había olvidado quitarse el sombrero y aún lo llevaba puesto. Su hija debió fijarse en ese detalle y llegó a la conclusión de que los sombreros eran «de rigor» para tocar el piano. No iba a preguntar por qué. Si su madre llevaba un sombrero, ella también.

No parece haber una palabra para describir lo que hace una madre cuando está disponible para que su bebé la observe. Como muchas otras cosas, esto exige una autodisciplina considerable por su parte. Pero debo añadir que no hay que tomar esto como una regla. No significa que todas las madres deban estar disponibles para sus bebés a todas horas para que la relación sea perfecta. Estos ejemplos demuestran que las madres que pasan mucho tiempo con sus hijos hacen algo más que alimentarlos. Están creando una relación polifacética. Evidentemente, una madre que está fuera de casa durante el día encontrará su propia manera de relacionarse con su bebé.

Hoy en día los bebés tienen muchas cosas que aprender. Están aprendiendo continuamente estudiando a la gente que quieren. Tienen en marcha todo tipo de proyectos de aprendizaje. No sólo quieren, y no sólo aprenden. Combinan las dos cosas. Esto al parecer es una parte importante de su desarrollo.

Una madre que observa cuánto está aprendiendo su bebé no siempre se da cuenta de que está aprendiendo de ella. Su relación es muy estrecha. Ella establece unas reglas específicas, de las que puede no ser muy consciente, respecto a lo que está permitido y lo que está prohibido. También tiene un margen de paciencia que determina su límite de tolerancia. Una madre también indica con su expresión, su tono de voz y sus respuestas cuáles son sus valores. Los bebés aprenden en este tipo de contexto.

Uno de los primeros placeres que comparten es el descubrimiento de la música, que suele comenzar cantando. Incluso las madres que no cantan normalmente lo hacen con sus bebés. No conozco a ninguna madre que nunca haya cantado nada. Cuando les pregunto a las madres si cantan, suelen responder: «Bueno, no exactamente», «Yo no lo llamaría cantar, pero a O le gusta», o «Sólo le canto a A cosas tontas. Si supiera que me está escuchando alguien más, me moriría».

Cuando O está un poco quejica, por ejemplo después del baño, canto cosas como: «Te voy a poner el calcetín, calcetín, calcetín». Eso le gusta. [O, 3 meses]

Cuando canto la canción de los ositos, A también la canta. [A, 3 meses]

Canto sobre todo lo que hago. Si alguien me oyera, creería que estoy chiflada. Pero a O le gusta y me permite hacer más cosas, porque así sabe dónde estoy. [O, 3 meses]

Cuando está la radio encendida, A extiende las manos hacia el altavoz y las mueve de un lado a otro como si intentara coger las notas. [A, 6 meses]

Éste es el tambor de O. Es su juguete *favorito*. [O, 14 meses]

El sentido de la música parece ser innato. En Londres hay varios grupos musicales para bebés. Un grupo de músicos, aunque sean bebés, puede producir muchos más sonidos que una sola madre cantando. Sin embargo, las madres no comienzan llevando a sus hijos a este tipo de grupos, sino cantando canciones como parte de su vida diaria.

Aristóteles decía que «la melodía y el ritmo son nuestros por naturaleza», y en su opinión conducían al nacimiento de la poesía. Afirmaba que desde la infancia, a los hombres les gusta imitar y hacer representaciones de cosas.[61] La poesía, señalaba, depende de nuestra capacidad para percibir una cosa como representación de otra.

Las observaciones de las madres indican que podemos hacer esto desde que somos muy pequeños. Antes de aprender a dibujar y de poder expresar la maravillosa complejidad de nuestras ideas en frases, parece que somos capaces de reconocer que una cosa es similar a otra. El mejor ejemplo que tengo es el de un niño de 21 meses que hizo girar una rana de peluche sobre su dedo de forma que las patas de la rana se despegaban de su cuerpo mientras giraba. «Helicóptero», exclamó mirando a su madre. «Sí, es como un helicóptero», reconoció la madre, y el niño pareció quedarse satisfecho.

Esto puede tranquilizarnos si tenemos en cuenta los recientes informes que aseguran que la tecnología informática está matando la imaginación de los niños. La imaginación parece desarrollarse incluso antes de que un niño pueda experimentar con un ordenador. Por las madres sabemos que los bebés desarrollan los prerrequisitos para convertirse en músicos y poetas antes de tener dos años.

Otro campo de interacción muy interesante es el de las bromas/chistes. Como la apreciación de la música y el placer de usar la imaginación, la apreciación de las bromas parece comenzar cuando somos pequeños. Resulta curioso que Freud, que escribió un libro fascinante sobre el chiste, afirmara categóricamente que «los niños no tienen sentido para lo cómico».[62] Respaldó esta opinión con razones, pero es una lástima que considerara necesario parecer tan seguro. Es sorprendente descubrir, al escuchar a las madres, lo pronto que adquieren los bebés el sentido del humor. Aprendemos a reírnos mucho antes de saber hablar.

P entró en la habitación, y se acababa de lavar el pelo, así que tenía una toalla roja cubriéndole la cabeza. O se quedó perplejo. Entonces P se quitó la toalla, y O se echó a reír [al reconocer a su padre]. [O, 2 meses]

P suele jugar con una marioneta. Se la pone en la mano y habla con una voz ridícula. Es la primera vez que he oído a O reírse de verdad. Se ríe tanto que nos hace reír. [O, 7 meses]

A O le gusta hacer bromas. Por ejemplo finge que tose, luego se ríe de sí mismo y espera que nosotros nos riamos también. [O, 14 meses]

A tiene su propio sentido del humor. El otro día se quitó su gorro de algodón y se lo puso al gato. Luego se quedó allí riéndose. Si no hubiera estado mirando por casualidad, no lo habría visto. Después le quitó el gorro al gato y se fue a hacer otra cosa. [A, 15 meses]

Otro descubrimiento es lo pronto que empiezan los bebés a comunicarse. Esta capacidad parece innata. Algunos libros y artículos proponen métodos especiales para que los padres estimulen las respuestas de sus hijos. Pero ¿necesitan los bebés métodos elaborados? Las madres afirman que son ellos quienes inician las «conversaciones», en las que el lenguaje es una etapa de un proceso muy largo.

Madre: *O* me acaba de pedir que le levante. *Yo*: ¿Cómo ha hecho eso? *Madre*: Ha arqueado la espalda. [*O*, 4 meses]

O solía gritar como si acabara de descubrir su voz. Pero ahora vocaliza y hace inflexiones. Dice una «frase» entera y luego hace una pausa antes de continuar. [*O*, 7 meses]

Antes pensaba que la comida podía ser para *O* un trastorno. Puede que no le interesara realmente, porque nunca lloraba para pedirla. Yo siempre le ofrecía mi pecho. Pero cuando hice el experimento [de no ofrecerle el pecho], me di cuenta de que no necesitaba llorar porque me transmitía esas pequeñas señales, como gruñidos, y yo las captaba. [*O*, 7 meses]

Cuando *A* quiere salir del baño señala la toalla. Y por la mañana señala las cortinas para que las abra y comience el día. Pero cuando señala algo y no lo entiendo, se pone furiosa conmigo. Espera que la entienda siempre. [*A*, 11 meses]

Con *A* puedes tener una conversación de verdad. Sólo tiene tres años, pero no es como hablar con un niño. Puede decirte lo que *piensa realmente*. [*A*, 3 años; *O*, 3 semanas]

Este proceso depende de que las madres (u otras personas encargadas del cuidado de niños)[63] comprendan y participen en estas comunicaciones. Las madres acaban entendiendo lo que dicen sus hijos, mientras que un extraño puede quedarse perplejo. Sin embargo, para la madre la comunicación de su hijo está muy clara. Así pues, al hablar con su madre, el niño se siente seguro de ser un buen comunicador.

Los bebés no sólo comunican lo que quieren. También expresan apasionadamente lo que *no* quieren. Las madres aprenden enseguida a distinguir cuándo lloran sus hijos por miedo o por ira. Al principio un grito de miedo parece una respuesta involuntaria, pero al cabo de unos meses los bebés se dan cuenta de que sus madres pueden entenderlos. Después de eso, el grito de miedo se convierte en una forma de comunicación.

Primera madre: Una noche, *A* lanzó un grito terrible de miedo. *Yo*: ¿Cómo sabías que era miedo? *Madre*: Lo sabía. Sentí su miedo en todo mi cuerpo. [*A*, 6 semanas]

Segunda madre: *A* también gritó una noche. Creí que tenía hambre, pero luego pensé que podía tener una pesadilla. No se despertó. [*A*, 2 meses]

Antes, cuando una amiga decía «¡Uh!», *O* solía reírse. Pero ahora se ha vuelto más sensible y llora. [*O*, 8 meses]

Decidí donar médula ósea. Estaba muy relajada y no me daba miedo. Tenía a *A* en mi regazo, y no pensaba que se daría cuenta. Pero cuando la enfermera me puso la aguja, gritó como si le doliera algo. No quería que nadie me hiciese daño. [*A*, 13 meses]

Estas madres comprendían a sus bebés y sentían compasión por sus temores. Otras madres son comprensivas pero no necesariamente compasivas. Una madre vio que su hija de ocho meses mostraba síntomas de «ansiedad por los desconocidos», que a ella le parecía inaceptable. «Me da miedo que se convierta en un hábito, así que hay que cortarlo de raíz», afirmó. Hizo que su hija estuviese con gente desconocida y dijo que así «se curó».

A muchas madres también les enseñaron de niñas a no mostrar ira. Cuando sus bebés se enfadan, dicen que les resulta más difícil afrontar su ira que sus miedos.

No soy muy buena expresando mi ira. Cuando *A* se enfada, tengo que reprimir un sentimiento de… bueno, mi madre diría: «Vete a tu habitación y no salgas hasta que te sientas mejor». Nunca escuchaba lo que decía. [*A*, 6 semanas]

Primera madre: *A* se enfada mucho ahora, y a veces no puedo hacer nada para arreglar las cosas. [*A*, 5 meses]

Segunda madre: Yo he llegado a la conclusión de que a veces es importante dejar que estén enfadados y darles una especie de margen mental. Es importante estar allí y no marcharse. Después de todo, no suele ser personal. A veces a *O* le molesta algo y está un rato enfadado. [*O*, 18 meses]

Como es lógico, mientras los bebés aprenden a comunicarse, también pueden aburrirse si no se estimula lo suficiente su inteligencia. Se ha escrito mucho sobre cómo estimular a los bebés. Muchas madres dicen que se sienten culpables si no hacen nada en todo el día o sólo salen de casa para ir de compras. Pero es posible que los niños no necesiten una dieta diaria de estimulación y entretenimiento. Parecen estar contentos observando y más tarde jugando al lado de sus madres, físicamente juntos pero enfrascados en actividades diferentes.

El desarrollo del juego solitario suele comenzar cuando el bebé es capaz de sentarse sin caerse. Entonces tiene las dos manos libres para explorar. Las madres afirman que no cuesta mucho despertar el interés de un bebé. ¿Cuánta gente le ha dado a un niño un juguete caro para descubrir que le interesa más el envoltorio que el contenido? La capacidad de jugar con juguetes parece desarrollarse mucho más tarde.

A *A* le gusta jugar con una bolsa de arroz que cruje y tiene bultos. Enseguida se aburre con los juguetes comerciales. [*A*, 5 meses]

A juega con una caja de cereales tan grande como ella. Eso es lo que más le gusta. [*A*, 6 meses]

O ha pasado de «necesitar» a «querer». Un bebé necesita cosas y no puede esperar. Ahora, cuando a *O* se le mete algo en la cabeza, se pone furioso si se lo quitan. Cuando era un bebé no se habría dado cuenta. [*O*, 7 meses]

• • •

Si *O* quiere algo y yo lo he guardado, se acuerda de dónde lo he puesto incluso varias horas después. Entonces se incorpora y lo señala. [*O*, 12 meses]

A es muy testaruda. Si quiere coger un cuchillo y yo se lo quito e intento distraerla, no se distrae de ninguna manera. Se enfada muchísimo. Lo que quiere es el cuchillo, y no le sirve nada más. [*A*, 13 meses]

Cuando los bebés se dan cuenta de que son capaces de actuar con independencia, pueden surgir todo tipo de conflictos de intereses y malentendidos. Por ejemplo, si una madre ayuda a su hijo a hacer algo, puede descubrir que está muy ofendido porque quería hacerlo solo. Los niños no entienden por qué las madres tienen que lavarles los dientes y cambiarles los pañales, y sobre todo por qué se toman esas actividades tan en serio. Lo más difícil de comprender son las diferencias entre las reglas que hay «dentro» y «fuera» de casa. Las madres dicen que tienen muchos enfrentamientos mientras no logran encontrar la manera de imponer su autoridad con tacto.

Estábamos en una tienda y *O* empezó a sacar los libros de las estanterías. En casa se lo permito, pero le dije: «No puedes hacer eso aquí». Mientras yo ponía bien los libros, él se puso furioso. Intenté cogerle, pero se retorció como una anguila. Después pensé mucho en ello. Tengo un cajón para los calcetines, y a *O* le gusta vaciarlo. Luego hace un ruido especial y vuelve a meter todos los calcetines dentro. Yo creo que quería volver a poner los libros en su sitio. Pero eran para venderlos, y eso él no lo entendía. [*O*, 11 meses]

La tarea de un padre o madre es asumir la responsabilidad del niño y darle poco a poco cosas que pueda controlar. Los niños están pidiendo constantemente más independencia, pero esto puede ser a veces una bravata. Una madre puede pedirle incluso a un niño pequeño demasiadas cosas demasiado pronto.[64] Esto ocurre sobre todo con conceptos sofisticados como esperar que un niño se quede solo en una sala llena de gente desconocida (la madre sabe que «sólo será un minuto», pero él no); o exigir que espere pacientemente «su turno» mientras ve a otro niño jugar con algo que le gusta; o decir «lo siento» por hacer daño a otra persona. Un niño pequeño desconoce aún las complejidades de la vida social. Las madres suelen equivocarse porque no se dan cuenta de que un concepto que ellas dan por supuesto está en realidad compuesto por varias ideas totalmente nuevas que sus hijos aún no comprenden.

Cuando los bebés empiezan a descubrir algunas de las reglas de la vida en toda su complejidad, esperan que haya cierta coherencia. Protestan por lo que les parece injusto. Muchas veces su ira va dirigida hacia algo que ha ofendido su sentido de la justicia. Incluso antes de que puedan explicarse, se ponen furiosos si sus madres cambian de opinión respecto a algo o parece que se contradicen.

Esto podría arrojar un poco de luz sobre las rabietas, que se suelen describir como arrebatos intensos de temperamento. Pero esta descripción no tiene en cuenta su elemento característico. El niño está histérico y en muchos casos rechaza las ofertas de consuelo. Puede sollozar algo como: «¡Más columpio! ¡Mamá, por favor! ¡Más columpio!» ¿Es sólo montarse otra vez en el columpio lo que quiere? Eso es lo que está diciendo. Pero es posible que la situación sea muy complicada y no tenga aún la capacidad para explicarse.

Normalmente el niño se siente incomprendido y cree que le consideran «malo» cuando él no pretendía hacer nada mal. Después de haberse montado varias veces en el columpio, cuando lo pide otra vez, su madre le dice «¡No!» con tono exasperado. Lo que le ofende es su tono de voz, no dejar de montarse en el columpio. De repente se da cuenta de que su madre ha perdido la paciencia con él sin ninguna razón aparente. Eso le parece injusto, pero es demasiado sutil para su escaso vocabulario. Una rabieta parece una forma comprensible de expresar su dilema. Si su madre no le entiende y piensa mal de él, es un desastre, y él lo sabe. Está desesperado por arreglar las cosas. Lo que cuenta es la buena relación que tienen normalmente, no el objeto material que parece haber provocado ese arrebato.[65]

Una madre que conoce bien a su hijo puede desentrañar la complejidad de este desastre. Si la madre puede explicarle el dilema, el niño se tranquilizará como por arte de magia. Mientras la madre y el hijo aprenden a comprenderse, pueden tener periodos de armonía. Puede parecer tan natural que podría dar la impresión de que ser madre no supone ningún esfuerzo. Sin embargo, la armonía depende del trabajo previo de la madre.

Esta relación armoniosa es como una especie de amistad, aunque el niño sea mucho más pequeño y tenga menos experiencia. Aristóteles, que hizo un estudio detallado sobre la naturaleza de la amistad, señaló: «El padre parece sentir por naturaleza amistad por su hijo, y el hijo por el padre».[66] Mary Wollstonecraft, la gran feminista del siglo XVIII, llegó a una conclusión similar.[67] Esta amistad parece ser precisamente lo que los niños quieren de sus padres.

Las madres que han alcanzado este grado de amistad descubren que es especialmente importante si se ponen enfermas de repente. Y les sorprende lo sensibles que son sus bebés a pesar de ser tan pequeños.

La semana pasada tuve gripe. Siempre me he preguntado qué haría con O si estaba enferma. Pero él parecía saber que no me encontraba bien. Jugaba tranquilamente en el suelo al lado de mi cama y no reclamaba mi atención en ningún momento. [O, 11 meses]

Una madre que vomitaba varias veces al día en su segundo embarazo descubrió que su hijo prefería estar con ella incluso en esos momentos: O siempre viene conmigo al baño. Tiene su propio ritual. Le gusta coger un pañuelo y agarrarme la mano mientras estoy delante del retrete. Luego vaciamos la cisterna, bajamos la tapa y me ayuda a sonarme la nariz. En cuanto puedo le sonrío. [O, 12 meses]

He estado muy enferma durante un mes, y he pasado dos semanas en la cama. Pensaba que O se enfadaría por no ir al parque y hacer cosas divertidas. Me sorprendió que se adaptara tan bien. Parecía entender que yo no podía salir, y ahora está encantado de verme levantada otra vez. [O, 15 meses]

Estas madres fueron discretas a la hora de adaptarse a estar enfermas. Me impresionó que ninguna le transmitiera a su bebé que él se había convertido en una carga para ella.

Las madres no suelen hablar —porque ocurre a menudo— de lo contentos que están sus bebés cuando se sienten comprendidos. Su ojos se iluminan, se ríen y nos dicen a través de sus gestos que es una experiencia maravillosa. Les gusta mucho formar parte de nuestras vidas y comunicarse con nosotras. Sin duda alguna eso es lo que intentan decirnos cuando les damos lo que quieren.

9. ¿Qué es el amor maternal?

Hay dos ideas del amor maternal en circulación, una antigua y otra nueva. Ambas afirman ser verdaderas.

La visión antigua preconiza un amor que excluye el odio. La nueva defiende un amor con odio incluido. Esto significa que si una madre dice que odia a su bebé, la visión antigua lo consideraría un *lapsus*, mientras que la nueva diría que es parte de su amor. Esto puede parecer una sutileza verbal. Sin embargo, el amor maternal es sin duda alguna el alma de la maternidad, y una nueva madre puede sentirse muy ansiosa. ¿Es su amor lo bastante bueno para su bebé? Algunos esperan que esté embobada con él, mientras otros le aseguran que incluso las madres más cariñosas odian a veces a sus bebés.

Es sorprendente que se haya escrito tan poco sobre el concepto tradicional del amor maternal. Es posible que fuera demasiado obvio para describirlo. Se consideraba único, diferente al amor del padre o de cualquier otra persona por un niño. Se refería a la relación especial que una mujer tenía con su bebé al llevarle en su seno, darle a luz y alimentarle, normalmente con su propia leche. Era un amor incondicional, sólido y duradero. El amor de una madre suponía una fuerza moral y protectora exclusivamente *para* el bien de su hijo. La gente admiraba a las madres por ser capaces de anteponer los intereses de sus hijos a los suyos. El amor maternal tradicional se consideraba incluso la esencia del amor. Además de afectuoso era severo. Si un niño hacía algo mal, se esperaba que su madre le enseñase a comportarse mejor. Esto significaba que debía centrarse en lo que había hecho mal sin perder de vista su amor básico. El amor maternal se consideraba inviolable.

A lo largo de la historia de la humanidad, esta idea del amor maternal parece haber sobrevivido como una constante invariable. Ha resurgido en las situaciones más improbables. Sigue floreciendo inesperadamente en sociedades que no apoyan en absoluto a las madres. Podemos estar seguros de esto porque el amor maternal se expresa a través de lo que hacen las madres. Durante siglos los signos externos del amor maternal se han reflejado en libros y pinturas. De estas fuentes podemos obtener un cuadro coherente.

Por ejemplo, hace más de tres mil años, un padre egipcio escribió a su hijo adulto:

Dobla la cantidad de pan que le des a tu madre, y llévala como ella te llevaba a ti. Tenía una pesada carga contigo, y nunca me la dejó a mí. Cuando naciste después de esos meses, te siguió llevando alrededor del cuello, y durante tres años su pecho estuvo en tu boca. No le daban asco tus excrementos, y nunca dijo «¿Qué hago?».[68]

Este pasaje incluye ejemplos característicos de lo que la gente admiraba en las madres.

Las madres también recibían críticas cuando no estaban a la altura de estas expectativas. Durante siglos se publicaron poemas y ensayos, normalmente escritos por hombres, que se quejaban, por ejemplo, de que las madres «modernas» dejaran a sus bebés con nodrizas para que los criaran. Una buena madre, decían estos críticos apelando a una época anterior, debería demostrar su amor dando el pecho a sus hijos. Esta crítica se hacía de forma regular. El concepto esencial del amor maternal no se cuestionaba nunca.

Esta antigua idea se comenzó a poner en duda cuando los grandes pensadores como Darwin y Freud afirmaron que la gente actuaba básicamente para asegurar su propia supervivencia. La antigua idea del amor maternal no encajaba en esta teoría. Freud concretamente se preguntaba cómo podía querer una madre a su hijo con tanta devoción. Decidió que debía ser porque transmitía a su bebé sus sentimientos narcisistas y egocéntricos[69] (parte de una teoría anterior). Esto obligaba a redefinir el amor maternal como una forma de narcisismo. Los psicoanalistas posteriores pensaban que el amor maternal surgía cuando el bebé seducía a su madre con una encantadora sonrisa.[70] También se ha sugerido que es una respuesta biológica provocada por las hormonas que inundan el cuerpo de la madre, sobre todo si da el pecho.[71]

Hay otra visión muy popular que he encontrado resumida en un cuento infantil. *The Way Mothers Are* [Cómo son las madres] es una historia sobre un gatito que le pregunta a su madre por qué le quiere incluso cuando se porta mal. La madre le responde: «No creerás que sólo te quiero cuando eres bueno y que dejo de quererte cuando eres malo, ¿verdad? Las madres no hacen eso. Te quiero todo el tiempo porque eres mío».[72] En esta visión el amor maternal está basado principalmente en la posesión. Todas estas ideas intentan explicar cómo una madre puede sacrificar sus intereses por los de su hijo.

Freud se planteaba una buena pregunta: ¿Cómo logran las madres mantener su amor, no tanto cuando sus hijos se portan mal, sino día a día y cada vez que están enfermos? Hay un género pictórico, sobre todo del norte de Europa, donde las noches de invierno son largas, denominado «El niño enfermo». Un niño febril está en la cama y, junto a la luz de una vela, su madre mantiene una vigilia constante. ¿Cómo lo consigue?

> *Madre*: O está echando los dientes y no quiere estar tumbado. Lleva así dos semanas. Llora todo el tiempo, y le cojo de diferentes maneras, primero de una, luego de otra. Me siento muy impotente. Nada de lo que hago parece ayudarle. *Yo*: ¿Qué te anima a continuar cuando es tan difícil? M *miró a O, esbozó una tímida sonrisa y dijo algo. Yo*: No he oído lo que has dicho. *Entonces susurró*: Supongo que es el amor maternal.
> [O, 7 meses]

Si el amor maternal puede sostener a una madre durante horas en situaciones difíciles, ¿está basado en un afecto real, o determinado por la predisposición de la madre? Cuando una mujer se convierte en madre, normalmente tiene experiencia en las relaciones humanas. Conoce ya a mucha gente. Hay personas que le gustan más que otras. La mayoría de las madres reconocen desde el principio que sus bebés son personas.[73]

Esto significa sin duda alguna que el amor que una madre da a su hijo no es automático, sino personal. No se puede atribuir por completo a las hormonas, a su reacción ante la sonrisa de su bebé o al sentido de posesión. La biología puede explicar una parte, pero no todo. Si fuese así, la palabra adecuada no sería «amor». Deberíamos hablar de un instinto. Es significativo que las principales lenguas del mundo se refieran a los sentimientos de una madre como amor. Para que sea amor tiene que existir la posibilidad, o el riesgo, de que pueda descubrir que no quiere a su hijo. Por lo tanto, su amor es un «¡Sí!» apasionado a su bebé. Si quiere a ese niño es porque ha decidido hacerlo. Así pues, las teorías biológicas, aunque sean discutibles, se pueden seguir integrando en la idea tradicional del amor maternal. Parece que predisponen pero no predeterminan que una madre quiera a su hijo.

Durante el siglo XX se comenzó a cuestionar de un modo más riguroso la visión tradicional del amor maternal. (Esto es un resumen. En la segunda parte de este capítulo se incluye un análisis con referencias.) Por primera vez se reconoce que la visión tradicional no tiene en cuenta los sentimientos negativos de una madre. Los expertos aseguran que ninguna madre puede querer a su hijo sin reservas, puesto que están enfrentados el uno al otro. El niño se describe como alguien con exigencias continuas que podría destruir con facilidad a su madre.

Estos autores afirman que las madres tradicionales se sentían intimidadas por la presión social. Se esperaba que se sometiesen a las exigencias de un ideal social muy elevado. Tenían que sublimar sus propias necesidades y dar la impresión de que estaban dedicadas por completo a sus hijos. Ahora estos autores animan a las madres a no sentirse culpables si no cumplen con esas expectativas. Instan a una madre a considerar sus propias necesidades y afirmar su identidad independiente. Pero para ello tiene que luchar contra las exigencias de su hijo. Por eso, aunque le quiera, se espera que haya veces en las que también le odie. Sus intereses pueden estar en conflicto. Por lo tanto, su odio se considera una parte inevitable de su amor. De acuerdo con este punto de vista, si puede reconocer y aceptar su odio, será capaz de ofrecer un tipo de amor más sincero.

Es apasionante que una antigua idea se cuestione de repente. La idea del amor maternal debe ser una de las más antiguas que existe. Pero ahora está en el banquillo acusada de hipocresía. Este cargo debería ser revisado. El amor maternal se merece un juicio justo. Sin embargo, hasta ahora sólo se ha oído la voz de la acusación. Nadie ha respondido a este cargo específico contra el amor maternal.

¿Por qué no se manifiestan las madres si su experiencia es diferente? Una de las razones podría ser que las que reconocen sus sentimientos ambivalentes tienen una sensación de angustia. Podría parecer cruel decir que se sienten de otro modo. A la madre que se citaba antes le daba vergüenza reconocer su amor, y no lo habría hecho si no se lo hubiese preguntado. Pero probablemente la razón principal son las dudas. Una madre puede preguntarse si es una ingenua al pensar que nunca odia a su bebé. Es posible que esos autores sepan más que ella. Podrían cuestionar sus sentimientos amorosos y decirle que no es consciente de su odio porque lo ha reprimido. En cualquier caso, ¿cómo iba a saberlo?

La idea del amor maternal «ambivalente» fue expresada por primera vez, como veremos, en algunos libros y artículos de periódico. Ahora se enseña a las madres, en las clases prenatales, que puede haber momentos en los que odien a sus bebés. ¿Cómo responden a eso? ¿Se sienten liberadas por esta nueva visión? La respuesta varía. Sin duda alguna la nueva visión no ha eclipsado a la antigua. La visión tradicional sigue estando presente.

Durante el embarazo a las madres les suele preocupar no ser capaces de querer a sus bebés. Sin embargo, cuando nacen sus hijos, muchas comprueban que se enamoran de ellos más bien del modo tradicional que del ambivalente. Teniendo en cuenta las diferencias personales y culturales, las madres suelen hablar de varios sentimientos concretos que dan a su amor una «forma» reconocible. Estos sentimientos parecen universales. Eso no significa necesariamente que los hayan aprendido de sus propias madres. Hoy en día muchas madres descubren su amor sólo cuando lo sienten.

Al escucharlas, descubrimos que la relación comienza con una disparidad intrínseca. Lo más probable es que un recién nacido acepte a su madre haga lo que haga porque es la única madre que conoce. Pero su madre puede haberse enamorado ya de él. Ojalá el bebé pudiera decirle que siente lo mismo que ella. Pero los primeros meses con un bebé están muy lejos de ser así. Lo que más parece preocuparle al bebé es su supervivencia. ¿No se da cuenta de que su madre es una persona especial?

Enseguida aprende a reconocerla y empieza a depender de ella, pero parece dar por supuesto su generoso amor y su trabajo agotador. Al cabo de unas semanas puede esbozar sonrisas radiantes, pero le sonríe así a casi todo el mundo. Esto puede resultar extraño. Pueden pasar muchos meses antes de que esté preparado para demostrarle a su madre cuánto la quiere. Cuando lo haga, su amor será tan auténtico que la madre decidirá en ese momento que merecía la pena esperar. Pero hasta entonces, habrá veces en las que se sienta sola y poco segura de sí misma.

Esto significa que el amor de una madre no depende de un retorno inmediato. Al principio es unidireccional y muy poderoso. A las nuevas madres les puede asombrar la fuerza de su amor. Suelen decir que su corazón se abre con una gran generosidad. Aunque sientan que ya han «dado» su corazón a sus parejas, sus hijos mayores o a una mascota, un nuevo bebé tiene el poder de abrir una zona inexplorada. Aunque esto pueda asustar a alguien que no lo haya experimentado, las madres hablan de sus sentimientos con admiración y orgullo.

Las noches son duras. Pero entonces la miro, y estoy completamente enamorada. El tiempo se detiene. [*A*, 2 semanas]

A veces pienso que daría mi vida por *A*, y luego me pregunto: «¿La quiero lo suficiente?» Entonces pienso: «¡Un momento! Si daría mi *vida* por ella, *debo* quererla lo suficiente». [*A*, 2 semanas]

Durante las primeras semanas me aterraba que a *O* le pasara cualquier cosa. Lloraba mucho, y sigo haciéndolo. Ya no podría vivir sin él. [*O*, 2 meses]

Antes de tener a *A* no me gustaban mucho los bebés. No los miraba. No me interesaban. No tenía ni idea de que podría sentir algo tan intenso por ella. Me pilló por sorpresa. [*A*, 3 meses]

Tuve un parto terrible, y después me sentía paralizada. Empecé a querer realmente a *O* cuando tenía siete semanas. Entonces fue como enamorarme de mi marido. [*O*, 3 meses]

Quiero muchísimo a *A*. Al principio no la quería tanto. Me costó mucho tiempo. [*A*, 7 meses]

Este tipo de afirmaciones no son gratuitas. En ellas las madres describen sentimientos que van más allá de sus expectativas. Al principio lo habitual es que se dejen llevar por el amor que sienten por sus bebés y se descuiden a sí mismas. Una vez más, esto podría parecer alarmante a cualquiera que no lo haya experimentado. Pero es una especie de contrapartida emocional al flujo de leche materna que inunda a la mayoría de las madres que dan el pecho. La leche se ajusta automáticamente después de las primeras seis semanas, y la madre tarda un poco más en aprender a equilibrar los intereses de su bebé con los suyos. Pero como el comienzo ha sido tan generoso, ahora tiene una gran cantidad de amor para su hijo.

Las madres dan mucho, pero también reciben algo a cambio, incluso al principio. Un recién nacido es un extraño para el mundo. A medida que su madre empieza a comprender su comportamiento, se relaciona con él como una persona, y él empieza a responder como tal. Cuando le habla, los ojos del bebé se llenan de emoción. Entonces no se siente como «cualquier madre», sino como la madre concreta de ese niño. El amor parece prosperar en esos intercambios personales.

Parte de esta «forma» universal del amor maternal es el modo en que las madres quieren a sus bebés exactamente como son. Esto va en contra de la teoría del doctor Brazelton, profesor de pediatría, y el doctor Cramer, profesor de psiquiatría infantil, que afirman: «Todos los padres pasan por una forma más o menos intensa de decepción con sus bebés; es una parte normal del proceso de paternidad».[74] Esto puede ser cierto en algunos casos, pero aunque estos dos profesores se hayan entrevistado con muchos padres, no tienen derecho a hablar en nombre de todos ellos. Sin embargo, puesto que es una afirmación dogmática, sólo se puede refutar con un contraejemplo, y es fácil encontrarlos. Hay muchas madres que dicen espontáneamente que se sentían muy satisfechas con sus recién nacidos. Estoy segura de que si estas madres hubiesen experimentado una «forma de decepción», lo habrían mencionado, porque podrían haberlo utilizado para dar un toque dramático a sus historias.

> Hice una dieta especial para tener una niña. Al parecer hay un 80 por ciento de probabilidades de éxito. No quería un niño. Entonces me hicieron una ecografía y me enteré de que iba a tener un niño. Pero las ecografías se pueden equivocar, y me dije a mí misma que era un error. Estaba segura de que iba a tener una niña, y durante el parto le «hablé» a mi bebé como si fuese una niña. Cuando me dijeron que era un niño y lo pusieron en mis brazos, fue un *shock*. Luego le miré, y de repente me dio lo mismo que fuera niño o niña. Era un bebé precioso, *exactamente* el que quería. [*O*, 6 semanas]

> *O* es perfecto; parece que tiene un aura a su alrededor. Todo lo que hace es maravilloso, hasta sus pequeños suspiros. [*O*, 2 meses]

> Antes de que naciera *A* me preocupaba ser demasiado egoísta y no querer a mi bebé si no era perfecto. Pero el otro día, cuando *A* estaba en el baño, me di cuenta de que tenía los hombros caídos, igual que *P*. Entonces pensé: «¡Oh, *no*! *A* tiene los hombros como *P*». Pero luego pensé que aún así la quería. Me quedé encantada, porque eso demuestra que la quiero *realmente*. [*A*, 8 meses]

Que una madre esté contenta con el bebé que lleva en su seno parece que es una parte importante del amor maternal. A las madres les suele preocupar dar a luz a bebés con alguna discapacidad. ¿Podrían querer a un niño que no fuera físicamente perfecto? Sin embargo, las madres que tienen bebés con alguna discapacidad hablan con emoción de sus sentimientos y explican cómo separan a sus hijos de la discapacidad. Quieren y respetan a sus hijos como personas, y expresan su ira si la gente los trata como si fuesen inferiores.[75]

La cercanía física parece facilitar esos sentimientos. Mientras está esperando a su bebé, una madre puede sentirlo dentro de ella. Cuando nace, las madres describen una necesidad urgente de mantener ese contacto físico.

Durante el parto me hice daño en el cóccix, pero me encanta coger a O en brazos, y a mi marido también. Es un sentimiento maravilloso. Hace que todo esté bien. [O, 6 semanas]

A es mi compañera. Va conmigo a todas partes. [A, 3 meses]

La necesidad de estar con O es muy física. Si no puedo estar con él, me *duelen* los brazos. [O, 7 meses]

El amor maternal puede evocar una imagen de una madre que está totalmente absorta con su bebé. Sin embargo, puedes hablar con una madre que está acunando a su hijo y al mismo tiempo muestra interés por lo que dices y te presta atención. ¿Significa esto que ignora a su bebé? No es muy probable. Como hemos visto, la mayoría de las madres aprenden a captar las «señales» de sus bebés. Esta madre puede relajarse y prestarte tanta atención porque siente a su hijo en sus brazos. Si el niño estuviese en otro sitio, incluso si le tuvieses tú, estaría mucho más ansiosa y le costaría más concentrarse. La relajación que siente una madre cuando tiene a su bebé en brazos es un rasgo característico del amor maternal.

La historia bíblica del «juicio de Salomón» nos dice lo intensos que son esos sentimientos físicos maternales. En esta historia dos mujeres utilizan exactamente las mismas palabras para decir que son la madre de un recién nacido, y afirman que la otra ha dejado morir a su hijo. Con su sabiduría, Salomón no pierde el tiempo discutiendo con ellas. Dice que dividirá al bebé superviviente en dos y les dará medio bebé a cada una. Con esta treta no divide al bebé, sino a las madres. La verdadera madre se retracta inmediatamente y pide a Salomón que le dé el bebé entero a la madre «falsa». Por alguna razón ha cambiado de opinión.

El antiguo texto hebreo deja su razón clara, pero los traductores ingleses no consiguieron reflejarla bien. El comité masculino de traductores de la versión autorizada del siglo XVII señaló que «a la madre le dolían las entrañas por su hijo». Pero éste no es el significado del original. La traducción literal del texto hebreo nos dice que la madre real *sintió que le ardía el vientre*. Después de todo había dado a luz sólo unos días antes. No le podía resultar fácil pedir a Salomón que diera su hijo a una mujer que había dejado morir al suyo. Pero la poderosa sensación del ardor de su vientre hizo que no tuviera ninguna duda. Lo más interesante de esta historia es que

Salomón esperaba este tipo de reacción maternal de la verdadera madre. Sabía cómo eran las madres. «Ella es la madre», declara, y nos dicen que «todo Israel» está impresionado por su sabiduría.[76]

Las madres sienten *más* que una intensa necesidad de abrazar a sus hijos. También dicen que se sienten angustiadas cuando alguien coge a su bebé sin su permiso. Comentan que hay gente que pregunta: «¿Puedo cogerlo?», o simplemente extienden sus brazos. Parece socialmente inaceptable responder: «No, gracias. Quiero tenerlo yo». Ésta es una de esas situaciones en las que una madre puede considerarse «posesiva» e incluso «neurótica» por su reacción. Pero querer elegir el momento en el que cree que su hijo puede estar en otros brazos es sin duda alguna una respuesta maternal comprensible. Lejos de ser posesiva, la madre simplemente es sensible a las necesidades de su bebé.

Aún me enfurezco al recordarlo. Cuando O tenía dos semanas, le llevé a casa de mi suegra. La madre de la primera mujer de P estaba allí, y me preguntó si podía coger a O. Ni siquiera conocía a aquella mujer. Entonces mi suegra dijo: «Claro que puedes cogerle». Yo no quería que lo hiciera, pero tampoco quería ser grosera. O estaba dormido, y le tuvo en brazos un montón de tiempo. Para mí es un recuerdo *muy* desagradable. [O, 12 meses]

La gente toca a A sin mi permiso. Una vez una mujer muy corpulenta se agachó y le dio un beso a A, y yo estaba como [haciendo gestos de pánico] ¡APARTA LAS MANOS DE MI BEBÉ! [A, 5 meses]

Estábamos en una fiesta y una mujer quería coger a
A. No me atreví a decirle que no. En cuanto se la pasé,
quería que me la devolviera. No se me ocurría ninguna manera aceptable de pedírselo. Me sentía como una
estúpida porque no dejaba de seguirla por toda la sala.
Al final le dije con timidez: «Esto, creo que necesito
que me la devuelva». Me dio a *A*, pero dijo: «*Deberías
darte un respiro de vez en cuando*». Me sentí ridícula.
[*A*, unos 6 meses]

Puede parecer desagradable, pero cuando mi suegra
ha tenido a *O*, el niño huele a su perfume. Es irracional, pero no me gusta. [*O*, unos 6 meses]

Estas reacciones son muy intensas, y también muy importantes. La madre Teresa, que trabajaba con los marginados de
Calcuta y recogía recién nacidos abandonados de los montones
de basura, solía decir: «Que no le quieran es la peor enfermedad
que cualquier ser humano puede sufrir».[77] Esto lo confirman las
conmovedoras palabras de un huérfano que creció en uno de los
hogares Barnardo y nunca conoció el amor de su madre. Así des-
cribía lo que creía que había perdido: «El amor de una madre da al
hijo un sentido de identidad. Si nunca ha habido amor, te sientes
como un vagabundo que entra y sale de la vida de otras personas».[78] Por lo tanto, los intensos sentimientos físicos de una madre son una parte esencial de su amor. ¿Se sentiría alguien como
un vagabundo si su madre hubiese disfrutado abrazándole?

Este amor maternal físicamente cercano no está de moda
hoy en día. Es habitual que los familiares de una madre y los

expertos en salud comenten que las madres deberían crear una distancia «sana» entre ellas y sus bebés. Esto encaja muy bien con los requisitos de los empresarios. Sin embargo, aunque hoy en día algunas madres descubren que renuevan su energía si descansan de sus bebés, a muchas no les interesa hacerlo. Lo que quieren es cercanía física, al menos durante el primer año. Esto incluye a las madres que tienen que volver a trabajar. Tienen que cumplir con su contrato por razones económicas, pero este compromiso puede resultar muy doloroso.

O está contento, pero no quiero dejarle ni siquiera dos horas. No me parece bien. Estoy embobada con él. [O, 2 meses]

No quiero dejar a A. Dentro de cinco meses voy a volver a trabajar, así que P y yo fuimos a ver una guardería local. Después me senté fuera en una silla, y no podía dejar de llorar. Me sentía como si quisieran quitármela al día siguiente. [A, 6 meses]

Ahora me río cuando pienso en el tipo de madre que pensaba que sería. Pensaba que A iría a una guardería desde los tres meses y que yo volvería a trabajar y me iría de fiesta los fines de semana. [A, 11 meses]

Quiero seguir preparando mi tesis. He encontrado a una persona agradable para cuidar a O. Pero [entre lágrimas] no sé qué me pasa. No quiero dejarle, y él quiere estar conmigo. [O, 13 meses]

• • •

Naturalmente, no todas las madres se sienten así. Lo más curioso es que, hoy en día, a las madres que tienen una relación menos física se las considera por lo general «normales», mientras que a las que tienen una relación más cercana con sus bebés les suelen decir que si se resisten a dejarlos con otra persona, las que tienen un problema son ellas. A sus bebés no les pasará nada.

Es poco probable que esto sea cierto. Pocas madres dudarían en disfrutar de un rato libre si creyeran realmente que sus hijos van a estar bien. Según mi experiencia, las madres que no quieren dejar a sus bebés suelen captar señales de que aún no están preparados para que los dejen. Es cierto que los bebés pueden parecer animados mientras sus madres están ausentes, pero sólo ellas saben a qué precio. Son ellas las que tienen que afrontar las consecuencias emocionales cuando vuelven a estar los dos solos. Cuando los bebés están relajados con sus madres, expresan sentimientos que no suelen compartir con nadie más.

Diez horas lejos de *A* es mucho tiempo. Es mucho para mí, pero eso no es un problema. También es mucho para ella. Después de seis horas me necesita *desesperadamente*. Se lo está pasando bien, pero necesita... no sé qué. Hunde su cara en mi pecho y mama, pero no es sólo comida lo que necesita. [*A*, 12 meses]

Los comentarios despectivos de otras personas pueden ser especialmente molestos para la madre. En vez de apreciarla por ser sensible con su hijo, pueden criticarla por ser una «neurótica» precisamente cuando está siendo maternal.

Una buena parte de lo que antes se consideraba un comportamiento maternal típico se califica ahora como «neurótico» o «nocivo». Al mismo tiempo, los estudios psicológicos del siglo XX nos han ayudado a reconocer cuánto pueden sufrir los niños si las madres abusan de su amor. Una madre puede ser irregular o seductora al dar amor a su hijo. Puede ofrecerlo como una zanahoria unido a unas condiciones imposibles, o dárselo sólo a su «favorito». Puede ocultarlo detrás de una expresión casual o irónica. Puede asegurar a todo el mundo que quiere a su hijo con locura, pero estar mucho más preocupada porque se adapte a las expectativas de otras personas que por respetarlo como persona que es.

Los niños pueden acabar confundidos con los mensajes contradictorios, y esto puede afectar a su percepción del amor de por vida. El siglo pasado ha ampliado nuestra conciencia de lo que puede ir mal en las relaciones madre-hijo. Desgraciadamente, parece que hemos acabado con un «saco» demasiado grande de relaciones que se consideran negativas. Mezcladas dentro de él hay todo tipo de relaciones que parecen perfectamente correctas.

¿Es el amor maternal tradicional un ideal imposible? Como objetivo meramente intelectual, puede resultar desalentador. ¿Tiene una madre que estar con su hijo todo el día y sentirse culpable si va a trabajar unas horas? ¿Cómo puede saber si está dando la cantidad «adecuada» de lo que debe dar? Las madres suelen cuestionar sus sentimientos intelectualmente, pero el amor apela al corazón. Los sentimientos sinceros son más sencillos y fluidos y no están cargados de dudas intelectuales.

Pero esto no es fácil, y hace falta valor para escuchar al corazón. Además, el amor no puede convertir a alguien en una madre perfecta. Por el contrario, el amor maternal hace que las madres sean más conscientes de que son imperfectas.

Sin embargo, el amor perfecto podría ser demasiado fuerte para un bebé. El amor sincero que sentimos parece funcionar. Los niños se animan y resplandecen cuando los quieren. Entonces se relajan y desarrollan todo su potencial. Cada nueva persona es capaz de hacer muchas cosas, pero sin el amor sincero de su madre todo esto podría irse al traste con facilidad.

Algunos afirman que el amor disminuye con el tiempo. A las madres les suelen preguntar si se aburren cuando se pasa la novedad de tener un bebé. A algunas no les ocurre esto. Se abren a sus recién nacidos con una gran ternura. Pero luego parece que cierran de nuevo las puertas. Cuando sus hijos crecen, estas madres se relacionan con ellos en un tono más enérgico e irritable. Afortunadamente, otras madres dicen que su amor por sus bebés no disminuye. Se hace más profundo. Esto es, al parecer, otro rasgo universal del amor maternal. En el mejor de los casos, es muy intenso y no sólo dura unas cuantas semanas, sino toda la vida de la madre.

> Cuando nació A estaba emocionada. Al mismo tiempo, si alguien me hubiera dicho que sólo estaba bromeando y se hubiera llevado a A... ¿Qué estoy diciendo? No es que... Quiero a A, pero entonces no podía creer que tuviera un bebé, que fuera mío. Si alguien me hubiera dicho... Sería como cuando dos mujeres se pelean por un jersey en una tienda. No me habría importado tanto como ahora. [A, unos 4 meses]

> Mi amor ha crecido. Cuando O era un bulto dentro de mí, le tenía cariño, y cuando nació y era tan pequeño e indefenso, le quería. Pero ahora que es como un

compañero y puedo compartir cosas con él, mi amor
ha aumentado hasta ser inmenso. [*O*, 7 meses]

No te sientes como si pudieras quererlos más, pero a
veces ocurre. Yo creo que el amor se hace más profundo. Crece con tu hijo. [*A*, 11 meses]

Es maravilloso. No recibes una cantidad racional de
amor, y con dos [hijos] hay más amor en casa que
nunca. [*A*, 23 meses; *O*, 6 semanas]

¿Qué ocurre cuando el amor crece? No suele ser más evidente. La madre de un bebé suele besarle y acariciarle mucho.
Pero cuando el niño crece, su amor se refleja en una preocupación continua por él. Sus sentidos están en alerta constante.

Mis reflejos son cada vez más rápidos. De repente veo
a *O* tocando un vaso de agua que no creía que pudiese
alcanzar. [*O*, 9 meses]

O ha dicho hoy su primera frase de seis palabras. Tengo que esforzarme mucho para entenderle y seguirle.
Me canso tanto que me quedo dormida sobre las ocho
y media, cuando se duerme él. [*O*, 20 meses]

Las madres aprenden a hacer varias cosas al mismo tiempo mientras cuidan a sus bebés. Entonces les preocupa que su
compañía no sea lo bastante estimulante. Dicen que se sienten
ofendidas cuando su pareja vuelve a casa, o llega una visita, y
empieza a dar saltos con el bebé. Esto es característico de la
gente que no pasa mucho tiempo con los niños. No se puede

estar todo el día moviendo a los bebés. Las madres les proporcionan una atención constante, pero pueden subestimar con facilidad el valor de su ritmo más tranquilo.

Una madre dedica gran parte de su amor a mantener seguro a su bebé. Es terriblemente consciente de su vulnerabilidad. Hay muchas cosas que aprender y siguen surgiendo nuevas situaciones.

> Cuando *A* era pequeña, me tropecé mientras la llevaba en brazos y por poco se cae a la chimenea. En ese momento me di cuenta de que haría cualquier cosa para asegurarme de que estuviese bien. Normalmente no siento eso. [*A*, 8 meses]

Hay muchos ejemplos de los extremos a los que llegan las madres para proteger a sus hijos.[79] Pero las madres también tienen que enfrentarse a la vida diaria, que está llena de trivialidades. Entonces se pueden sentir nerviosas y frustradas, sobre todo si creen que deberían arreglarse mejor. Una madre dijo que oía una «voz crítica» que nunca estaba satisfecha con lo que hacía. Acabó reconociendo que provenía de su interior. Su bebé no parecía quejarse.

Algunas madres son reflexivas y pueden explorar sus sentimientos sin actuar de forma impulsiva. A las madres menos reflexivas les puede resultar más difícil. Pero una madre menos reflexiva también puede ser sensible. Es inquietante leer las afirmaciones que hacen los médicos sobre las madres, como por ejemplo: «Cualquier madre que afirme que nunca ha sentido el impulso de pegar a su hijo es una mentirosa o un ángel».[80] Sólo cabe preguntarse por qué algunos miembros de la profesión médica creen conocer tan bien a las madres. Algunas dicen que nunca han sentido ese impulso. No hay motivos para llamarlas mentirosas, y no tienen aún las cualidades necesarias para ser ángeles. Son mujeres normales capaces de averiguar por qué están enfadadas en vez de pensar que la causa es su bebé.

Algunas madres pueden retrotraer sus sentimientos problemáticos al modo en que las educaron de pequeñas. Por ejemplo:

Primera madre: Cuando era una niña, mis padres nunca me pegaban. Pero si hacía algo mal, me ignoraban con su silencio. Eso me asustaba mucho. Ahora me da miedo transmitirlo. [*A*, 8 semanas]

Segunda madre: Te comprendo. Yo hago eso a veces con *O*, aunque sea tan pequeño. Es muy rápido, como un reflejo.
Yo: ¿Qué haces al respecto?

Segunda madre: Bueno, cuando reconoces que lo estás haciendo, ya es diferente. Pero digo: «Lo siento, cariño. Mamá está haciendo tonterías, pero te quiere muchísimo». [*O*, 7 meses]

A estas dos madres las ayudó en gran medida reconocer la influencia de su infancia en sus sentimientos actuales. Aunque se encontrasen repitiendo pautas de comportamiento, al menos podían arreglarlo después.

La relación entre la madre y el bebé se desarrolla gradualmente, y depende de que se conozcan y se comprendan el uno al otro. Esto hace posible que dos personas muy diferentes compartan una vida juntos. La comprensión fomenta la confianza, y la confianza ayuda a los dos a relajarse. Todos somos individuos complejos y sutiles. Cada vez que se desarrolla una de estas relaciones maravillosas se produce un milagro.

En el amor maternal también hay una paradoja. Una madre puede creer que lo hace todo «por el bebé». Pero su nueva vida también la beneficia a ella. Las madres suelen decir que su amor les ha enseñado a ser a la vez más prácticas y espirituales. La intensidad del amor de una madre puede ser similar a la devoción religiosa. Se puede sentir sobrecogida al mirar a su bebé. Su amor puede llevarla a una nueva apreciación de la vida. Las madres comentan que se sienten conmovidas por algo que está más allá de sí mismas, algo bueno y eterno, íntegro y esencial. El amor maternal parece combinar extremos a la hora de dar y recibir.

Sin embargo, no todas las madres experimentan esto. Algunas se sienten alarmadas ante la perspectiva de hacer tanto por sus bebés. Algunos de sus sentimientos se han descrito ya en el capítulo 5; cuando sus bebés lloran, estas madres se sienten absorbidas por sus necesidades. Estos sentimientos también influyen mucho en su forma de querer.

Las madres indican que se encuentran en esta posición con cuatro sencillas palabras: «Quiero a O/A, pero…» En el flujo de su amor hay un punto de ruptura. Después de ese punto no se sienten capaces de confiar en la seguridad de un intercambio de toma y daca con sus bebés. Les parece que sólo dan, y se retiran. Entonces la madre y el bebé se encuentran separados en extremos opuestos y cada uno cree que tiene que luchar contra el otro para conseguir lo que quiere.

Éste es el dilema que han descrito los autores que utilizan el concepto psicoanalítico de «ambivalencia» para cuestionar la idea tradicional del amor maternal. Varias de sus ideas parecen encajar para formar un punto de vista único. Estas ideas se han extendido y han creado un «clima de opinión» que ha influido en las madres durante al menos una generación. A mí también me influyó. Cuando uno de mis hijos tenía sólo unos días, le dije a mi marido que estaba furiosa con nuestro nuevo bebé. Cuando me preguntó: «¿Por qué?», le di una razón, pero no parecía muy sólida. La verdad era que creía que las madres debían sentirse furiosas. Me sentía obligada a sentir ira hacia mi hijo para demostrar que era una madre «moderna». Al recordarlo ahora me resulta extraño.

Cuando empecé a leer, me di cuenta de dónde procedía esta idea. Hay varios libros y artículos muy influyentes sobre el amor maternal ambivalente, y se siguen publicando más, así que he escrito esta sección varias veces añadiendo citas adicionales. He utilizado trabajos publicados en vez de conversaciones de madres, en parte para estar segura de tener suficientes ejemplos, y en parte para que puedas comprobar estas fuentes por ti misma. Hay mucho más material que espacio disponible, pero en él se encuentran varios temas comunes.

Si estas nuevas ideas son válidas, entonces la antigua idea del amor maternal se debería revisar. Si la idea de la ambivalencia como un rasgo universal del amor maternal es errónea, alguien debería explicar cuál es su error. No he leído ningún estudio analítico al respecto, así que voy a aprovechar el tema de este capítulo para intentar investigarlo.

Cuando una madre dice: «Quiero a O/A, pero...», la segunda parte de esta frase suele ser algo como: «también tengo que pensar en mí» o «hay que poner límites». Estos límites permiten a una madre inhibirse y dejar de prestar atención a su bebé para centrarse en sí misma. Como cambio temporal puede resultar útil. Probablemente es un antiguo mecanismo de defensa que se utiliza ante un callejón sin salida. Por ejemplo, cuando una madre no comprende lo que quiere su hijo, le mira exasperada, levanta la vista hacia el cielo y lanza un gran suspiro de solidaridad con todas las madres que sufren como ella.

Al cabo de diez minutos de justificaciones, una madre puede recuperar su energía y pensar algo así: «Supongo que O está alterado porque llevo toda la mañana corriendo». Y empieza a comprenderle otra vez. Comprender a otra persona es una parte esencial del amor humano. Sin embargo, si una madre no consigue comprender a su hijo por mucho que lo intente, se puede sentir desesperada. Puede seguir intentándolo, o llegar a un punto en el que se da por vencida. Llega a la conclusión de que el llanto de su bebé no debe tener sentido. Es inútil seguir buscando una razón. Entonces pasa de intentar comprender a intentar controlar.

Susan Johnson, una escritora australiana, expresa este estado de desesperación dirigiéndose a su bebé en mayúsculas y con una puntuación mínima:

¿POR QUÉ NO LO DEJAS? DÉJALO DÉJALO DÉJALO ESTOY HACIENDO TODO LO QUE PUEDO TODO LO QUE SÉ ESTOY HACIÉNDOLO LO MEJOR POSIBLE Y DÁNDOTE TODA MI VIDA PERO TÚ NO COLABORAS Y NO QUIERES TUMBARTE Y CERRAR LOS OJOS. ¿QUÉ QUIERES DE MÍ? ¿DE DÓNDE VIENES QUE EL TIEMPO EL ESPACIO Y LA ENERGÍA NO SIGNIFICAN NADA PARA TI?[81]

Esta madre siente una gran angustia porque no puede comprender que su hijo no deje de llorar. Como madre siento compasión por una persona que está agotada y se ha quedado sin ideas para ayudar a su bebé. Pero ¿podría haber una razón para que su hijo no dejara de llorar? En el libro hay algunas pistas.

Dos páginas antes, Susan Johnson da un detalle significativo. Menciona que su bebé «se peleaba con su pecho». Esto sugiere que quizá no le tuviera en la mejor posición para amamantar. Los bebés que se encuentran incómodos intentan adoptar una mejor postura, y esto se describe equivocadamente como «pelearse con el pecho». Si un bebé está en una mala posición, no puede mamar con fuerza, lo cual significa que el pecho de la madre no se estimula lo suficiente y no produce suficiente leche.

Efectivamente, unas páginas después Susan Johnson comenta que le preocupa no tener suficiente leche. Por mi trabajo como asesora de lactancia materna, sé lo difícil que puede ser la colocación. Sin embargo, identificar el problema es una gran ayuda. Si un bebé no está bien colocado en el pecho, tiene una buena razón para angustiarse. Ya no parece irracional. Su madre puede estar aún alterada porque le cuesta colocarle bien, pero vuelve a comprenderle. Esto hace que le resulte más fácil seguir queriéndole.

Susan Johnson dudaba de que su bebé pudiera tener una razón para llorar, y llegó a la conclusión que a ella le parecía más evidente: «Según mi experiencia, los niños pequeños son como tinta en papel secante; se extienden hasta los extremos de tu vida y no dejan ningún espacio en blanco».[82] No fue la primera que manifestó esta ansiedad. Adrienne Rich, que escribió *Of Woman Born* [Nacida de mujer], recuerda que como madre sus necesidades «estaban siempre en pugna con las de un niño, y siempre perdían».[83] Kate Figes, autora de *Life After Birth* [La vida después del nacimiento], declara: «Las exigencias de un niño son ilimitadas puesto que son egoístas por naturaleza, y te encuentras inevitablemente atendiéndolas y a veces negándolas, porque no se puede ni se debe satisfacer todas sus necesidades».[84] También señala: «Convivimos con necesidades que muchas veces parecen contradecirse, porque las exigencias de un niño son ilimitadas. Si les dejásemos nos absorberían».[85] Rachel Cusk, que escribió *A Life's Work, On Becoming a Mother* [El trabajo de una vida: llegar a ser una madre], da una descripción visual: «Cinco minutos después [su bebé] está llorando otra vez, y yo miro fijamente la caverna insaciable de su boca».[86]

Éste es el punto de partida para un planteamiento sobre los bebés. El dilema no es nuevo en sí mismo. Antes, si una madre creía que su bebé era «insaciable» porque no comprendía sus necesidades, le animaban a considerar la «insaciabilidad» mala y pecaminosa. En cuanto sus hijos eran lo bastante mayores, se esperaba que los padres fueran enérgicos y les enseñaran las virtudes de la paciencia y la obediencia. Las palizas «juiciosas» debían ser una salida para la frustración maternal, sobre todo si eran por una causa tan virtuosa.

Hoy en día la respuesta es más sofisticada. Sigmund Freud descubrió una nueva manera de considerar a las madres y los bebés al hablar de lo que para él eran las necesidades instintivas de los niños pequeños. Esto significaba que sus madres tenían un papel diferente. Ya no eran mujeres sabias que orientaban a sus hijos hacia la moral adulta. Freud las veía como instructoras que aprendían de los psicoanalistas qué debían hacer con el desarrollo instintivo de sus bebés. Había comenzado un cambio en la posición de la madre.

Este cambio fue aún más allá con el doctor D. W. Winnicott, un pediatra británico atraído por el psicoanálisis, que tuvo la desgracia de caer bajo la influencia de Melanie Klein. Klein hablaba de sus interpretaciones del comportamiento de los bebés como si fuesen hechos probados, y al doctor Winnicott, que no tenía hijos, pareció impresionarle en gran medida.

Adoptó su teoría de los bebés y la utilizó como base para hacer afirmaciones sobre cómo se sentían las madres. En un artículo que escribió hablaba de los sentimientos de las madres casi como un tema secundario, y explicaba por qué los psicoanalistas podían odiar a sus pacientes. Pero sus escritos llegaron a ser muy conocidos. Con su peculiar tono ligero y sarcástico decía: «[El bebé] es cruel y trata a su madre como escoria, una criada, una esclava».[87] Esto va en contra de la visión tradicional de las madres y los bebés. En un hogar tradicional, las madres tenían poder, y a los niños se los trataba a veces como criados.

Otros psicoanalistas se interesaron por esta forma inusual de ver a los bebés. Rozsika Parker, una feminista que publicó un estudio muy original sobre los bordados antes de adoptar los principios del psicoanálisis, comenta: «Paradójicamente, el niño dependiente les parece [a las madres] un poderoso tirano».[88] Es interesante que hable de las madres en plural, pero sólo mencione a un tirano. Da la impresión de que un niño tiene más poder que una pluralidad de madres.

La idea de un bebé dominante resultaba atractiva para las feministas. Jane Lazarre, autora de *The Mother Knot* [El nudo materno], se preguntaba: «¿Quién es esa persona tan poderosa que grita de una forma incomprensible y me chupa el pecho hasta que me encuentro en un estado de fatiga que no había conocido nunca?»[89] Kate Figes se quejaba: «[El bebé] sigue necesitando que le vistan y le den de comer, pero ahora tú necesitas la fuerza física de un luchador profesional, la sabiduría espiritual de la Madre Teresa y la capacidad de negociación de la ONU para aproximarte a tu objetivo».[90] Susan Maushart, que escribió *The Mask of Motherhood* [La máscara de la maternidad], utiliza una imagen negativa: «Sin embargo, la mayoría de nosotras descubrimos que nuestros esfuerzos más heroicos para mantener el control no son nada comparados con la fuerza irresistible de las necesidades de un niño».[91] Rachel Cusk da otra gráfica descripción visual: «Ahora nuestra hija se sienta en la cama entre nuestros cuerpos destrozados como un mini-Napoleón triunfante, agitando victoriosa su sonajero».[92] Esto cambia por completo la visión tradicional. Hoy en día se considera que los bebés dan las órdenes y chasquean el látigo.

La consecuencia de todo ello es que estas madres no creen tener un poder adulto. Se sienten controladas por sus bebés. En este contexto las madres se atribuyen el papel de víctimas. Sin embargo, se denominan feministas liberadas. Son cultas y reflexivas. Adrienne Rich señala en *Of Women Born* que las madres fueron esclavizadas en un sistema patriarcal. Por lo tanto, podría parecer que han cambiado una forma de esclavitud por otra.

Rozsika Parker intenta explicar esta paradoja en *Torn in Two* [Dividida en dos]: «Las madres son más grandes y fuertes, pero política y socialmente siguen siendo el sexo sometido, y emocionalmente son muy vulnerables a sus hijos».[93] El título de este libro resulta ya interesante. Es una frase pasiva sin sujeto. ¿Quién está dividiendo a quién? Como queda claro en el libro, la frase proviene de una afirmación que hace una madre respecto a sus sentimientos.[94] Pero ¿quién o qué divide sus sentimientos? Sin duda alguna está expresando un conflicto personal. Sin embargo, la sugerencia implícita de las palabras de la madre es que el sujeto de esa violenta división debe ser su (poderoso) hijo.

Cuando se ve al bebé como insaciable y poderoso, la relación se carga de intensidad. Adrienne Rich confesaba: «Mis hijos me causan el sufrimiento más profundo del que tengo experiencia».[95] Lo más destacable es que ve a sus hijos como la causa activa y a ella como una sufridora pasiva. Kate Figes se hacía eco de esto: «Mis hijos provocan en mí una ira terrorífica e irreconocible, no sólo el enfado que ven».[96] Como Adrienne Rich, ve a sus hijos como el sujeto que provoca su ira, y a ella como la víctima que la padece. Susan Maushart afirmaba: «No es sorprendente que el bebé desarrolle una voluntad de hierro que exige cada vez más preocupación maternal. De una forma u otra nuestra culpabilidad saca lo mejor de nosotras mismas».[97] Susan Johnson lo expresa de un modo más intenso: «Un nuevo bebé necesita a su madre entera: los brazos de su madre, el cuerpo de su madre, la leche de su madre, el sueño de su madre. Un nuevo bebé te quita el sueño de los ojos y el aire de los pulmones, y utiliza tu cuerpo como un puente para andar sobre él».[98] Es comprensible que una madre que se siente dominada por su bebé no sea muy cariñosa con él.

El odio surge reiteradamente en las declaraciones de estas madres. No está definido, y puede tener diferentes matices para cada una. Sin embargo, parece mucho más intenso que la ira pasajera de una madre que dice que odia a su bebé, e inmediatamente se arrepiente de utilizar ese lenguaje. Estas escritoras expresan un tipo de odio más intenso y duradero, basado en la frustración de sentirse impotentes.

Las puertas se abrieron, al parecer, con la publicación del artículo psiconalítico del doctor D. W. Winnicott que se mencionaba anteriormente, en el que decía: «Yo creo que la madre odia al bebé antes de que el bebé odie a la madre, y antes de que el bebé pueda darse cuenta de que su madre le odia. Sin embargo, la madre odia a su hijo desde el principio». «Si me lo permiten daré algunas de las razones por las que una madre odia a su bebe»,[99] proseguía. A continuación se incluye una lista con dieciocho razones medio satíricas. La primera es que «el bebé no es una concepción mental suya», mientras que la última es que «no debe comerle ni intercambiar sexo con él». Es una lista provocativa que sirve para distraer la atención. Si dejamos la lista a un lado, Winnicott está diciendo que las madres normales quieren y odian a la vez a sus hijos. En la página siguiente añade que una madre puede volverse masoquista o sentimental si le da demasiado miedo su odio. Pero ¿cómo demuestra todo esto? Ahí es donde el tono ligero y sarcástico resulta muy eficaz. Las pruebas son demasiado pesadas. Winnicott no aporta ninguna prueba. Simplemente da «algunas de las razones». Sin embargo, a mucha gente le pareció convincente y el artículo se cita con frecuencia. A pesar de la ausencia total de pruebas, sus admiradores lo utilizan como si fuese el respaldo definitivo para decir que el odio maternal es la norma y que es beneficioso tanto para las madres como para los bebés.

Cuando las madres confiesan que sienten odio además de amor hacia sus hijos, su tono no es ligero y sarcástico, sino angustioso. Adrienne Rich escribe en su diario que se sentía «atrapada por oleadas de amor y odio, celosa incluso de la infancia de mi hijo».[100] También afirma: «Todas las madres han conocido una ira irresistible e inaceptable por sus hijos».[101]

Cómo sabe lo que «han conocido» todas las madres no lo explica. Jane Lazarre también utiliza la palabra «odio» cuando su bebé no dejaba de llorar: «A veces le odiaba por rechazarme totalmente».[102]

Adrienne Rich y Jane Lazarre dicen que expresaban una ira violenta hacia sus hijos. Susan Johnson manifiesta unos sentimientos similares: «Era un campeón del llanto, capaz de llorar durante horas como una lluvia incesante. En esos momentos quería sacudirle hasta que le rechinaran los dientes, hacerle callar, impedirle que me arruinara la vida».[103] La novelista Joanna Briscoe describe lo que siente por su bebé: «Antes del amanecer me apetece vomitar de odio, al igual que unas horas antes temo que mi amor sea tan fuerte que pueda tener que expresarlo a través del canibalismo».[104]

Estas madres no parecen sentirse cómodas con sus momentos de odio. Todas ellas eran mujeres intelectuales con una carrera por delante. Winnicott resume su dilema en una frase: «El bebé es una interferencia con su vida privada, un motivo de preocupación».[105] Las mujeres que se citan aquí son escritoras con obras publicadas, y todas ellas describen un conflicto entre el deseo de tener más tiempo para concentrarse en su trabajo y el sentimiento de que deberían cuidar a sus hijos. Es importante reconocer que esto no tiene por qué suponer un conflicto. Otra escritora, Julia Darling, comenta: «En ese momento mi escritura estaba inspirada por el gran amor que sentía por mis hijas».[106] Le resultaba difícil ser madre, pero no habla de odio ni cree que sus bebés le exijan un esfuerzo excesivo. Por otro lado, Susan Maushart es más contundente: «No tenemos ninguna duda de que merece la pena cuidar a nuestros hijos. Es sólo que preferiríamos estar haciendo otra cosa».[107]

El amor ambivalente se conoce desde hace tiempo, pero siempre se ha descrito como algo muy incómodo. Nadie lo ha considerado un estado deseable, digno de alcanzar. El poeta romano Catulo refleja esta experiencia en dos sencillos versos:

> Amo y odio. Quizá te preguntes cómo puede ser posible.

> No lo sé, pero cuando me ocurre, me siento atormentado.[108]

El «tormento» es una reacción natural al sentir odio por una persona querida. Sin embargo, los autores psicoanalíticos recomiendan a la gente mantener sus sentimientos de amor y odio para querer de un modo más sincero. Por lo tanto, parece lógico extender esta idea al amor maternal, como hizo Winnicott.

Por primera vez se anima a las madres a considerar sus sentimientos ambivalentes como inevitables. Estos autores dicen que a muchas madres les dan miedo sus sentimientos negativos, y se sienten culpables cuando los reconocen. Necesitan permiso para experimentar su odio. Winnicott: «Una madre tiene que ser capaz de odiar a su bebé sin hacer nada al respecto».[109] Jane Lazarre: «Lo único que a mí me parece eterno y natural en la maternidad es la ambivalencia».[110] Como hemos visto, Winnicott daba dieciocho razones por las que una madre odia a su bebé. Rozsika Parker cuestionaba la necesidad de Winnicott de proporcionar razones: «Una vez más, acabamos dividiendo a las madres en dos grupos: las que se contienen, sobre las que no hay nada más que decir, y las que exigen una explicación. Es difícil, pero crucial, mantener la idea de que las madres son necesariamente ambivalentes».[111]

Rozsika Parker y Susan Maushart defienden casi como dos misioneras que las madres necesitan reconocer sus sentimientos de ambivalencia. El libro de Rozsika Parker *Torn in Two* está dedicado a este tema: «El reconocimiento de la ambivalencia maternal, favorecido por la fantasía, es la base del autoconocimiento».[112] Más adelante explica qué significa esto: «En mi opinión, el odio y la rabia provocan fantasías de abandono y separación que pueden tener resultados creativos. La culpabilidad inducida por las fantasías de rechazo puede conducir a una preocupación productiva si se puede pensar en estas fantasías».[113]

A Susan Maushart le preocupa más el reconocimiento social: «Sentir ambivalencia respecto a la maternidad es una cosa. Expresarla —y por extensión legitimarla— es otra muy distinta. La máscara de la maternidad hace que la ambivalencia —por muy profunda que sea— siga siendo un secreto culpable… Las evidencias indican que la disposición a reconocer la ambivalencia y la inseguridad —el valor para dejar caer la máscara— no es un signo de debilidad, sino una prueba de un poder de recuperación y una madurez inusuales».[114]

Estos comentarios ayudan a ocultar o negar esos sentimientos. Cualquiera de estos libros podría animar a una madre ambivalente a ser sincera consigo misma respecto a lo que siente. Pero la ambivalencia es muy incómoda. Rozsika Parker y Susan Maushart dicen que conocen la razón. Afirman que es porque esos sentimientos son socialmente inaceptables y por lo tanto asustan.

Pero esto no parece ser cierto. Las madres se enfrentan a todo tipo de temores y desafían rígidas normas sociales si creen que va a beneficiar a sus hijos. ¿Qué pruebas hay para suponer que la ambivalencia las asusta tanto? Las madres que hablan de su ambivalencia no parecen asustadas, sino extrañadas consigo mismas. Todos hemos sido bebés. En cierto nivel, odiar a un bebé que llora no tiene sentido. Sin duda alguna es importante que una madre reconozca sus sentimientos. Pero no va mucho más allá. No la ayuda a comprender y resolver su dilema.

Pero ¿cuál es exactamente el dilema que describen estas madres? Parece que odian a sus bebés cuando son un inconveniente para ellas. Un típico momento de odio surge cuando el bebé no se duerme justo cuando su madre quiere continuar con su libro, poema o artículo. ¿Estamos hablando de un grupo de mujeres que han elegido un sofisticado concepto psicoanalítico para ocultar el hecho de que son unas egocéntricas? ¿Son demasiado egoístas para ser unas madres cariñosas?

A primera vista eso es lo que parecen. Llenan páginas en las que se quejan de lo mal que las hacen sentir sus bebés. Pero una mujer muy egoísta contrataría a una niñera y se sentaría en su mesa sin ningún remordimiento. Estas escritoras parecen atormentadas. No son mujeres frías. Tienen sentimientos intensos por sus bebés. ¿Está su intenso amor mezclado con odio marcándonos un camino a todas las demás? ¿O han podido tomar un «camino equivocado»?

Describen un tipo de tormento muy específico. A pesar de ser tan diferentes entre ellas, el panorama que describen como madres es muy similar. Por ejemplo, para reconfortar a un bebé que llora, como veíamos en el capítulo 5, una madre normalmente valora la gravedad del llanto. Para ello necesita estar tranquila y ser un poco objetiva. Pero a estas escritoras eso les resulta imposible. Son incapaces de valorar el llanto de sus hijos. Siempre les parece grave. Es como si oyeran el llanto exactamente al mismo nivel que sus bebés.

Todas ellas comentan que sienten una intensa cercanía con sus bebés. Adrienne Rich afirma que siempre se sentía «unida en cuerpo y alma a ese niño, porque era una parte de mí misma».[115] Jane Lazarre: «Le abrazaba con fuerza, acariciaba su piel e imaginaba que seguíamos siendo una sola persona».[116] En el prólogo decía: «Porque la separación nunca es total».[117] Kate Figes lo expresa así: «Mi sensibilidad se funde con la de mis hijos, su cuerpo es como una extensión del mío».[118] La descripción de Susan Johnson es más intensa: «Esos dos cuerpos que vivían dentro de mí ahora viven fuera, pero siempre formarán parte de mí mientras viva y sienta, como una parte perdida de mi identidad».[119] Rachel Cusk recuerda: «Me dan el pequeño cuerpo de mi hija envuelto en mantas, y al cogerla experimento un momento de absoluta claridad, casi irreal. En ese momento me doy cuenta de que ahora existe una persona que soy yo, pero no está confinada en mi cuerpo».[120]

Estas escritoras describen una forma muy similar de relacionarse con sus hijos. No es lo mismo que los sentimientos profundos y abiertos que describían las madres de las páginas 189-191. Esas madres estaban creando un espacio emocional para sus bebés. Éstas parecen sentir a sus bebés tan cerca de ellas que no hay un espacio separado para que vivan en él. Es inevitable preguntarse si sus bebés lloran porque lo perciben. Un bebé es una persona distinta con unas necesidades distintas, que están basadas principalmente en su supervivencia. Si no consigue lo que necesita, o si consigue muy poco, se vuelve insistente. Pero parece que la insistencia del bebé es el *resultado* de cómo se relaciona su madre con él, no la causa.

Aunque a todas estas madres les resultaba insoportable ese grado de cercanía, no se cuestionaban cómo veían a sus bebés. Sin embargo, al cabo de unos meses todas ellas buscaron la manera de liberarse. Jane Lazarre continuó con su carrera universitaria, lo cual significaba que tenía que dejar a su bebé con una niñera en su casa de New Haven «para estar dos días a la semana en Nueva York e ir a clase».[121] Kate Figes volvió a trabajar para sentirse «unida de nuevo al mundo real».[122] Entonces su hija empezó a alterarse por la noche. Al final, Kate Figes consultó a la Hackney Sleep Clinic [Clínica Hackney para problemas del sueño] y aprendió a ignorar el llanto de su hija.[123] Susan Johnson llevó a su hijo de cuatro meses, Caspar, a un centro de madres angustiadas. «Le pusieron en una cuna en una habitación pequeña al otro lado del pasillo y me dijeron que no me levantara si lloraba.»[124] Rachel Cusk consiguió que su marido diera el biberón a su hija de tres meses, pero seguía pensando que su hija «estaba en todas partes, como algo dulce pero pegajoso en mi vida, como melaza, como cola... Lo que yo quería era enseñarle otra cosa».[125] Al final, su marido dejó su trabajo para cuidar a los niños mientras Rachel escribía un libro sobre cómo cuidar a los niños.[126]

Hoy en día muchos profesionales de la salud afirman que las madres necesitan estar un tiempo alejadas de sus bebés. La idea de que las madres deberían separarse de una forma activa está respaldada por la literatura psicoanalítica. Winnicott, por ejemplo, señalaba que las madres debían alejarse de sus bebés a los nueve meses aproximadamente, porque entonces mostraban síntomas de estar preparados. Al mismo tiempo decía que las madres necesitaban ser valientes para soportar la ira de sus bebés al apartarlos de ellas.[127] Uno se pregunta por qué deberían enfadarse los bebés si están realmente preparados para separarse. Una psicoanalista estadounidense, Louise J. Kaplan, describe detalladamente lo que considera las diferentes fases de la separación de un bebé de su madre.[128]

Pero estos debates sobre cómo separar a la madre del bebé parten de una posición falsa. Se mire como se mire, están ya separados. Una madre puede *sentirse* unida a su hijo. Pero esto es una ilusión. Cada uno de nosotros es único. Las madres y los bebés aprenden a vivir juntos y a conocerse. Sin embargo, no dejan de sorprenderse el uno al otro. Un bebé es un ser independiente y sigue siéndolo. Las madres que disfrutan con la cercanía física de sus hijos no suelen tener ninguna duda en este sentido. Por ejemplo, cuando llevan a sus bebés pegados a su cuerpo en chales o mochilas, esa cercanía les permite ser sensibles a sus mensajes. Estas madres no se encuentran en un estado de unidad perfecto como suponen algunos autores. Siguen siendo personas distintas que se escuchan continuamente para aprender la una de la otra.

Las madres que escriben sobre el amor maternal ambivalente suelen malinterpretar esto. Se sienten desesperadas. Miran a su alrededor para ver si otras madres también experimentan la maternidad como una batalla, y se quedan aliviadas al encontrar a algunas compañeras de viaje. Pero también se sienten desconcertadas con las madres que parecen más sinceras, y sienten envidia y desprecio por lo que consideran autocomplacencia. Son buenas escritoras y utilizan su capacidad verbal para caricaturizar a esas madres. Es como si se sintieran bajo los focos de un escenario, observadas por un público de madres que supuestamente las condenan. Esas madres las ponen furiosas.

Jane Lazarre hablaba de una madre que siempre «parecía estar serena e imperturbable. Un día escuché junto a la ventana de su bebé para ver si gritaba por la noche. No oí nada, y empecé a odiarlas a ella y a su nena».[129] Rozsika Parker cita a una madre que decía: «Estoy pensando en una mujer que conozco que siempre está muy tranquila. Hace galletas con sus hijos todos los fines de semana. Y nunca parece tener problemas con ellos. Es repugnante».[130] Allison Pearson, cuyo personaje de Kate Reddy está basado en su experiencia y la de sus amigas y colegas, hace una descripción irónica en la que Kate compara a las «madres superiores» con las «madres inferiores como yo».[131] Parte de la historia trata de los esfuerzos de Kate para hacer creer a la «mafia local» de madres que es una madre competente.[132]

La culpabilidad de sentirse condenada por no ser una buena madre es una preocupación habitual en este tipo de obras. Pero la culpabilidad siempre se describe como un sentimiento de la madre, que centra su atención en sí misma. Esto es diferente de la verdadera culpabilidad, que no es sólo un sentimiento interior. La verdadera culpabilidad es un reconocimiento doloroso de haber hecho algo mal, y por lo tanto se centra en la persona a la que se ha hecho daño. Esto implica identificar el error, asumir la responsabilidad, arrepentirse y quizá enmendar la situación. No se trata de sentirse criticada por los demás. Si una persona experimenta una culpabilidad verdadera, la reconoce. El reconocimiento de la culpabilidad lleva a tomar medidas, mientras que *sentirse* culpable no resuelve nada.

Adrienne Rich parece buscar el origen de su ambivalencia: «No podía comenzar a escribir un libro sobre la maternidad hasta sentirme lo bastante fuerte y segura del amor por mis hijos», dice en el prólogo.[133] Llegó a la conclusión de que la causa de sus dificultades era el «patriarcado», no sus hijos, y afirma que se arrepiente de sus arrebatos de ira hacia ellos. Cuenta que más tarde dejó a su marido, que entonces se suicidó, y que acabó dándose cuenta de que sus hijos eran personas distintas e interesantes. Su escritura es reflexiva y personal. Sin embargo, *Of Woman Born* incluye poderosas descripciones de ambivalencia maternal. A pesar de su prólogo, este libro puede servir como catalizador para muchas mujeres.

Susan Maushart pensaba que una madre abiertamente ambivalente indicaría un «poder de recuperación y madurez inusuales».[134] Pero parece que lo contrario se acerca más a la verdad. Las madres en esta situación suelen ser bastante rígidas e inmaduras. Hace falta cierta madurez y flexibilidad para que una madre se abra y acoja a su bebé. Es posible que las madres ambivalentes no sean tan egocéntricas como parece. Su ansiedad indica que no tienen mucho sentido de sí mismas, sino muy poco.

Rozsika Parker decía que pensar en la ambivalencia era la «base del autoconocimiento».[135] Pero aunque algunas de estas escritoras piensan constantemente en sí mismas y en sus sentimientos, se siguen sintiendo atrapadas. No parece que pensar las ayude a ser más sabias. Sin duda alguna el conocimiento de sí mismo es difícil de alcanzar a través de la fantasía.[136] Nos beneficiamos del estímulo de hablar con otras personas. Pero estas madres satirizan precisamente a las madres más sinceras de las que podrían aprender.

Por lo tanto, parece que las madres son diferentes. Algunas están atormentadas por sus sentimientos ambivalentes, pero otras no. ¿Se pueden explicar esas diferencias por la influencia genética, la situación social u otras variantes? No se puede saber sin tener más información. Sin embargo, una de las madres que describe su ambivalencia nos proporciona suficientes detalles personales para recomponer parte de su historia. Buscar este tipo de datos podría parecer una intromisión. Pero Jane Lazarre ofrece información personal de forma voluntaria. *The Mother Knot* puede ayudarnos a comprender los sentimientos ambivalentes de Jane Lazarre cuando su bebé lloraba.

Nos dice que cuando dio a luz a su hijo Benjamin, ella no dejó de gritar. «No había oído esos gritos desde que de pequeña me volví loca y oía a mi madre, que murió de cáncer, gritar dentro de mi cabeza y romperme los tímpanos.»[137] El parto de su hijo le trajo dolorosos recuerdos de cuando ella era una niña. Más tarde, cuando su bebé lloraba con frecuencia, se angustiaba mucho. Solía gritarle para que se callara, pero se dio cuenta de que no gritaba su nombre, sino el de su hermana.[138]

Al final del libro insinúa cómo pueden estar relacionados esos recuerdos. Dice que cuando ambas eran pequeñas, su hermana «lloraba porque no se acordaba de cómo era su madre. Me preguntaba si yo podía ser su mamá. Yo me reía con amargura al pensar que esperase tanto de mí, que sólo tenía nueve años. Pero le decía que sí».[139] Esto nos ayuda a comprender su angustia. Al parecer era la hermana mayor. Si su madre había muerto cuando ella tenía siete años, y su hermana lloraba a menudo cuando Jane tenía nueve, debieron pasar dos años soportando su dolor (y Jane volviéndose «loca») sin recibir el consuelo suficiente de un adulto. Su hermana acudía a ella para que la consolara, y Jane, con sólo nueve años, intentaba darle un consuelo que tampoco ella tenía.

Cuando Benjamin lloraba, parecía evocar ese dolor desesperado que nadie había consolado. No es extraño que dijera automáticamente el nombre de su hermana. Pero Benjamin no lloraba porque su madre hubiera muerto. Un recién nacido suele llorar por razones simples que una madre puede identificar y corregir. Jane Lazarre parecía incapaz de hacer esto porque asociaba el llanto urgente con la orfandad de su infancia. Eso podría explicar cómo se sentía como madre. Es posible que no fuera «necesariamente ambivalente» hacia su hijo. Puede que se sintiera angustiada por una buena razón. Pensaba que muchas madres sentían ambivalencia hacia sus bebés. Sin embargo, la mayoría de las madres no se han sentido abandonadas ni han tenido que consolar a sus hermanas pequeñas a una edad tan temprana.

Aunque no está claro si Jane Lazarre estableció esta relación, su historia parece encajar en ese sentido. Es cierto que sólo es la historia de una mujer. Pero si es relativamente fácil comprender la angustia de una mujer, ¿no podríamos comprender la angustia de otras madres si supiéramos sus circunstancias? En ese caso, si los sentimientos ambivalentes surgieran en circunstancias específicas, no se podrían considerar universales. No todas las madres podrían decir que sienten ambivalencia. Entonces una madre en la situación de Jane Lazarre podría tener razones para afirmar que tiene un problema. Podría intentar buscar ayuda o hablar de sus dificultades con un psicoterapeuta o una amiga comprensiva.

Por lo tanto, ¿hasta qué punto es válido el concepto de la ambivalencia maternal? Esa idea se está extendiendo, y sin duda alguna refleja la experiencia de algunas mujeres. Pero la ambivalencia, como se puede comprobar en la literatura autobiográfica, parece surgir cuando una madre siente que su bebé es una extensión de sí misma. En el mundo hay muchas madres que *no* se relacionan con sus hijos de esta manera. Para ellas la ambivalencia no puede ser un concepto válido. No las libera, porque para empezar nunca se han sentido tan unidas a sus bebés. El concepto de ambivalencia resulta útil porque permite a algunas madres identificar cómo se sienten. Pero eso no justifica que se atribuya a todas las madres.

Mientras tanto, muchos bebés han comenzado a vivir con madres ambivalentes. ¿Cómo se puede sentir un bebé al recibir un amor ambivalente? La ambivalencia no es lo mismo que un arrebato de ira de una madre que luego se disculpa con su hijo. De ese modo le está diciendo que para ella su ira es un *lapsus* de su amor. Por el contrario, un bebé que crece con un amor ambivalente recibe mensajes contradictorios. Unas veces su madre le quiere, y otras le odia por exigir tanto de ella. El bebé es sensible, pero demasiado pequeño para analizar sus impresiones con palabras. Sólo podemos adivinar su respuesta. Hay veces en las que parece que su madre le quiere. Otras veces cambia de humor y está furiosa o se aleja de él. Sin embargo, es evidente que para ella ese cambio no es un *lapsus*, sino una parte de su amor.

Sin duda alguna esto puede confundir y asustar a un bebé sensible que está recibiendo de su madre su primera experiencia de una relación humana íntima, y aprendiendo qué puede esperar de otra persona. A través de esta relación puede captar el mensaje de que el amor implica adaptarse a los inexplicables cambios de humor de la persona amada. En vez de sentirse aceptado como es, y por lo tanto seguro y protegido, se encuentra en una lucha constante con su propia madre. Cuanto más se extienda esta nueva visión, más posibilidades habrá de que produzca adultos que deseen amor y a la vez se sientan confundidos y asustados por él.

El amor sincero es más beneficioso, y los bebés necesitan mucho desde el principio. A cualquiera que haya aprendido a esperar menos le pueden parecer egoístas o insaciables. Sin embargo, si una madre consigue querer a su bebé (casi) tanto como desea, de repente se da cuenta de que le está devolviendo el cumplido. Entonces florece entre ellos algo trascendental que dura toda la vida. Ésa debe ser la razón por la que las personas mayores siguen hablando de sus madres con lágrimas en los ojos. Estas últimas observaciones fueron expresadas con un gran sentimiento:

O se tumba en la cama y nos *baña* con sus preciosas sonrisas. [O, 2 meses]

Cuando le doy besos, a O le gusta tanto que cierra los ojos de placer. [O, 6 meses]

Ahora O anda bastante bien. Un día que me cogió la mano y fuimos juntos hasta un puente, pensé: «Es maravilloso. No hay nada mejor que esto. Es uno de esos momentos perfectos». [O, 15 meses]

Por lo general el amor sincero se ve. Si a un niño le quieren con sinceridad, disfruta relacionándose con otras personas. La experiencia le ha enseñado a esperar una respuesta amistosa. Por lo tanto, normalmente es sociable. La gente que pasa responde a la mirada interesada de un bebé. Su madre oye de repente la voz animada de un desconocido que no le habla a ella, sino a su hijo. Es cierto que también hay niños tímidos que hunden la cara en los brazos de su madre y no miran a nadie. No es fácil generalizar. Sin embargo, un niño que ha recibido mucho amor tiene una presencia firme y digna. Aunque es pequeño parece importante, y la gente suele hablarle con respeto. Si vemos a un niño así, sin duda alguna supondremos que su madre le ha dado grandes cantidades de amor. Muchas madres se enfrentan a todo tipo de dificultades para hacer esto.

Algunas madres que encuentran los primeros meses frustrantes descubren que pueden relacionarse con su hijo mucho mejor cuando aprende a hablar. Entonces sus identidades separadas son más evidentes. En esta etapa la relación cambia de nuevo y suele ser menos física, lo cual les viene a algunas madres mejor que a otras. A un extraño le puede parecer superficial. Pero la base íntima de su relación sigue estando ahí. Una madre típica quiere saber cómo le ha ido a su hijo en la escuela. Sigue estando pendiente de él, pero de una forma menos precisa. Muchos años después, cuando el hijo se ha ido de casa, su madre puede estar un tiempo sin tener noticias de él. Después de eso el interés familiar aumenta. Sin duda alguna hay una línea muy fina entre querer saber qué está haciendo su hijo adulto y entrometerse. Aun así, en el mejor de los casos, su interés es una de las maneras en las que una madre mayor demuestra su amor.

En esta etapa puede parecer que la relación no exige ningún esfuerzo. Pero el amor no le cae a una madre llovido del cielo. El comienzo puede ser difícil, como una conversación unidireccional, porque su bebé no está aún preparado para responder. Sin embargo, el amor de su madre es innegable. Sigue queriéndole a pesar de su cansancio, cuando uno de ellos está enfermo y ante todo tipo de presiones externas. Es como si su amor pasara por una prueba, que tira de él en distintas direcciones, para asegurarse de que sobrevivirá y será lo bastante fuerte para mantener el amor apasionado de su bebé. Puede que esos primeros meses de prueba sean el secreto de la fuerza permanente de su amor.

10. «Me sorprendió que me siguiera llamando igual»

Si una mujer embarazada entrase en una biblioteca y preguntara: «¿Cómo se desarrollará mi bebé?», el bibliotecario podría enseñarle algunos libros sobre desarrollo infantil. Sin embargo, si preguntara: «¿Cómo me desarrollaré yo como madre?», probablemente se quedaría sorprendido. La idea de que las *madres* se desarrollan no es un tema habitual para un libro.[140] Por el contrario, mucha gente cree que las madres corren el riesgo de estancarse. Sobre todo si una madre no sale a trabajar, la gente supone que está siempre en casa haciendo tareas aburridas y repetitivas que no la estimulan mucho.

Es cierto que algunas madres lo describen así. Pero ¿les ocurre a todas? ¿O algunas nos dan fragmentos de una historia distinta que no se ha escrito correctamente?

El otro día tuve que firmar un cheque, y me sorprendió que me siguiera llamando igual. Entonces pensé: «¿Tendré el mismo nombre después de pasar por todo esto?» No estoy segura de que pensara eso exactamente, pero así es como me sentí. [*O*, 4 semanas]

La gente dice: «¿Has vuelto a la normalidad?» No, no he vuelto a la normalidad. No espero hacerlo. Todo ha

cambiado desde que nació O. *Lo normal* ha cambiado.
[O, 6 semanas]

Tener un bebé te desarrolla. Te hace avanzar en nuevos aspectos. [A, 7 meses]

Me siento como si estuviera en una órbita diferente.
Antes estaba en otra órbita, y sólo me fijaba en las cosas de esa órbita. Ahora estoy en esta órbita, y me muevo en un sistema totalmente diferente. [O, 9 meses]

Es como lanzar una piedra a un estanque, que forma capas y capas de ondas. El bebé es como la piedra, y cuando nace se producen unos cambios inmensos. [O, 12 meses]

No parece que estas madres se sientan estancadas. Por el contrario, describen un cambio que a veces les resulta excesivo. ¿Qué tipo de cambio es ése y por qué es tan importante?

A las madres les resulta difícil explicarlo. Más que reconocerlo conscientemente, lo sienten. Como suele ser habitual, nos faltan palabras. Pero podemos adaptar algunas palabras corrientes, como «abrir» y «hacer espacio». Entonces podríamos definir el proceso como el modo en que una nueva madre se abre a sí misma para proporcionar suficiente espacio para acomodar a su bebé.

Podemos ver cómo se inicia este proceso durante el embarazo. La madre tiene que proporcionar un espacio físico en su útero. Este desarrollo es involuntario y no depende de lo que haga. Su útero sigue creciendo para crear el espacio necesario para que su bebé se desarrolle. Dar a luz exige una tremenda apertura física del cérvix (cuello del útero). En ese momento su colaboración voluntaria puede ser muy útil. Esto es especialmente importante durante el parto, cuando sus movimientos activos y precisos permiten a su hijo salir sin problemas. Después la cérvix de la madre se cierra de nuevo y su útero se contrae. Pero ahora la colaboración consciente de la madre es esencial. Tiene que abrirse de un modo diferente. Su conciencia se abre para acoger a su bebé, en un sentido figurado, como se ha abierto su útero en un sentido físico.

Con el tiempo el bebé crece y la intensidad de la atención de la madre se relaja poco a poco. La gente ha descrito la experiencia de una madre como un proceso de «liberación». Pero en cierto sentido nunca se libera por completo y no puede volver a ser la mujer que era. Cuando se abre a su hijo, algo permanece abierto dentro de ella. Ha cambiado profundamente, y para toda la vida.

Las madres suelen describir su sensación de cambio de un modo especial.

Suelo pensar cosas normales como: «Ahora tengo que peinarme y ponerme los vaqueros», lo que es muy extraño. No es propio de mí. Yo creo que eso es lo que me asusta. No es el aislamiento. Es que me estoy convirtiendo en una persona desconocida. [O, 8 semanas]

Sigo pasando nuevas páginas de una nueva personalidad. Ya no sé realmente cómo soy. [O, 4 meses]

Siento que tengo una nueva identidad, que es la de ser madre. Pero ¿qué ocurre con mi antigua identidad de trabajadora y mis otras identidades? ¿Lograré recuperarlas algún día? [*A*, 7 meses]

Una noche lloré por la persona que era antes. Necesitaba llorar su muerte. Me estoy redefiniendo a mí misma como madre. ¿Quién soy yo? No lo sé. ¿Y dónde está esa persona que solía ser? [*O*, 16 meses]

No sólo las madres primerizas experimentan este cambio:

Es difícil. Me encanta, pero es difícil. Y me pregunto dónde está mi identidad. Sé que debe estar en alguna parte, pero no puedo encontrarla. El otro día le dije a *P*: «¿Te acuerdas de M, ya sabes, esa mujer de la que te enamoraste y con la que te casaste?». [*A*, 3 años; *O*, 6 meses]

La expresión que utilizan las madres para describir este cambio es significativa. Es normal decir que un acontecimiento le cambia a uno la *vida*. Pero las madres dicen de forma espontánea que tener a sus hijos ha cambiado su *identidad*. ¿Qué quieren decir con esto?

Como mínimo, una mujer está diciendo que convertirse en madre no significa vivir en un continuo con un bebé añadido a su vida. De hecho, desde que nace, su presencia la cambia.[141] Para crear suficiente espacio en su vida debe hacer un cambio interno muy importante. Ya no puede permitirse el lujo de mantener sólo sus intereses en el primer plano de su conciencia. Tiene que compartir ese espacio especial con su bebé. Compartir no es fácil, sobre todo al principio, cuando descubre que tiene que seguir dando prioridad a los intereses del recién nacido.

Algunas mujeres rechazan la idea de este cambio. Algunas se niegan a hacerlo y buscan la manera de evitarlo. Pero muchas madres consiguen incluir a sus recién nacidos en el «espacio de atención» que hasta entonces tenían reservado para ellas. Sienten la buena noticia sobre sus bebés con una gran alegría y orgullo. Cualquier cosa preocupante dispara todas las alarmas. Incluso cuando el bebé está dormido o con otra persona, su madre es intensamente consciente de él. Si una madre tiene gemelos, hijos mayores o hijastros, necesita un tiempo para establecer sus prioridades.

Al principio, por motivos de seguridad, da una gran importancia a todo lo que tenga que ver con su recién nacido. La relación suele estar desequilibrada a favor del bebé. Los amigos suelen recordar a la madre que no debe olvidarse de sus propias necesidades. Sin embargo, el equilibrio cambia poco a poco a medida que la madre y el bebé se adaptan el uno al otro. Con el tiempo, la madre es capaz de continuar con su propia vida. Pero en una emergencia puede volver a dar prioridad a los intereses de su hijo menor. Si su hijo algo mayor, adolescente o incluso adulto, la necesita con urgencia, una madre es capaz de proporcionarle ese mismo espacio de atención. La voz familiar de su hijo, y sobre todo sus lágrimas, pueden reactivar los antiguos y poderosos sentimientos protectores de la madre.

Esto podría explicar por qué las madres dicen que cambia toda su identidad. Hacer este cambio para crear un espacio íntimo es un proceso complicado. Pero la parte más desconcertante para una madre puede ser la ausencia de una palabra positiva para reconocerlo. Puede pasar por alto momentos en los que lo está consiguiendo. Puede recriminarse a sí misma por no «hacer más» cuando está superando con éxito uno de los retos más difíciles de ser madre.

Soy una persona muy visual, y mi trabajo depende de mi capacidad para ver. Pero ahora mi visión se ha reducido totalmente. Sólo veo la cara de *A* a veinte centímetros de la mía, y no me importa nada más. Una amiga me dijo un día que estábamos en un sitio muy bonito, y ni siquiera me había dado cuenta. [*A*, 2 meses]

Este cambio se ha descrito casi siempre de forma negativa. Muchas feministas lo consideran un ejemplo de autosacrificio maternal.[142] Y algunos psicoanalistas lo han definido como el «masoquismo» de las madres.[143] Por un lado, la imagen de una madre infeliz sacrificando su identidad por su hijo no hace justicia al intrincado equilibrio de intereses que realiza la madre cuando la relación funciona bien. Por otro lado, es posible que las feministas y los psicoanalistas hayan podido identificar cómo se enfrentan algunas mujeres a la maternidad.

Con una educación estricta es posible aprender a prestarse muy poca atención a uno mismo. De esta forma resulta muy fácil hacer el cambio para dar prioridad al bebé. Es como tener una habitación preparada para él que ahora mismo está vacía. En cierto nivel, una madre en esta situación puede parecer muy generosa con su recién nacido. Sin embargo, puede estar utilizando a su hijo para llenar ese «espacio vacío». Si le da demasiado «espacio» en su vida, el bebé puede pensar que quiere que le compense por su falta de realización personal. No parece una buena manera de relacionarse con un niño. Sin embargo, tener un bebé puede darle una razón para considerar esto, y quizá preguntarse si podría relacionarse con él de otro modo.

Pero vamos a suponer que el «espacio» de una madre no está vacío. ¿Podría conseguir algún beneficio prestando a su bebé tanta atención? ¿No acabaría agotada si lo hiciese?

> Pertenezco a la generación egoísta. Me enseñaron a pensar que tenía que conseguir todo lo que quería. Pero tener a O me ha obligado a pensar de un modo diferente. Me ha dado la oportunidad de revisar todas esas ideas. [O, 8 meses]

Esto no parece un sacrificio de la identidad de la madre, sino un paso que podría llevarla a una nueva madurez. Ya no piensa en sí misma como en una persona «independiente». Está creando una relación con su bebé que pone en tela de juicio muchos aspectos de sí misma. Ser madre no es hacer una serie de tareas rápidamente. Lo principal es la relación. No es fácil adaptarse a compartir la vida con alguien, y el cambio puede resultar agotador.

> Te sientes como si no pudieras continuar. Es muy difícil. Y entonces, de alguna manera, descubres que puedes hacerlo. [O, 7 meses]

Esta madre ha utilizado un lenguaje muy sencillo para expresar un antiguo descubrimiento. Muchas madres dicen que justo cuando creen que van a darse por vencidas, dejan de luchar. Es entonces cuando parecen ser capaces de rendirse a algo que no exige tanto esfuerzo y siguen adelante.

¿Qué tipo de rendición es ésta? Relacionarse con un bebé normalmente significa reducir el ritmo de vida. Como crear suficiente espacio, este proceso suele comenzar durante el embarazo. Es difícil estar muy activa cuando tienes una pesada bolsa de líquido amniótico y un bebé dando patadas dentro de tu abdomen. Después del parto una madre puede intentar continuar con un ritmo de vida más rápido, pero enseguida se da cuenta de que a su bebé no le gusta correr. Necesita tiempo para explorar el mundo que le rodea. Se encuentra más contento si disminuye la velocidad. Sin embargo, el ritmo de la vida moderna es trepidante. Ser rápida y activa puede mantener a una madre conectada con el mundo y hacer que se sienta animada. Por el contrario, bajar el ritmo puede hacer que se sienta excluida, y quizá deprimida y desmoralizada. Nunca ha sido más difícil reducir el ritmo de vida por un bebé.

Este proceso le puede resultar extraño a una madre que trabaja. Reducir el ritmo de vida puede parecer un lujo inalcanzable, pero alguien tiene que cuidar a su bebé. Los empresarios no dejan que las madres lleven a sus hijos al trabajo, así que si la madre trabaja tiene que dejar a su bebé con alguien. Entonces hay una tercera persona esencial, o varias, incluida en esa relación. Puede que sea esa tercera persona la que tenga que reducir el ritmo. Las madres que trabajan suelen decir que acaban ocupándose de las cuidadoras, además de sus bebés, «como de una hija mayor», como decía una madre, aunque sean mucho mayores que ellas. Es muy probable que las cuidadoras no sean lentas, sino que estén intentando reducir el ritmo. Las «madres trabajadoras» no son una categoría rígida e invariable. Normalmente deciden renegociar. Presentan su dimisión, siguen trabajando, o llegan a un acuerdo para trabajar a tiempo parcial. Sin embargo, si una madre trabaja a jornada completa, tiene un tiempo limitado para ir a reuniones y hablar. La mayoría de las madres que se citan en este capítulo estaban de baja maternal, eran autónomas, trabajaban a tiempo parcial o no tenían trabajo. Algunas de sus experiencias les pueden resultar familiares a la mayoría de las madres. Sin embargo, una madre con un empleo a jornada completa puede descubrir que algunas de estas afirmaciones no concuerdan con su propia experiencia.

En cuanto me acostumbré a dar el pecho, empecé a ir de un lado a otro para visitar a todas mis amigas. Entonces el médico me dijo que *A* no estaba ganando suficiente peso. Me quedé horrorizada. Así que reduje el ritmo y ahora lo llevo mucho mejor. Eso es lo que he aprendido como madre, a fluir con mi hija. [*A*, 2 meses]

Estoy acostumbrada a andar rápida y llegar a alguna parte. Pero con *A* ya no lo puedo hacer. He disminuido mi ritmo, y es agradable. Siento que mi cuerpo está más denso. [*A*, 5 meses]

A veces tengo muchas cosas que hacer, pero cojo a *O* en brazos y me quedo ensimismada. Es asombroso. [*O*, 5 meses]

P y yo hemos estado en Babyland durante siete meses. Pero vino a vernos una amiga con la que había estudiado, y estuvo hablando a toda prisa de sus últimos exámenes. Entonces pensé: «¿Ha cambiado? ¿*O* *yo* era antes como *ella*?» [*A*, 7 meses]

He cambiado mucho. Siempre he sido muy impaciente y odiaba esperar a cualquiera. *O* me ha enseñado a ser paciente. Me costó aprenderlo, pero ¿qué otra cosa podía hacer? [O, 11 meses]

Ser madre enseña el valor de la paciencia como ninguna otra cosa. Una madre aprende enseguida que ser paciente es más eficaz que tener un arrebato de impaciencia, lo que hace que el bebé se altere y haya que calmarle de nuevo, y eso lleva mucho tiempo. Por lo tanto, la mayoría de las madres aprenden a ser pacientes. Si pudiésemos reunir la paciencia de las madres y convertirla en una sustancia visible, llenaríamos un océano. No tiene precio. Ocurre cuando una persona más fuerte no intenta imponer su opinión por la fuerza y respeta los deseos de la persona dependiente. Además de conseguir mejores resultados, esto proporciona a su hijo un modelo de referencia. La paciencia es una de las piedras angulares del comportamiento civilizado, que la mayoría aprendemos de nuestras madres. Incluso una madre que se considera «muy impaciente» pasa por alto muchos pequeños momentos en los que se aguanta una reacción impulsiva y recuerda lo pequeño e inexperto que es su hijo.

La paciencia forma parte del proceso de reducir el ritmo el vida. De esta forma una madre puede relajarse y vivir a un ritmo similar al de su hijo. Hace posible que tenga tiempo para fijarse en detalles. Muchas veces los detalles que observa le dan pistas esenciales para comprender a su bebé. Muchas madres dicen que nunca habían estado tan tranquilas. Esto puede parecer extraño cuando hemos visto la responsabilidad que tienen ahora. Pero viviendo a un ritmo más lento, una madre puede reconocer cuándo debe preocuparse. Está más en sintonía con su bebé. La tranquilidad le ayuda a ver la vida de un modo diferente.

Las personas mayores y las que padecen enfermedades crónicas también reducen su ritmo de vida y vuelven a apreciar las cosas sencillas de la vida. Pero no es necesario que tengan un bebé para hacer esto. A una madre le puede parecer un milagro ver cómo se emociona su bebé por cosas cotidianas en las que ella no se suele fijar.

A un recién nacido que está tumbado boca arriba, el techo le puede parecer importante. Un bebé algo mayor, que siente curiosidad por lo que está haciendo su madre, puede responder al ruido que provoca el arroz al caer en un cazo de metal, al agua que sale del grifo, al aleteo de una paloma o al gato que enrosca la cola. Para un niño que empieza a andar, el suelo y todo lo que hay cerca de él adquieren un nuevo interés. Una madre que intenta comprender a su hijo puede darse cuenta de repente de lo bonito que es un camino de grava. Desde esta perspectiva, puede parecer asombroso ver a todo el mundo tan apresurado. ¿Para qué tanta prisa?

Madre: Ayer llevé a *A* a dar un paseo. *Yo*: ¿Ayer? ¿No os mojasteis? *Madre*: Sí, pero a *A* le encanta la lluvia. Se quita la capucha, levanta la cara y dice: «¡Aaahhh!» [*A*, 6 meses]

Aprendes a relajarte y a disfrutar de las pequeñas cosas. [*O*, 12 meses]

Las mujeres temen a veces que reducir el ritmo y compartir la vida con sus bebés pueda volverlas locas o convertirlas en objetos inútiles. A algunas madres les resulta frustrante. Otras dicen que al adaptar su ritmo, aprenden algo nuevo sobre la vida.

Cuando estoy «dando vueltas» [con lo cual quiere decir que reflexiona sobre el sentido de su vida de forma que las preguntas parecen dar vueltas sin cesar], miro a A y la veo tan centrada en el presente que se me pasa. Cuando mira un lápiz, todo su ser está explorando ese lápiz y nada más. [A, 5 meses]

Ser madre pone a prueba tu capacidad de resistencia todo el tiempo. Como cuando O me necesita otra vez y pienso: «No me necesitas otra vez, ¿verdad?». Pero así es. Los problemas vienen si me resisto. [O, 8 meses]

Al principio me sentía fracasada como madre. Pensaba que no estaba hecha para esto. Todas las demás hablaban de horarios de comidas y horarios de sueño. Yo no podía. Me resultaba imposible dejar llorar a O. Y me alegro de haber perseverado. Ahora puedo ver cómo cambia de forma natural. No tengo que hacer nada que una persona como yo consideraría cruel. Supongo que no soy una persona con mucha confianza, pero he aprendido a confiar en él. [O, 15 meses]

A veces pienso que A es como una pequeña nuez que crece por dentro. [A, 21 meses]

Estos dos últimos años he pasado mucho tiempo dudando de mí misma. Ahora siento que hay una gran confianza entre nosotros. [O, 24 meses]

Al principio las madres se preocupan y se pueden sentir responsables por todo. Las madres de estos ejemplos descubrieron con el tiempo lo sensibles que eran sus bebés. Exigían lo que necesitaban. Era posible confiar en ellos. Esto va en contra de las teorías actuales sobre educación infantil. Ahora está de moda pensar que los padres tienen que enseñar a sus hijos a dormir. En la generación anterior la mayor preocupación era conseguir que los niños comieran alimentos sólidos a una determinada edad. Y antes de eso se insistía en que aprendieran a usar el orinal. No hay duda de que siempre habrá alguien que afirme que hay que enseñar a los bebés a hacer algo que los seres humanos son capaces de aprender de forma natural en su debido momento.

Esta seudoprofecía suele hacerse realidad. Si a un niño le inducen continuamente a hacer algo, su madre está asumiendo esa responsabilidad, y es muy probable que dependa de que ella sea responsable de eso. De este modo la madre se «convence» de que nunca habría aprendido a hacerlo sin su ayuda. Por el contrario, las madres que aprenden a confiar en sus hijos descubren una verdad esencial. Los niños son personas. Quieren ser independientes y no necesitan que les urjan; alcanzan cada objetivo en su momento. No pueden correr antes de aprender a andar, como nos recuerda un antiguo proverbio.

Una madre que confía en su bebé está confiando en *sí misma* para confiar en él. De repente pasa de ser una mujer sofisticada que controla el ritmo frenético de la vida urbana a adaptarse a un ritmo más lento que está más cerca de la naturaleza. Es una forma más armoniosa de relacionarse respetuosamente con otra persona. Cuando una madre comprueba que puede confiar en sí misma para confiar en su hijo, descubre una nueva tranquilidad.

Sin duda alguna ésta es la belleza de la serenidad maternal que los artistas del Renacimiento intentaron mostrarnos en sus cuadros y sus esculturas. Pero no es algo con lo que nacen muchas mujeres, y no parece ser un atributo permanente de ninguna madre. Es un logro pasajero. Las madres parecen tener periodos inesperados de esta serenidad armoniosa, la pierden de vista, y más tarde la retoman.

Una madre puede sentirse cansada y sudorosa a años luz de una madona de Rafael. Con un bebé, la mayoría de las madres no tienen mucho tiempo para pensar en su aspecto. Suelen comentar que ya «no se visten para impresionar». A algunas les gusta ducharse, lavarse el pelo y maquillarse todos los días, pero explican que lo hacen por ellas mismas. Otras se sienten liberadas al no tener que adaptarse a las expectativas sociales.

Soy una chica que antes nunca salía de casa sin pintarse los labios. [O, 2 meses]

Mis valores han cambiado rápidamente. Antes de tener a O, cortarme el pelo era muy importante para mí. Pero la semana pasada fui a la peluquería, con mi hermana para que tuviera a O, y me preguntaron si quería dejarme el flequillo. Eso antes habría sido una decisión *trascendental*, pero de repente no me importaba. [O, 2 meses]

Cuando veo en la calle a mucha gente que se preocupa tanto por su aspecto, me dan ganas de gritar: «¿Por qué os *molestáis*?» No quiero parecer arrogante, pero creo que he superado esa etapa. [O, 6 meses]

A veces se piensa que las madres pierden el interés por su aspecto y «se dejan llevar». Es probable que algunas lo hagan.

Hoy en día el uniforme típico de las madres es una camiseta y unos vaqueros. Los suaves vestidos de muselina que llevaban las madres de los cuadros de Mary Cassatt no son muy frecuentes en estos tiempos. Al fin y al cabo se trata de una generación de mujeres que han sido educadas para competir con los hombres en el mundo laboral. No es sorprendente que su atuendo sea unisex. Pero sus expresiones no lo son. Como madres ya no pueden adoptar ese aire de fría elegancia que se aprecia tanto hoy en día. Sin embargo, resplandecen con expresiones dulces y afectuosas. Es posible que Mary Cassatt las reconociera después de todo. A mí me parece que las madres actuales pueden ser increíblemente femeninas *porque* se visten con una gran sencillez.

Ser madre es sin duda alguna el punto culminante de nuestro desarrollo sexual. Hacia ahí nos llevan todos los cambios de la adolescencia, cuando comenzamos a tener pechos y a menstruar. Como madres alcanzamos la plenitud sexual. Algunas madres parecen saberlo, pero la mayoría no. Muchas se disculpan por su aspecto, como si tuvieran que estar siempre impecables en casas inmaculadas. Parte de este tema pertenece al siguiente capítulo. Es sorprendente que tan pocas madres se sientan guapas y sexualmente atractivas cuando no están arregladas. De vez en cuando una madre se aventura en una dirección desconocida para intentar desarrollarse.

De pequeña era un marimacho. Jugaba con chicos, y cuando jugaba con chicas hacía de chico. En la escuela me animaban a competir con los chicos y a demostrar que podía triunfar en el mundo de los hombres. Cuando me quedé embarazada, me daba miedo tener una niña porque pensaba que no sería un buen modelo para ella. Pero ahora la maternidad me ha permitido darme cuenta de que había reprimido la feminidad. Hace poco incluso me puse una falda, y casi nunca hago eso. Me siento muy *aliviada*. [O, 2 meses]

Una nueva madre puede confiar a otra mujer esos cambios tan profundos. Sus antiguas amigas son importantes. Pueden apoyarla porque se acuerdan de cómo era antes de convertirse en madre. La ayudan a recordar su «antigua identidad». Sin embargo, cuando una mujer se convierte en madre, se suele añadir una dimensión inesperada a la amistad.

Una amiga me preguntó: «¿Cómo estás?», y me eché a llorar. No estoy acostumbrada a no ser invencible como antes. [A, 4 semanas]

Mi amiga no puede tener hijos. Me daba miedo verla de nuevo, pero no quería perder una amistad tan buena. Al final fui a verla, y estuvo muy a gusto con O. Fue un gran alivio. [O, 5 meses]

La gente piensa que soy más fuerte de lo que parezco, así que no me ofrecen su ayuda. Por ejemplo, cuando una amiga llama al timbre, recupero la compostura, y no se da cuenta de que estaba mal justo antes de que llegara. Ahora sé que soy yo la que debe pedirles ayuda. [O, 5 meses]

No todas las amistades sobreviven. Convertirse en madre puede poner de manifiesto convicciones profundas sobre cómo educar a un bebé. A veces las madres se ponen en contacto con amigas con las que antes se llevaban bien, pero descubren que ahora se sienten divididas. Ambas dicen que hay un abismo insalvable entre sus creencias.

Anoche fui a cenar con una antigua amiga, pero creo que ya no lo es. Me dijo sin pestañear que dejaba llorar a su bebé cuando tenía cuatro meses, y que se quedaba al pie de la escalera resistiendo la tentación de subir. «*Tenía* que hacerlo. Necesitaba recuperar mi vida —dijo—. No podemos ser todas como *tú*, M.» He estado despierta la mitad de la noche pensando en ella y en lo que podía haberle dicho. Me sentó fatal. [*O*, 14 meses]

Normalmente una mujer tiene un círculo de amigas más ocasionales además de las íntimas. Pero justo cuando más las necesita, se da cuenta de que muchas de ellas están ocupadas trabajando todo el día. Algunas han podido decidir no tener hijos, al menos de momento. Otras pueden tener bebés, pero han vuelto a trabajar y no tienen mucho tiempo para hablar. La maravillosa red de apoyo femenino que antes era tan flexible pero tan segura y eficaz parece funcionar ahora en los lugares de trabajo.[144] He oído hablar a algunas madres, casi llorando, de las fiestas de Navidad de la oficina a las que ya no las invitan.[145] Las madres que viven en barrios pueden charlar con una nueva madre en la calle como si fueran miembros de un club informal. Pero no es lo mismo que pertenecer a un grupo de gente que se encuentra todos los días. ¿Cuál es ahora su sitio?

Me resulta muy difícil equilibrar la soledad con tener la suficiente compañía. Necesito estar sola con *O* para conocerle. Pero si estoy mucho tiempo con él hasta que vuelve su padre, es demasiado. [*O*, 3 meses]

Hacía un día muy bonito, así que llevé a *A* a pasear al parque. Estaba lleno de pequeños grupos de madres, y todas parecían muy felices. De repente dejé de sentirme feliz. Me vi como una madre *sola* en el parque. [*A*, 3 meses]

Lo que me ha ayudado realmente a lo largo de este año es la amistad de otras madres. Al principio me encerraba en mí misma y no podía relacionarme con nadie. Pero luego me di cuenta de que la gente era abierta y generosa. Ahora yo también soy más abierta y generosa, y tengo muchas amigas con las que puedo hablar. [*O*, 12 meses]

Estos vínculos con otras madres son esenciales. Suelen centrarse en cuestiones prácticas relacionadas con el cuidado del bebé más que en cuestiones íntimas sobre la identidad de la madre. Pero al menos ahí una madre puede encontrar consuelo y comprensión. Surgen códigos de conducta, como si es correcto prestar y compartir o hasta qué hora puede llamar una madre a otra cuando se siente ansiosa. Se da por supuesto que una madre pueda asustarse con facilidad por su hijo, y mantener el control con el de otra. Estos grupos flexibles de madres son ahora tan solidarios como lo han sido siempre. Ser madre enseña a una mujer el valor del generoso apoyo que pueden darle otras mujeres.

Las cuestiones más urgentes que comparten las madres están relacionadas con la salud de sus bebés. Muchas nuevas madres nunca han pensado en ese asunto. De repente tienen que hacer frente a todo esto, especialmente al complejo tema médico de las vacunas infantiles. A pocas madres las han educado para eso. Esta generación se enfrenta a más variables que las anteriores, y normalmente es difícil saber en quién confiar. Las madres leen lo que pueden, pero en muchos casos no hay información disponible que les permita tomar decisiones bien informadas. Muchas veces están obligadas a tomar decisiones difíciles —de las que serán responsables— que pueden tener consecuencias imprevisibles para sus hijos. Esto no es fácil. También hay otros problemas de salud que pueden surgir en cualquier momento. Algunas madres se encuentran llevando a sus bebés al médico varias veces a la semana. Al menos un médico les dirá si hay algún motivo de preocupación.

O tuvo un eccema. Tenía la cara llena de manchas rojas, estaba hinchado y no dejaba de gritar. Era terrible. Creo que soy demasiado sensible para ser madre. [O, 8 semanas]

He leído información a favor y en contra de las vacunas, y los argumentos dan pánico. Parece que hay riesgos en ambos lados. [A, 2 meses]

Soy enfermera, pero la semana pasada, cuando O estaba enfermo, no podía tomarle la temperatura. No podía confiar en mí misma. Le llevé al hospital y le dije al médico: «¡Hágalo usted!» [O, 4 meses]

O ha estado bastante enfermo durante un mes. Me resulta muy difícil cuidarle cuando está enfermo, porque creo que se va a morir. Antes era como una niña que siempre pedía ayuda a los demás, aunque tengo casi cuarenta años. Tener a O me ha hecho ser más madura. [O, 15 meses]

Una madre con discapacidad dijo que esa mañana su asiento de la ducha había estado «a punto de caerse encima de O». Luego añadió que se había quedado atrapada con el asiento de la ducha y que no podía moverse. Aún estaba conmocionada, y siguió hablando de lo que le podía haber ocurrido a O. Le pregunté tres veces si ella estaba bien, pero no me respondió.

Es una lástima que esta forma de pensar se considere simplemente «preocuparse», porque si el niño está enfermo, las ideas de la madre respecto a su salud y su seguridad pueden ser esenciales. En siglos anteriores los miembros de una familia consultaban a la madre como ahora consultamos al médico de cabecera. «Todo el mundo acudía a la señora de la casa cuando ocurría un accidente en casa o en la granja, cuando había síntomas de fiebre en la habitación de los niños o en la cocina, o cuando alguien tenía un ataque de epilepsia», afirmaba Christina Hole en *The English Housewife in the Seventeenth Century* [El ama de casa inglesa en el siglo XVII].[146]

Cuando leí esto por primera vez, pensé que era una historia pasada. Pero no lo es, como suelen comprobar las madres. Muchas veces tienen que utilizar sus propios recursos de un modo tradicional. Con niños pequeños las emergencias surgen de repente. Es posible que el médico no esté disponible inmediatamente, o que no haya tiempo de buscar los síntomas en Internet aunque tenga un ordenador. Tiene que reaccionar lo mejor posible con lo poco que sabe, como han hecho siempre las madres. Entonces, todas las crisis anteriores por las que ha pasado, cuando la gente la criticaba por «preocuparse tanto por su bebé», se convierten en una valiosa experiencia que le ayuda a responder lo mejor posible ante esa nueva situación.

A medida que el bebé crece, su madre puede tener más confianza en su supervivencia inmediata. Pero entonces empieza a pensar en su futuro.

> He estado enferma, y aún me siento un poco débil y deprimida. A veces lloro pensando en todo el dolor que *O* va a tener que soportar a lo largo de su vida. Todo el mundo sufre. [*O*, 10 meses]

> Delante de mi casa un coche atropelló a un hombre. De repente empecé a preocuparme por lo que le podría ocurrir a *O*. Era insoportable. No pude pensar en eso mucho tiempo. [*O*, 12 meses]

No sólo se preocupa por su bebé. Su bebé depende de ella. Cuando se le ocurre esa idea, surgen nuevas ansiedades. Inevitablemente, las madres comienzan a preguntarse qué les pasaría a sus bebés si a ellas les fallara la salud. En los poemas y los diarios escritos por madres de siglos anteriores podemos ver que la salud de una madre siempre ha sido una preocupación importante. Hoy en día, las probabilidades de una mujer de sobrevivir al parto son muy altas. Es muy posible que antes de ser madre una mujer nunca haya pensado en que podría morir. Pero tener un bebé puede hacer que esa idea de mortalidad cobre fuerza.

* * *

Cuando nació *O*, me empecé a asustar por mi propia muerte. De repente me di cuenta de lo terrible que sería para él. [*O*, 5 meses]

Estas preocupaciones se suelen considerar morbosas, pero sin duda alguna las madres se enfrentan a las realidades de la vida. Normalmente se imaginan una serie de situaciones catastróficas. Pensar en ellas parece ser una forma de prepararse por si tienen que hacer frente a esos problemas algún día.

Las madres pasan mucho tiempo pensando en el futuro. Sobre todo si da el pecho, una madre puede pasarse horas con su bebé dormido en los brazos. Sus ojos recorren su cuerpo de arriba abajo innumerables veces. ¿Quién es esa persona tan extraordinaria y sensible? Su curiosidad la lleva a hacer observaciones detalladas sobre él. Esto puede ser, cuando menos, tan fenomenológico como los datos de los investigadores psicológicos. La mayoría de las madres no son licenciadas en psicología infantil, y suelen hablar con humildad de lo que ven. Pero sus ideas y observaciones son asombrosas.

Como psicóloga estoy descubriendo cosas acerca de mi bebé que contradicen todo lo que he estudiado. [*A*, 6 semanas]

Madre: *O* se despierta por la noche pensando en gatear. *Yo*: ¿Cómo lo sabes? *Madre*: Se pone de rodillas en la cama y se balancea hacia delante y hacia atrás. [*O*, 5 meses]

¿Por qué todos los bebés se tocan la cabeza unos a otros? Parece algo universal. [*O*, 7 meses]

• • •

No creo que un niño pueda ser malo y mirarte al mismo tiempo. Cuando O no está seguro, me mira a la cara. Pero cuando sabe que está haciendo algo que no le dejo hacer, no me mira. [O, 14 meses]

Al conocer a su bebé una madre también aprende a conocerse a sí misma. Es una parte esencial de la interacción.

Antes miraba a O y pensaba para mis adentros: «¿Estás bien?» Luego pensaba: «No, esto es ridículo. Estoy pensando que si *él* está bien, *yo* puedo sentirme bien». Así que le he dado la vuelta, y funciona. Si *yo* estoy bien, O está en sintonía conmigo y también está bien. [O, 6 meses]

Me he dado cuenta de que si yo estoy de mal humor, O está mal, P está mal, el gato está mal y mis plantas están mal, mientras que si estoy contenta, todos estamos bien. [O, 14 meses]

He aprendido a escucharme a mí misma. Muchas veces mis sentimientos agravan el problema. Mi padre murió cuando O tenía cuatro meses. Yo estaba muy triste y lloraba mucho. O se negó a comer durante ocho horas. Le ponía en el pecho y lo rechazaba. Ahora me doy cuenta de que le afectaba cómo me sentía. [O, 2 años; A, 4 meses]

Los bebés pueden mostrar una sensibilidad asombrosa hacia sus madres. Esto no es indiferente o neutro. Pueden ser

271

muy cariñosos y apasionados. Muchas madres son autocríticas y tienden a subestimar el bien que hacen. Una madre puede descubrir con su bebé lo que se siente cuando otra persona te acepta totalmente. Su bebé puede ayudarla a reconocer y valorar su auténtica bondad.

A un extraño todo esto le puede parecer introspectivo. ¿No se preocupan demasiado las madres por sus bebés? ¿No exageran las cosas? Se puede oír la impaciencia en la voz del doctor John Cobb cuando ordenaba a las madres: «Haz todos los días algo que no tenga que ver con tu bebé. Aunque sólo sea media hora de otro tipo de vida, aléjate de ese bebé y de esa rutina de vez en cuando para poder disfrutar de otra dimensión de tu vida además de la maternidad».[147]

Podemos comprender la reacción del doctor Cobb, pero sus palabras indican que no aprecia los enormes cambios que experimentan las madres. Aunque hagan «algo que no tenga que ver con sus bebés», les puede resultar difícil concentrarse. Una madre no se preocupará siempre por su bebé, pero de momento está aprendiendo a relacionarse con él. Su sistema de maternidad está adquiriendo forma. Sin embargo, el doctor Cobb no era el único que pensaba que esa preocupación era absurda. Chéjov hace una parodia de este tipo de madre en *Las tres hermanas*, donde el personaje de Natacha entra en escena en medio del drama familiar, pero sólo ve a su bebé, Bobik.[148]

Chéjov es un gran escritor, y muchas generaciones se han reído de Natacha. Pero ¿es esto justo para las madres? ¿Pueden estar tan abstraídas con sus bebés y preocuparse tan poco por los demás? Sólo tenemos que escuchar. Cuidar a su bebé suele hacer que una madre sea más consciente de la vulnerabilidad de otras personas. Lejos de apartarse del mundo exterior, las madres suelen ser muy sensibles socialmente.

＊＊＊

Cuando ves a un mendigo en la calle piensas que algún día fue un *bebé*. Y te preguntas quiénes fueron sus padres. [*O*, 8 semanas]

Llevé a *A* a la exposición de Ana Frank, y había una conferencia que me afectó profundamente. *A* es medio judía, pero me afectó de todos modos. Con *A* en mis brazos sonaba diferente. [*A*, 11 semanas]

Ser madre me ha cambiado mucho. Me ha dado sentido y determinación. Cuando me despierto por las mañanas, pienso en hacer que la vida sea un lugar mejor para *O*. Siempre he tenido ideas vagas, pero ahora son firmes. [*O*, 9 meses]

Estos sentimientos se deben comprender en su justa medida. Es posible que para una madre no sean cuestiones generales y abstractas. Se está relacionando con un bebé particular, y por lo tanto puede ver el mundo de forma mucho más personal. Las generalizaciones son poco fiables. Normalmente las madres se centran en injusticias concretas. Tener un bebé les suele permitir ver la sociedad desde una perspectiva diferente, con mayor conciencia de la vulnerabilidad individual.

Las madres pueden desconfiar de un idealismo muy elevado. Después de todo, ser madre es en gran medida un proceso de afrontar la realidad. La mayoría de las mujeres embarazadas tienen nueve meses para considerar qué tipo de madres quieren ser. Casi todas tenemos el propósito de ser pacientes con nuestros hijos y darles lo que no hemos tenido nosotras, junto con muchas otras ambiciones heroicas. Sin embargo, al convertirnos en madres nos curamos rápidamente de todo eso. Aprendemos todo tipo de lecciones de humildad sobre lo que es posible realmente.

Antes de que naciera O, compré algunas bellas telas para coser; también quería hacer pan. Pensaba que podría dejarle en la cuna y hacer muchas cosas. Pero ¡escasamente logro vestirme! [O, 5 semanas]

Cuando miro a O me parece que es como tener un vestido nuevo. No quieres ponértelo porque podrías mancharlo. Pero por desgracia no puedo tener a O guardado en un armario para siempre. [O, 3 meses]

He pasado por un proceso de duelo por el parto natural que no pude tener y por no poder dar el pecho. Primero me hicieron una cesárea, luego tuve anemia y tuvieron que hacerme una transfusión de sangre. No podía producir suficiente leche. Pero ahora estoy empezando a disfrutar siendo madre. [O, 4 meses]

Pasé nueve meses antes de que naciera A intentando ser emocionalmente perfecta para ella. Pero supongo que tiene que vivir conmigo como soy. [A, 6 meses]

Un segundo bebé puede subrayar este tipo de convicciones.

Con mi primer bebé sabía que estaba embarazada y noté todos los cambios. Ahora tengo que trabajar y cuidar a O, y mi padre ha estado enfermo, así que no he tenido tiempo de pensar en este bebé. Todo está ocurriendo sin más. [*O*, 15 meses; futuro bebé, 17 semanas]

Me he dado cuenta de que no hay una «manera adecuada». Con mi primera hija estaba tomando decisiones importantes todo el tiempo. Ahora estoy mucho más tranquila y me permito el lujo de cometer errores. [*A*, 2 años; *A*, 3 meses]

Esto no significa que las madres crean que pueden aceptarse hagan lo que hagan. Muchas madres se pasan mucho tiempo analizando lo que hacen, no sólo desde un punto de vista práctico sino también moral. La mayoría de las mujeres embarazadas temen secretamente convertirse en unas madres terribles. Por lo general, los peores temores de una madre están infundados. Pero ¿qué ocurre cuando no alcanza uno de sus ideales? No puede pretender que no es importante.

Hay culpabilidad apropiada e inapropiada. Si no la sintieras, estarías muy satisfecha contigo misma. [*A*, 7 meses]
Puedes aprender mucho de las cosas que haces mal. Tienes que ser consciente de eso. [*O*, 13 meses]

La mayoría de la gente subestima cuánta energía necesita una madre para controlar su ira. La tentación de dejar de ser paciente y desahogar sus frustraciones con su hijo siempre está ahí. Para ser más precisos, con un recién nacido es fácil considerar la ira inapropiada. Pero cuanto más crece, más puede parecer un igual. Para una madre puede ser tentador pasar por alto lo pequeño que es y lo desconsolado que se siente cuando ella despliega su ira. Las madres no reciben el reconocimiento que merecen por sus esfuerzos diarios de autocontrol.

El otro día *O* me dio un golpe con la cabeza y estuve a punto de desmayarme. Me dolió muchísimo. Soy una persona voluble, y me sorprende que no reaccionara. *Conozco* a *O*. Fue casual. No fue culpa suya. No quería hacerme daño. [*O*, 8 meses]

Estábamos en un atasco y *A* estaba chillando. Necesitaba orinar, y pensé: «Si me desvío, me mojaré». No podía soportar los chillidos de *A*. Me estaba poniendo tan nerviosa que temía hacer algo que pudiera hacerle daño. Entonces bajé la ventanilla y grité hacia la carretera: «¿PODRÍAS CALLARTE?» El hombre del coche de atrás me miró divertido. Me sentí mejor, pero a *A* la alteró que gritara y estuvo lloriqueando todo el camino de vuelta a casa. Supongo que los bebés se irritan y pueden expresar todas sus emociones, pero se supone que nosotras no debemos hacerlo. [*A*, 9 meses]

Me enfadé con *O* y se echó a llorar. Consiguió dejar la lavadora bloqueada en el programa de secado durante dos horas. Los únicos vaqueros que me quedaban bien y un jersey que me había hecho mi madre acabaron encogidos. No es culpa de *O*. Es su curiosidad natural. Pero no pude evitar sentirme furiosa. [*O*, 11 meses]

. . .

Aprender a controlar la ira puede ser difícil, pero eso no significa que la madre que está en casa con su bebé se quede necesariamente «bloqueada» y «estancada». Relacionarse con su bebé le anima a desarrollarse en muchas direcciones.

Tampoco está aislada del resto de la sociedad. La gente supone a veces que si una madre no se gana la vida, está de algún modo «fuera» de la sociedad, sin un papel social. Sin embargo, las madres tienen un papel social muy preciso. Como no hay una palabra para él, no suelen reconocerlo. No son conscientes de con cuánta frecuencia lo desempeñan y se plantean si lo están haciendo bien. Son intermediarias. Se relacionan tanto con sus hijos como con los demás. En muchos casos tienen que explicarles a sus hijos situaciones sociales sutiles con un lenguaje sencillo. Pero a veces también se encuentran explicándose y pidiendo disculpas a otras personas por ellos.

Las madres hacen esto continuamente. Una vez vi a una madre con sus hijas gemelas delante de una cafetería de Hampstead Heath. Primero intentó explicar los sentimientos de una de sus hijas a una mujer llamada Maggie, y luego intentó explicar su conversación con Maggie a la gemela:

A quiere saludar a tu perro. Le asustan los perros, pero a su manera está intentando superarlo. Ven aquí, A, mira qué perro más *bonito*. *¡Hola, bonito!* Muy bien, Maggie, nos veremos luego en el parque. Hasta luego. ¡Ay, *preciosa*, qué pena! Sí, ya sé que el perro se ha ido. Se ha ido con Maggie, pero lo veremos dentro de un rato en el parque y lo saludaremos otra vez. De verdad. ¡*Pobre A*, qué pena que el perro se haya ido! Vamos a recogerlo todo enseguida para poder ir al parque. [Gemelas, unos 2 años]

Las madres suelen encontrarse a menudo en este tipo de situaciones, que exigen sensibilidad, observación y tacto. Tienen que ser rápidas para percibir malentendidos y pensar con claridad para resolverlos.

Como madre te vuelves una esponja. No tenía ni idea de que podía ser tan sensible a cómo reaccionara la gente conmigo y con mi hija. [A, 7 meses]

A veces la paciencia, la sensibilidad y el tacto se desvanecen. Una madre que se sorprende de lo paciente que puede ser con su hijo puede sorprenderse también de la ira que puede desplegar para defenderle. Las madres suelen decir que no tenían ni idea de que pudieran ser tan enérgicas.

Hace que tenga más seguridad en mí misma como persona. Las cosas que tienen poca importancia desaparecen. Incluso le dije a mi padre lo que pensaba de él. ¡Pensar que antes de tener a O era la niña de papá! [O, 9 meses]

Cuando estaba subiendo al autobús con O en su cochecito, aparecieron de repente dos señoras mayores y empezaron a darme empujones. O estuvo a punto de caerse a la carretera. Me puse furiosa, y extendí los brazos para detenerlas. Hace un año no me habría atrevido a hacerlo. [O, 10 meses]

La gente sugiere a veces que las madres deberían salir sin sus bebés para descansar de su trabajo y su responsabilidad.

Parece una buena idea, pero durante el primer año puede resultar difícil. En el capítulo 9 veíamos con cuánta intensidad desea una madre permanecer cerca de su bebé. Cuando sale sin él, suele seguir siendo muy consciente de su papel como madre.

Fui con una amiga a un *pub*. Era la primera vez que dejaba a A de esa manera. Estaba tan abstraída pensando en ella que pasó media hora antes de que pudiera escuchar lo que decía mi amiga. Había unos tipos mirándonos, pero yo no me había dado cuenta. Ya no estoy en el mercado. ¡Soy una mamá! [A, 7 semanas]

Cuando A era más pequeña, salí un día con una amiga y le dije: «Tengo que volver, A está llorando». Al darme cuenta de lo que estaba diciendo me quedé sorprendida. ¿Cómo podía saber que A estaba llorando? Pero al volver a casa comprobé que era cierto. [A, 7 meses]

Hace poco fui a una ferretería, y me sentía muy rara sin A. Acabé comprando lo que no debía: pintura, brochas y disolvente; todo equivocado. [A, 7 meses]

Cuando una madre intenta unir sus dos mundos, se da cuenta de lo que se ha desarrollado. Es posible que haya reconsiderado muchas de sus creencias anteriores. Su ritmo de vida puede ser más lento, y es probable que sea más práctica y pueda centrarse mejor en las cuestiones que considera importantes, aunque su jefe no se dé cuenta o no lo aprecie. Jean Baker Miller ha escrito un libro, *Towards a New Psychology of*

Women [Acerca de una nueva psicología de la mujer], en el que afirma que las madres desarrollan nuevas capacidades que las convierten en empleadas muy competentes.[149] Pero pocos empresarios las reciben bien como madres. Por lo tanto, muchas creen que hay un abismo insalvable entre la maternidad y, como decía una madre, «el afilado mundo del trabajo».

Tuve que ir a una reunión en mi antiguo trabajo, y me sentí muy abrumada. Era como si mis dos vidas confluyeran. No podía unirlas. Fue una experiencia abrumadora. [*O*, 4 meses]

Ser madre ha hecho que pierda toda mi confianza. Pienso en mi antigua vida —me dedicaba al mundo del espectáculo— y sé que no podré volver a hacerlo. [*A*, 6 meses] *Pero se equivocaba. Poco después de decir esto la eligieron para representar el papel de una madre en una obra de teatro, y su carrera de actriz despegó a partir de ahí.*

Volví a trabajar unas semanas por primera vez después de cuatro años de ser madre. Trabajo con mucho equipo, así que lo puse en marcha rápidamente. Pero los demás no tenían ninguna prisa y me preguntaron si quería un café. Luego —no me lo podía creer— decidieron salir a tomar algo. Mi jefe tiene tres hijos menores de cinco años, y estoy segura de que su mujer está en casa pensando que trabaja muchísimo. Antes pensaba que era muy duro. Pero ahora, después de ser madre, me parece muy fácil y tranquilo. [*O*, 4 años; *A*, 1 año]

● ● ●

Una de las diferencias esenciales es que en el trabajo normalmente hay fechas y plazos estrictos, mientras que vivir con un bebé es más rítmico y relajado.

Antes me encantaba mi trabajo. Ahora no es lo mismo. Veo a mis clientes durante una hora en una sala que está al fondo de un pasillo. Pero estoy deseando coger a O en brazos. Y algo ha cambiado. Tardo media hora en calmarme y estar otra vez con él. No dejo de pensar que sólo es una hora de trabajo, y no debería sentirme así. Pero empiezo a «desconectar» la noche anterior, y pienso: «Será mejor que prepare la ropa y me vaya a dormir. Mañana tengo que trabajar». Entonces no estoy con O. Y ese día no se repetirá nunca. Espero tener otro bebé dentro de unos años. Pero no será como O. La vida con un bebé se desarrolla como las olas del mar. [Hizo un suave gesto ondulante con la mano.] Y el trabajo es… [Simuló que estaba cortando lonjas de algo con rapidez.] [O, 6 meses]

Una vez más, este cambio no es permanente. Ser madre no aparta a una mujer de su trabajo para el resto de su vida. Muchas madres salen a veces de un estado más tranquilo con energía renovada y quieren seguir trabajando. Esto suele ocurrir cuando creen que sus hijos han alcanzado un nivel de independencia determinado. Las madres que no quieren volver a trabajar parecen pensar que sus hijos las necesitan. No debemos suponer que se aferran neuróticamente a la maternidad. Pertenecen a una generación de mujeres para las que es normal tener un empleo. Cuando se sienten preparadas, expresan con pasión su deseo de volver a trabajar.

> Trabajo pocas horas a la semana, y la diferencia es increíble. Es como salir de una burbuja. Es un cambio de perspectiva total. [*A*, 7 meses]

> Ahora me parece que *O* es una persona real. No es lo mismo que yo. Y por primera vez no estoy pensando en él todo el tiempo. He empezado a pensar en mí y en lo que quiero hacer con mi vida. [*O*, 9 meses]

Las madres que están preparadas para continuar trabajando han dejado de ser hace tiempo novatas desbordadas por sus bebés.

> Todas las semanas me digo a mí misma: «Ahora es mejor». Es muy probable que la semana que viene vuelva a decirlo. [*A*, 4 meses]

> Es como cuando has estado enferma y dices: «Ahora estoy *mucho* mejor». Entonces, un mes después, te das cuenta de que realmente no estabas mejor. Ser madre es así. Ahora me parece mucho más fácil. Pero al seguir avanzando, seguro que vuelvo a decirlo. [*O*, 11 meses]
> *Eso es exactamente lo que hizo.*

Parte de ese cambio consiste en aceptar su nueva identidad. En apariencia se ha convertido en madre, y debería ser una verdad evidente. Pero puede tardar un tiempo en acostumbrarse a esta situación.

Mi madre vino al hospital para el parto de O. Justo antes de que naciera le oí decir a un médico: «Vamos a llevar a la madre a la sala de partos». Sé que parece raro, pero pensé: «¿Para qué van a llevar a mi *madre* a la sala de partos?» No estaba pensando en mí como madre. [O, 4 meses]

Aún no me siento como una madre, pero me encuentro diciendo: «Lo siento, cariño, mamá te va a cambiar el pañal. Ya sé que no te gusta. Qué cosas más tontas hace mamá, ¿verdad?» Y tengo que hacer un doble papel. En cierto sentido, *soy* la madre de A. [A, 3 meses]

Ser madre es como un sueño. No me lo puedo creer. Ahora A dice «¡Mamá!», y estoy empezando a convencerme de que no se refiere a mi madre. Está hablando de *mí*. [A, 16 meses]

Cuando las madres miran hacia atrás, su vida anterior, antes de que tuvieran hijos, les parece remota e irreal.

Al pensarlo ahora, no me acuerdo de lo que solía hacer los fines de semana antes de tener a O. [O, 4 meses]

No me puedo imaginar cómo era antes. ¿Qué hacía por las tardes antes de tener a A? Debía tener mucho tiempo libre. [A, 12 meses]

• • •

Esto no es un fallo de la memoria. Las madres cambian profundamente. Entonces les resulta difícil recordar cómo solían ser.

Es como cambiar de piel. Estoy asombrada de cómo soy ahora. [O, 7 semanas]

Me encanta mi profesión y pensaba que no querría tener hijos. Pero en cuanto nació A pensé: «Éste es mi verdadero Yo». [A, 5 meses]

Me he convertido en una persona más agradable. Ahora soy mucho más comprensiva con los demás. [A, 10 meses]

Me siento satisfecha. Iba a tomarme dos semanas para ocuparme de A antes de comenzar con mi trabajo, que me encanta. Pero no he empezado aún. Ser madre te hace ver las cosas de otro modo, y me ha ayudado a aceptar que éste es un gran cambio en mi vida. [A, 13 meses]

Parece una paradoja que una mujer pueda comenzar sintiendo que está perdiendo terreno en su nueva vida como madre. Sin embargo, unos meses después puede darse cuenta de que se conoce mejor a sí misma.

Estos últimos cuatro meses han sido los mejores de mi vida. He descubierto una felicidad mucho más profunda de la que conocía antes. [O, 4 meses]

La gente solía decir que no tenía sentido del humor. No lo sé. Cuando era más joven no tenía muchos motivos para reírme. Pero ahora me río todos los días. *A* me hace reír. Nos lo pasamos muy bien juntas. [*A*, 9 meses]

Sola no cantaría. No iría por toda la casa bailando y cantando: «Qué bonito es mi bebé». [*O*, 11 meses]

Estar con *O* es muy divertido. No me he reído tanto desde que nací. Todos los días hace algo nuevo, y le quiero muchísimo. [*O*, 11 meses]

He hecho todo tipo de trabajos, y he disfrutado con ellos. Pero la maternidad es lo primero que he hecho tan bien. No soy perfecta, pero creo que lo estoy haciendo lo mejor posible. Doy gracias a Dios por darme la oportunidad de trabajar así como madre. [*O*, 2 años; *O*, 6 semanas]

Me gustaría resumir este cambio, pero no encuentro las palabras adecuadas. Cuando estoy sentada con un grupo de madres, todo es tan evidente que no parece que haya nada que explicar. En casa, delante de mi mesa, es tan diferente que creo que lo he perdido.

Sin embargo, al recordar algunas de las afirmaciones negativas que se han publicado sobre la maternidad, se despierta mi ira, y con ella algunas palabras. Por ejemplo, hay un libro de Jane Price, psiquiatra y psicoterapeuta, titulado *Mother-*

hood: What It Does to Your Mind [Maternidad: Qué te aporta a tu yo]. El capítulo 9 trata de «Los efectos devastadores de la maternidad»,[150] pero no hay ningún otro capítulo que hable de los efectos beneficiosos de la maternidad para la mente de una mujer. Es una omisión vergonzosa.

Los niños son muy inteligentes y no dan nada por supuesto. Para nuestra mente es muy beneficioso intentar seguir su ritmo. «La naturaleza habla con mil voces, y sólo hemos comenzado a escuchar», afirman Ilya Prigogine e Isabelle Stengers en *Order out of Chaos*.[151] Pero las madres llevan miles de años escuchando. Las madres que observan a sus bebés han creado orden donde antes había caos mucho antes de que los científicos actuales comenzaran a hacerlo. A medida que los niños crecen, las madres se encuentran con cuestiones inesperadas sobre tecnología, espiritualidad —especialmente sobre la vida después de la muerte—, semántica o filosofía moral. Sin duda alguna esto significa que no estamos destruyendo nuestra mente. Estamos utilizándola constantemente.

Niño: Mamá, ¿por qué está este peldaño [de cemento] tan liso? ¿Lo alisa un hombre?

Madre: Sí. No, no tengo ni idea. No sé qué responder. ¿Cómo se alisan los peldaños? *O* siempre me está haciendo preguntas que no puedo responder. [*O*, 3 años]

Lo que aprendemos de nuestros hijos es que no necesitamos ser enciclopedias repletas de información. No necesitamos ser perfectas. Esta madre se tomó la pregunta de su hijo en serio y le respondió con sinceridad. Al bajar la escalera detrás de ellos, vi que *O* estaba relajado y satisfecho con su respuesta. Noté el cariño que sentía por ella. Para él era lo bastante perfecta.

Éste es un breve resumen de un campo apasionante del que se podría decir mucho más. Pero sin duda alguna tenemos que reconocer que tener un bebé no significa que una mujer deba quedarse «estancada» en casa con actividades que «paralicen» su mente. Relacionarse con su bebé le proporciona infinidad de oportunidades para desarrollarse en muchas direcciones.

Además, a medida que cambia el resto de sus relaciones, cambian con ella. Las nuevas madres hablan especialmente de sus relaciones con los padres de sus hijos y con sus propias madres. Trataremos estos temas en los dos siguientes capítulos.

11. «Gritando a mi pareja»

Muchas mujeres dicen que al mirar hacia atrás se dan cuenta de que no estaban preparadas para convertirse en madres. ¿Les sucede lo mismo a los hombres? El sociólogo Brian Jackson, que entrevistó a una muestra de cien padres primerizos, señaló: «La irrealidad de su preparación para la paternidad era impresionante».[152] ¿Qué ocurre cuando una pareja tan poco preparada tiene un primer bebé?

Hablando con madres, y reflexionando sobre lo que comentan, he podido extraer unas cuantas conclusiones generales. Este capítulo es un primer paso en un tema muy amplio. Las conversaciones con las madres son lógicamente parciales porque el padre no está ahí para exponer su propia opinión. Las madres suelen utilizar la seguridad de las reuniones para expresar intensos sentimientos negativos. A veces añaden: «Pero esto es sólo una parte de la historia». Este capítulo se ha escrito teniendo eso en cuenta. Estoy segura de que muchas madres dan por supuesto su amor por sus parejas. Pero el amor entre ellos no parece problemático, así que no lo mencionan.

Las madres suelen hablar de lo cerca que se sienten de sus parejas antes de que nazca su primer hijo. El futuro bebé es una especie de afirmación natural de su amor. Además, mucho antes de que nazca el bebé, la mayoría de las madres se sienten llenas de sentimientos maternales, con los que entonces colman a sus parejas. Las escandalizan los titulares sensacionalistas que utilizan los periodistas, como: «TENER UN BEBÉ PUEDE ARRUINAR TU MATRIMONIO». Están convencidas de que su amor, que ha engendrado a sus bebés, aumentará cuando nazcan.

Cuando nace el bebé, las parejas descubren rápidamente su bajo nivel de preparación. En una visita que realicé como asesora de lactancia materna, un padre expuso esta situación con una gran claridad:

Padre: Estábamos muy bien preparados para el parto. Leímos mucho, fuimos a un cursillo prenatal y hablamos de nuestras opciones. Pero no pasamos la página para llegar al siguiente capítulo. De repente se nos echó encima la realidad. [*A*, 1 semana]

Este padre hablaba en plural. Unas semanas después es mucho más probable que dijera «ella» y «yo». Una pareja puede sentirse como si anduvieran por caminos diferentes. Les puede parecer increíble que se sientan más distantes ahora que tienen un hijo en común. Algunos han comparado al bebé con una «cuña» que separa a una pareja. Pero es muy fácil echar la culpa al bebé. Es cierto que la relación de pareja cambia. Sin embargo, puede haber otra forma de explicarlo. De lo que pocos padres hablan es del cambio trascendental que se produce cuando una relación de dos personas se abre para incluir a una tercera. Puede ser una sorpresa descubrir que el recién nacido tiene una poderosa presencia. Es una persona definida, de la que no se puede prescindir, ya desde el primer momento.

Una relación de dos personas es muy diferente de una de tres. Una relación de dos personas tiene una especie de elegante simetría, mientras que la de tres es más compleja. No es simétrica. Los padres tienen una relación biológica con su hijo, pero una relación consensual entre sí. Además, la relación de tres personas puede funcionar como tres individuos separados, una serie de tres personas o tres series de parejas (madre/padre, madre/hijo y padre/hijo). Más hijos aumenta la complejidad, pero el cambio no es tan grande como el de dos a tres. Esto no supone necesariamente una «cuña» en el matrimonio. Pero sin duda alguna lo amplía.

Los nuevos padres no suelen considerar este cambio. Normalmente centran su atención en cuestiones prácticas, así que pueden seguir pensando como si fuesen dos personas durante meses. En esta situación la «otra» persona es especialmente importante, mientras que en una relación de tres hay otras dos personas especialmente importantes. Un nuevo padre puede intentar mantener la antigua relación de pareja, mientras que una nueva madre puede formar una relación cerrada con su bebé que excluya a su pareja. Esta situación puede hacer que uno de los dos se sienta menospreciado por el otro con facilidad.

Es desconcertante, porque normalmente una madre intenta crear suficiente «espacio de atención» para su recién nacido. Antes del parto, el padre puede haber disfrutado también de ese «espacio de atención». Su mujer puede haberle prodigado sus sentimientos maternales teniendo en cuenta sus deseos. Por lo tanto, cuando nace el bebé, el padre puede sentirse excluido de un modo inexplicable. De repente el bebé está ocupando su lugar especial. En vez de que ambos intenten identificar el nuevo lugar del padre en el triángulo, ambos pueden pensar que está compitiendo por afecto con su bebé.

P se acercó a mí para darme un beso, pero lo que yo vi fue una cara llena de marcas y arrugas. Eso demuestra cuál es ahora mi punto de referencia. Estoy embobada con *O*. Me siento como si hubiera cambiado a un hombre por otro. [*O*, 2 meses]

Antes del parto estábamos muy unidos. Ahora todo mi amor es para *A*. *P* está perdiendo. [*A*, 6 meses]

P dice a veces: «Ah, eso es lo que solías cocinar». Antes lo hacía para él. Ahora, si cocino, es para *O*. [*O*, 12 meses]

Una pareja podría hacer ajustes inteligentes en su relación si comprendiera esto. Después de todo, las parejas hacen todo tipo de ajustes físicos similares. Por ejemplo, una madre que da el pecho puede decidir que necesita tener a su bebé en la cama con ella por la noche. Éste es un cambio evidente. El padre puede ver lo que ha decidido la madre. Puede cuestionarlo, adaptarse, o incluso disfrutar con la novedad. Algunos padres se acurrucan en una esquina de la cama, mientras que otros prefieren dormir tranquilos en el sofá. Sin embargo, no se puede resolver un problema si no se lo ha identificado. Muchas madres dicen que sus parejas experimentan su relación íntima con el bebé como una afrenta personal. Este malentendido puede continuar mucho después de los primeros meses.

No creo que *P* haya aceptado el cambio. Para mí *A* es el centro de nuestras vidas. Para él sigue siendo un añadido. [*A*, 7 meses]

Hace poco *P* y yo fuimos al cine. A la vuelta, *P* empezó a contar una historia, y estuvimos a punto de tener una pelea porque yo era incapaz de escucharle. Yo estaba... *Hizo como si corriera...* deseando volver con *A*. [*A*, 8 meses]

Mi marido se queja de que, cuando está hablando conmigo, si *O* hace un ruido, me doy la vuelta para ver qué está haciendo. Pero tengo que comprobar si *O* está bien. [*O*, 14 meses]

Para el padre no es fácil. Al principio puede pensar que su pareja está cerca de su bebé y él no. Sin embargo, su bebé ha estado escuchando su voz incluso en el útero. Hay muchas razones para que un padre se sienta cerca de su recién nacido. Pero esto no se suele reconocer. «En nuestra cultura —afirma Ursula Owen—, la maternidad es un trabajo y la paternidad un hobby.»[153] Es posible que su propio padre sólo viera a sus hijos en su tiempo libre. Pero hoy en día los padres suelen asumir un papel mucho más activo. Charlie Lewis, un psicólogo que realizó un estudio sobre padres, señaló que «la experiencia de la paternidad es normalmente intensa».[154] Por lo tanto, puede llegar un momento en el que un padre intente sentar las bases de su nuevo papel.

Un nuevo padre puede sentirse poco querido. Después de estar trabajando durante el día vuelve a casa por la noche cansado, y sin duda alguna asocia su casa con un lugar cómodo. Mientras tanto, su pareja ha dedicado muchas horas de amor, paciencia y autocontrol a su bebé, sin ningún adulto que pueda ratificar lo bien que lo ha hecho. Puede estar impaciente consigo misma por «no haber hecho nada» en todo el día. Se alegra de ver a su pareja, pero al mismo tiempo puede verlo como una crítica para ella. Vuelve del «mundo del trabajo» que antes compartían. Ha tenido un día entero para hacer «algo». A muchas mujeres les asombra lo furiosas que se pueden sentir con sus parejas. La pareja indaga en su conciencia, pero no se puede imaginar qué ha hecho para merecer ese recibimiento.

Estoy mirando el reloj para ver cuándo vuelve *P*. En cuanto entra en casa le suelto: «Dame algo de comer *AHORA MISMO*». Sólo entonces me doy cuenta de que hago con él lo mismo que hace *A* conmigo todo el día. Se lo estoy transfiriendo. Quiero que *P* me cuide. [*A*, 5 semanas]

P pertenece a la comunidad laboral. Cuando vuelve a casa a las 17.30, le gusta tumbarse y relajarse. Pero para mí, ahora que soy madre, las 17.30 *no llegan nunca*. [*O*, 4 meses]

Primera madre: Estaba furiosa con *P*. Fui por él con un cuchillo. Tiene un trabajo de mucha responsabilidad. No comprende lo que hago yo. [*O*, 2 meses]
Segunda madre: ¿Relaciones sexuales en el sofá, la cena en la mesa y una conversación inteligente? [*O*, 4 meses]
Primera madre: ¡Exactamente!

● ● ●

Envidio a *P*. Cuando se levanta se da un baño, se pone el traje y se marcha. Yo no puedo hacer eso. [*O*, 7 meses]

Ya hemos visto cuánto tiene que aprender una madre sobre su bebé. En momentos de ansiedad es posible que no tenga una red de apoyo tradicional para consolarla. Hay pocas palabras para decirle que lo está haciendo tan bien como cabría esperar, así que puede suponer que debería arreglarse mucho mejor. Ha oído hablar de lo terribles que son los niños con dos años y de los problemas de la adolescencia. Sin embargo ella está ahí, fallando en la parte más fácil. Muchas madres reconocen que trasladan su sensación de fracaso a sus parejas.

Cuando *O* llora, mi confianza desaparece y le grito a *P*. [*O*, 3 meses]

Esta mañana hemos discutido porque *P* se quejaba de que le estaba hablando con brusquedad. Y le he dicho: «Sé que te estoy hablando con brusquedad. No puedo evitarlo. Estoy preocupada por *A*». [*A*, 4 meses]

A se ha despertado mucho esta noche, y cuando me he levantado esta mañana quería matar a mi pareja. [*A*, 7 meses]

Cuando *A* no deja de llorar, y no puedo hacer nada para que se tranquilice, me doy cuenta de que necesito gritarle a mi pareja. [*A*, 14 meses]

* * *

A las madres les puede sorprender la intensidad de sus sentimientos. Es posible que los periodistas tuvieran razón después de todo. Puede ser especialmente difícil si una pareja cree que su cansancio y su irritabilidad son definitivos en vez de una etapa de adaptación. Las madres se pueden sentir más tranquilas al intercambiar impresiones. Pueden reírse de sí mismas y recuperar su perspectiva.

> Soy una persona nueva, y *P* es una persona nueva, y me gustaría tener tiempo para que esas dos personas nuevas aprendieran a conocerse. [*O*, 6 meses]

> Los hombres tienen problemas para aceptar que tienen un bebé; nadie habla de eso, y no hay nada para ayudarles. [*9 meses*]

> Sé que *P* está tan cansado como yo, y que trabaja como un negro para traer el dinero con que mantenernos. Me gustaría poder morderme la lengua. [*O*, 11 meses]

Los nuevos padres suelen disculparse por enfadarse el uno con el otro. En muchos casos la dificultad subyacente es acostumbrarse a la naturaleza triple de su nueva relación. Es fácil estancarse aquí, porque un padre cansado y con poca confianza puede no darse cuenta de que se enfrenta a algo nuevo. Por lo tanto, es más sencillo gritarle a la pareja.

Muchas parejas intentan reprimir su ira cuando están presentes sus bebés, pero esto significa que no hay muchas oportunidades para explorar sus sentimientos. Además, la última opción de marcharse haría mucho daño a esa persona nueva e inocente.

He tenido una pelea terrible con *P*. Cuando se ha ido a trabajar quería marcharme y dejar una nota diciendo: «ME HE IDO A PARÍS». Luego he mirado a *A* y de repente me he dado cuenta de que no podía hacerlo. [*A*, 7 meses]

Aprender a ser padre es un reto. Antes de tener a su bebé es muy probable que la pareja haya superado retos afirmándose el uno al otro. Ahora, como padres, ambos se sienten inseguros, y es posible que no se sientan con suficiente energía para afirmar al otro. Para una madre es fácil herir a su pareja, y también sentirse herida por su pareja.

Algunas parejas ignoran a sus bebés. La mía hace todo lo contrario. Vuelve de trabajar dando botes, me da un beso en la mejilla y dice: «*A*, ya he vuelto». A ella le da un beso de verdad y un abrazo, y yo me quedo sentada pensando: «¿Eso es todo lo que me toca a mí?» [*A*, 7 meses]

Cuando creíamos que *A* tenía tos ferina, pensaba que se iba a morir. Fue horrible. Pero cuando volvimos del hospital después de superar la crisis, *P* y yo estábamos furiosos el uno con el otro. Él me gritó a mí: «¿Cómo puedes ser tan dramática?» Y yo le respondí: «¿No podrías ser más comprensivo?» Y al día siguiente hablamos de divorcio. Fue terrible. [*A*, 8 meses]

P vuelve a casa agotado, y lo primero que hace es mirar su correo y los *e-mails*. Lo entiendo, e intento controlar mi impaciencia para que sea agradable conmigo. Eso dura alrededor de *un minuto*. Y luego le digo que *O* y yo no le importamos nada, o algo parecido. Pero *P* trabaja tanto que me da pena. El poco tiempo que tenemos para estar juntos lo dedicamos a tirarnos los trastos a la cabeza. [*O*, 12 meses]

Pero incluso el bebé más activo tiene que dormir en algún momento. ¿No podrían entonces los padres reconciliarse y hacer el amor? Los nuevos padres se pueden sorprender al descubrir que las relaciones sexuales, que a la mayoría les han permitido tener hijos, pueden ser otra fuente de conflictos. A una mujer le puede resultar muy difícil ver la perspectiva de su pareja, o imaginar cómo puede ser tan obtuso respecto a la suya.

Después que nace el bebé, la vida del padre no se suele alterar demasiado. Normalmente mantiene el mismo trabajo, y su cuerpo no ha cambiado. Hay más continuidad. Es comprensible que un padre pueda ver las relaciones sexuales como una reafirmación de su anterior relación de pareja. Puede sentirse cansado y desorientado, y desear el consuelo y el placer de su relación sexual.

Sin embargo, la madre ha estado embarazada durante nueve meses y ha dado a luz hace poco. Esto supone un gran cambio físico. Algunas mujeres quieren tener relaciones sexuales poco después de dar a luz, y se enfadan porque al tener un bebé hay muchas menos oportunidades para ello. Pero la mayoría de las nuevas madres necesitan recuperarse tras el parto tanto física como emocionalmente. Suelen decir que se sienten como si ya no desearan sexualmente a sus parejas. Esta ausencia de deseo puede ser en parte una forma de autoprotección natural para que a las mujeres no les abrume la pasión sexual y no intenten hacer el amor antes de haberse recuperado. A algunas mujeres les da miedo volver a tener relaciones sexuales, sobre todo si les han dado puntos después del parto. Las discusiones suelen surgir cuando los dos se sienten cercanos y cariñosos y el padre sugiere que hagan el amor. La madre responde que no le apetece aún. El padre llega a la conclusión de que ya no es capaz de excitarla, mientras que ella está segura de que a él sólo le importa su placer y no se preocupa por el bienestar físico de ella.

¿Qué ha pasado con la pareja? *P* y yo formamos un buen equipo para cuidar a *O*. Pero eso es todo. No hay tiempo para el amor. [*O*, 5 meses]

Cuando *P* y yo estamos hablando y siento que me va a abrazar, me da tanto miedo que lleve a algo más que me levanto rápidamente para coger cualquier cosa. A *P* le apetece hacer el amor mucho más que a mí. Pero no dejo de pensar en todas esas madres cuyos maridos las abandonan después de tener hijos. Se me ha pasado por la cabeza que nos podría ocurrir a nosotros. No quiero ser una de ellas. [*O*, 6 meses]

Después de estar dando el pecho a *O* toda la noche, quiero que *P* me toque, pero no de un modo sexual. Ese deseo ha desaparecido. Si lo intenta grito, no puedo evitarlo. Todo lo que necesito es un contacto firme. [*O*, 9 meses]

• • •

He perdido el deseo sexual. *P* es muy comprensivo. Ya ha dejado de estar enfadado. Ni siquiera lo pide. Pero me siento fatal. No creo que me apetezca. Todas las noches pienso: «Esta noche lo haré». Pero nunca quiero hacerlo. [*A*, unos 12 meses]

P cree que nunca volveremos a tener relaciones sexuales. Yo le digo que lo *haremos* cuando deje de sentirme tan cansada. [*O*, 12 meses]

Las madres suelen quejarse de que están «demasiado cansadas» para las relaciones sexuales. Muchas se sienten agotadas por el sueño interrumpido. Pero además, por el modo en que hablan de las relaciones, está claro que se sienten confundidas y desmoralizadas. En las culturas más tradicionales la maternidad es un estado deseable, un motivo de orgullo. A una madre se la considera la encarnación de la belleza y el misterio femenino. El parto la realza tanto espiritual como físicamente. La lactancia revela su poder para alimentar a su hijo. Esto significa que mientras la relación se abre para incluir al bebé, también hay un nuevo y excitante cambio en la pareja.

Esto no les sucede a muchas madres hoy en día en el mundo occidental. Desde niñas las han animado a desarrollar más habilidades masculinas. Por lo tanto, cuando se convierten en madres, en vez de sentirse bellas, las mujeres suelen decir que se encuentran gordas, cansadas y con mal aspecto. ¿Cómo puede respetarse una mujer que habla de sí misma en estos términos negativos? ¿Cómo puede estar de buen humor para tener relaciones sexuales? Una madre planteó este tema desde una perspectiva feminista cuando dijo:

* * *

Por el modo en que me mira *P* sé que está pensando: «Mi mujer ha engendrado a este bebé». Está orgulloso de algo que no he podido evitar. Yo puedo seguirle el juego y decir: «*P*, se ha fundido este fusible». Y él se siente halagado y lo arregla. Por supuesto, si estuviese sola lo haría yo misma. [*O*, 8 meses]

Pero, sin duda alguna, su pareja tenía motivos para sentirse orgulloso de ella. El parto no es sólo «algo que no se puede evitar». Hay todo tipo de razones para sentir orgullo por dar a luz. Aunque las cosas no vayan según lo previsto, por mi trabajo como asesora sé que una mujer es capaz de volver a levantar la cabeza y ver que, teniendo en cuenta las dificultades, ha respondido bien. El parto es algo normal y a la vez un milagro. Una pareja podría tener muchas razones para sentirse orgullosa de su iniciación a la paternidad.

Desgraciadamente no suelen sentirse así, sobre todo la nueva madre. En nuestra cultura no se valora la maternidad. Se admira sobre todo lo nuevo. Esto ocurre también con la sexualidad. Cuando una madre ve a una mujer arreglada que no ha tenido hijos, aún le parece que de algún modo es más «sexual» que ella. La mujer arreglada se considera «guapa», y por lo tanto sexualmente deseable. Las nuevas madres suelen hablar de los cosméticos que creen que deberían usar para ser deseables de nuevo. Como madres parecen considerarse menos atractivas.[155] Es deprimente descubrir que son muy pocas las que, a pesar del cansancio y la falta de cosméticos, se sienten guapas. Esto no es un problema aislado, sino una actitud que inhibe a toda una generación. Sin duda alguna, la sensación desmoralizadora de la sexualidad de una madre contribuye a que se sienta «demasiado cansada para las relaciones sexuales».

A diferencia de sus madres y sus abuelas, por lo general las mujeres se sienten relajadas al hablar de su vida sexual. Esto las anima a reírse de sí mismas, y algunas descubren cuánto desean seguir haciendo el amor.

Echaba de menos las relaciones sexuales, así que hemos hecho un «intercambio». Buscas a unos amigos de confianza que tengan un bebé, se llevan a tu bebé durante hora y media un domingo por la tarde, y tú te ocupas del suyo la semana siguiente. A nosotros nos va muy bien. Era nuestra «hora» antes de que naciera O. Necesitaba volver a dar prioridad al sexo. [O, 3 meses]

Anoche disfruté mucho en la cama con P. Habíamos estado discutiendo mucho. Para nosotros es importante ser algo más que los padres de O. [O, 7 meses]

Ahora llego al orgasmo rápidamente. No sé cómo explicarlo. Es algo maravilloso. Las relaciones sexuales son muy intensas desde que tuve a A. [A, 8 meses]

Sin embargo, para las madres actuales las relaciones sexuales no son una panacea. Pueden dejar demasiados sentimientos sin reconocer. Pero cuando las parejas consiguen hablar de sus sentimientos, se puede resolver la tensión, incluso después de intercambiar insultos. Se sienten unidos de nuevo. Hablar parece ser el *quid* de la cuestión.

Cuando un padre manifiesta que comprende y aprecia a su mujer en su nuevo papel de madre, a ella le conmueve profundamente. Sus palabras amables, mientras las cita, pueden hacer que todo un círculo de madres acaben con lágrimas en los ojos. Todas quieren ese tipo de afirmación. Los padres hablan desde una perspectiva única, y sus elogios son dinámicos.

Mi pareja estuvo fuera una semana. Cuando volvió, se dio cuenta de lo contento que estaba *O*, y era evidente que era por mí. Me dijo unas cosas preciosas que no olvidaré nunca. Fue *fantástico*. Me sentí llena de energía al sentirme apreciada. De repente nada era demasiado para mí. [*O*, 2 meses]

P cuida a *A* tres horas y luego espera que le felicite. Yo cuido a *A* todo el día. Así que un día le pedí que me felicitara. Entonces dijo: «Creo que eres una madre maravillosa». Yo le dije: «No, dime qué hago exactamente para pensar que soy maravillosa». Así que ahora me dice en mitad de la noche sin que le pregunte nada: «No sé cómo lo haces. Coges a *A* con tanta paciencia que me gustaría que hubieras sido mi madre para ser tu bebé». Entonces me siento en la gloria. [*A*, 6 meses]

Cuando *O* tenía siete meses pensaba que *P* tenía una aventura. Desde entonces he hablado con varias amigas, y parece que es una reacción habitual. No me trataba como antes, y siempre volvía muy tarde de trabajar. Estaba segura de que había alguien más. Así que una noche tuvimos una larga conversación. Le dije que había cambiado mucho conmigo, que podía haber llegado el momento de separarnos e ir por caminos diferentes. Él se quedó muy sorprendido y me dijo: «¿Cómo se te ha ocurrido pensar que no...» *Estaba claro que iba a decir «¿te quiero?». Pero hubo una agitación repentina entre las madres que estaban escuchándola, como si todas estuviesen intentando contener las lágrimas. Al percibirlo, la madre se detuvo. Me miró como si ese grupo de madres, la mayoría de las cuales habían comentado que discutían con sus parejas, se hubieran dado cuenta de repente de que era probable que sus parejas también sintieran ese amor subyacente que estaba describiendo.* [O, 4 años]

Lo contrario también puede ser cierto:

El otro día mi marido me echó una bronca por una tontería. El bebé estaba mojado y no me había dado cuenta. Pero como madre te sientes muy vulnerable. Cuando me dijo eso, me vine abajo. [A, 8 semanas]

Si es tan sencillo, ¿por qué no se desviven los hombres para decirles a sus parejas lo buenas madres que son? Sin duda alguna, todas las madres hacen muchas cosas bien. Como veíamos en el capítulo 1, el problema es de carácter lingüístico. La mayoría de los padres están trabajando todo el día. Muchos creen que el nacimiento de sus hijos aumenta su responsabilidad, lo cual los lleva a trabajar más que antes. Entonces, si un padre está absorbido por su trabajo, es posible que no sepa qué hay que elogiar. A su mujer le resulta difícil explicarlo. Sus logros son sutiles, y en muchos casos no tiene palabras para decirle todo lo que ha aprendido. La vida cotidiana con su bebé está muy alejada de la de su marido, que cuando vuelve a casa se puede sentir como un extraño.

Yo: ¿Crees que tu novio se siente inseguro cuando se queda con *A*?

Madre: Es una *pena*, porque antes hacía lo mismo que yo. Cuando nació *A* se cogió tres semanas libres. Lo hacíamos todo juntos. Luego volvió a trabajar, y no llega a casa hasta las once de la noche. Ahora va un paso por detrás de mí, y yo creo que ha perdido toda su confianza. Hace cosas que *solíamos hacer*, y tengo que contenerme para no decirle que ya *no hacemos* eso. [*A*, 7 semanas]

Mi pareja se cogió una semana de baja paternal, y fue estupendo. Le encantaba estar con *O* y conmigo. Cuando tuvo que volver a trabajar, yo creo que le dolió mucho. [*O*, 3 meses]

A las madres les suele resultar difícil decirles a sus parejas lo que han aprendido sobre sus bebés. Los padres se pueden desanimar con facilidad. Si un nuevo padre está poco tiempo en casa (despierto), su pareja le puede parecer mucho más competente que él.

Mi marido siempre me trae a *A* cuando llora. [*A*, 5 meses]

Mi pareja dice: «No puedo ponerle a *A* el jersey. Lo dejo». Yo le digo: «No *puedes* dejarlo. *A* tiene un bra-

zo en una manga. Tienes que acabar de ponérselo».
[A, 9 meses]

El miércoles fui a una clase nocturna, y creo que a P le
entró el pánico. A ha aprendido a gritar y estuvo gritando durante una hora. Cuando llegué a casa estaba
dormida, y P estaba muy nervioso. Se le olvidó ofrecerle el biberón. Se le olvidó que yo estaba a sólo diez
minutos de distancia. Los gritos de A le alteraron tanto que no supo qué hacer. [A, 9 meses]

P tiene dos hijos de su anterior matrimonio. Antes de
que naciera O siempre me estaba diciendo que tenía
mucha experiencia como padre. Pero cuando tuvimos
a O me di cuenta de que no era cierto. Cuando O lloraba, estaba tan desconcertado como yo. Me lo pasaba
y decía: «Encárgate *tú* de él». [O, 11 meses]

Para una madre es tentador criticar a su pareja por saber
de niños incluso menos que ella. Algunas madres reconocen la
necesidad de resistirse a la tentación.

Es muy difícil no estar siempre comprobando: «¿Has
hecho lo que te he pedido? ¿Lo has hecho *bien*?» [O, 3
meses]

A veces tienes que morderte la lengua cuando P viste
a O y ves que le ha puesto unos calcetines despareja-
dos. No es lo más importante. [O, 6 meses]

· · ·

Las madres suelen mostrarse reticentes a pedir a sus parejas que las ayuden a cuidar a los niños. Se acuerdan de lo estresante que es ir a trabajar. Muchas creen que tienen que proteger a sus parejas. Al mismo tiempo, este proteccionismo autoimpuesto no les parece justo para ellas.

Le pedí a mi pareja que usara nuestro coche para ir a la estación. Después fui andando a la estación para recoger el coche, y no dejaba de pensar: «No debería estar haciendo esto. Acabo de tener un bebé prematuro. ¿Por qué no puede él ir andando a la estación?» Pero me parece que tengo que cuidarle. [*O*, 4 semanas]

Cuando *A* está llorando y *P* no puede consolarla, le digo: «¡Dámela!», porque sé que tiene que ir a trabajar al día siguiente. Y en el momento de decirlo me siento benévola. Pero cuando me la da y sale de la habitación, siento un rencor *increíble*. Y nuestra relación se está resintiendo. No es sólo mi bebé. También es *su* bebé. [*A*, 8 semanas]

Sin embargo, cuando los padres cuidan a sus bebés lo hacen cada vez mejor, y aumenta la confianza de ambos. No se trata de promocionar ninguna idea del «nuevo hombre», o de decirle a ningún hombre qué debe hacer para ser un buen padre. No todos los hombres se sienten cómodos cuidando a sus hijos, y muy pocos han tenido padres que lo hiciesen. Los padres pueden demostrar su amor de muchas maneras. Pero al escuchar lo que dicen las madres, está claro que creen que compartían un estilo de vida cuando ambos ganaban dinero. Formaban parte del «mundo masculino» tradicional. Por lo tanto, es lógico que esperen que sus parejas participen también en el «mundo femenino» tradicional.

Cuando *P* vuelve a casa por las tardes pienso que he estado trabajando todo el día para cuidar a *O*. Y él ha estado trabajando todo el día para ganar dinero. Así que las tardes se comparten al cincuenta por ciento para cuidar a *O*. [*O*, 4 meses]

Cuando los hombres también se ocupan de sus bebés, pueden empezar a apreciar las dificultades que conlleva. Esto les ayuda a entender mucho mejor a sus parejas.

Lo mejor de nuestras vacaciones es que ahora mi pareja comprende ahora realmente lo difícil que es cuidar a un bebé. Antes decía que lo entendía, pero no era así. Un día me dijo: «Pensaba que podías dejarla dos horas jugando mientras tú lo hacías todo». Se dio cuenta de que no podía bajar a la playa o leer un libro cuando le apetecía. Y cuando quería salir, ella empezaba a llorar. Así que teníamos que esperar hasta que se tranquilizara. Entonces lo comprendió. [*A*, 4 meses]

Una vez más, parece que la solución a las disputas es que los hombres participen en el cuidado de sus hijos. Pero a veces esto conduce a otro malentendido. Las madres suelen pensar que la «mejor» manera de cuidar al bebé es la suya, mientras que muchos hombres desarrollan su propio estilo. Es evidente que no todos somos iguales. Pero las mujeres suelen quejarse de que los hombres se centran en una tarea cada vez, mientras que ellas hacen muchas cosas al mismo tiempo.

Mi marido es ingeniero informático. No está acostumbrado a los bebés. Yo creo que piensa que si estás un rato dando vueltas con el bebé, puedes averiguar qué está mal y arreglarlo. Pero *O* sigue llorando, y al cabo de media hora creo que *P* ha tenido suficiente. Le gustaría meter a *O* en una caja y devolverlo. [*O*, 3 semanas]

P es capaz de desconectar. Yo no puedo ver las noticias como él. La mitad de mí está pensando en *A* y en si está bien. [*A*, 5 meses]

Los hombres son muy diferentes. Cuando vuelvo a casa y *P* ha estado cuidando a *O*, el fregado sigue allí y *O* ha perdido los dos calcetines. [*O*, 10 meses]

Yo creo que a *P* le falta una especie de *chip*. Quiere mucho a *O*, pero nunca se acuerda de lo que tiene que hacer. Cuando salgo, tengo que dejarle una lista, por ejemplo para asegurarme de que le dará de comer. [*O*, 14 meses]

En realidad, a menudo esto suele estar basado en un malentendido. Un bebé no necesita dos madres. El estilo alternativo del padre puede ser muy interesante. Por lo general un bebé asocia la comida con su madre. Le gusta que su padre le entretenga, y está dispuesto a esperar a que vuelva su madre para comer. Por lo tanto, es posible que no le transmita a su padre «señales» de que tiene hambre. El padre empieza a desarrollar una forma tranquila y despreocupada de estar con su hijo, y de repente su ansiosa pareja le reprende. Hace falta tiempo para darse cuenta de que el bebé se relaciona con cada uno de ellos de un modo diferente.

Algunos hombres responden con sensibilidad a las necesidades de sus bebés. En algunos casos esto hace que se tambalee la precaria confianza de una madre, como en el siguiente ejemplo. Pero normalmente le permite valorarle como padre y confiar en él.

Me siento fatal cuando no consigo que *O* deje de llorar. Mi marido puede calmarle mucho mejor que yo. Ya estoy oyendo esa voz [se señaló la cabeza de forma exagerada] que me dice: «Eres un *fracaso*». [O, 4 semanas]

A tenía reflujo. Era terrible. No dejaba de llorar. No podría haberlo afrontado sin *P*. No pensaba que sería así. Veía a *P* como la parte más débil. Creía que yo era la fuerte. Pero después de pasar un día con *A* quería tirarme por la ventana mientras él seguía tranquilo. [*A*, 4 meses]

A estuvo a punto de asfixiarse en un restaurante. Fue el peor momento de mi vida. No puedo hablar mucho de ello porque todavía me afecta. Pensaba que la perdía. *P* estaba en Estados Unidos, y normalmente es muy tranquilo. Pero esa noche intentó desesperadamente llamarnos por teléfono [después de que ella y su madre llevaran al bebé al hospital]. Había tenido un sueño en el que *A* se moría. Eso es lo que soñó. *La madre se sentía muy cerca de él por lo que a ella le parecía algo más que una simple coincidencia.* [A, 6 meses]

A P y a mí nos encanta darle besos a O. Un día dije que me sentiría muy triste cuando O creciera y ya no quisiera que le besaran. P dijo que se sentía exactamente igual. Me conmovió mucho que ambos sintiéramos lo mismo. [O, 6 meses]

P tiene ideas que a mí no se me ocurrirían nunca. Pone a O en la mochila, se monta en su bici y se va a dar una vuelta con él. Yo no tengo confianza para montarme en una bici. Pero a O le encanta. [O, 8 meses]

P puede dormir a O sin mí. O tiene un arrebato de energía justo antes de acostarse. P juega en serio con él, y lo deja agotado. Entonces O está preparado para ir a la cama. [O, 14 meses]

La madre también puede necesitar que la cuiden más. Sobre todo si da el pecho, le puede costar levantarse, prepararse algo de comer y hacer las tareas domésticas como de costumbre. A la mayoría de los bebés les gusta que los lleven en brazos. Eso significa que la mayor parte del día una madre tiene que sujetar a su bebé con una mano mientras intenta hacer todo lo demás con la otra. Las tareas que exigen dos manos resultan problemáticas. Las mujeres suelen decir que se sienten culpables si por la noche les piden a sus maridos algo para ellas.

• • •

Cuando *P* llega a casa y se sienta, me doy cuenta de lo cansado que está. Pero yo estoy como si fuera a morirme de sed si tengo que esperar otro minuto [una sensación muy normal después de dar el pecho]. Así que le pido un vaso de agua. Cuando me lo da, se vuelve a sentar, y no puedo pedirle que se levante otra vez. Pero hay muchas cosas que quiero que haga. [*O*, 3 semanas]

Cuando *P* está fuera [trabajando] es terrible, porque él es mi suministro de comida. [*A*, 2 meses]

Me gustaría que mi pareja supiera lo que necesito sin tener que pedirle una cosa cada vez. Me oigo a mí misma diciendo: «¿Podrías hacer *esto*? ¿Podrías hacer *aquello*?» Y suena terrible. No es que le importe. Es que no lo entiende. [*A*, 9 meses]

En la relación se puede producir otro cambio por el dinero. Hoy en día la mayoría de las mujeres son independientes económicamente. Si deciden cuidar a sus bebés, muchas se dan cuenta de que acaban dependiendo económicamente de sus parejas. Su estado de ánimo es bajo porque se sienten agotadas y con una «pinta horrorosa» mientras «no consiguen hacer nada». Por lo tanto, la pérdida de independencia económica las puede afectar profundamente.

Antes ganaba más que *P*. Ahora me parece que tengo que ir adonde él va con el sombrero en la mano y pedirle permiso para gastar *su* dinero. [*A*, 6 semanas]

Me gusta tener todas las facturas pagadas. Prefiero morirme de hambre antes que tener deudas. Pero *P* debe mucho dinero. Dice: «Déjamelo a mí. Confía en mí». Pero no creo que merezca mi confianza. [*O*, 6 meses]

Antes pensaba que lo que ganaba *P* era de los dos, pero ahora que *O* está aquí ya no lo veo así. Pienso: «No debo comprar eso. No he ganado el dinero para comprarlo». Me siento culpable, aunque sé que *P* no quiere que me sienta así. Por eso me gustaría volver a trabajar, para sentir de nuevo mi identidad profesional y traer algo de dinero a casa. [*O*, 9 meses]

Este dilema es nuevo. Antes las mujeres tenían menos oportunidades de trabajar, y por lo general todo el mundo aceptaba que los maridos debían mantener a la familia. La culpabilidad que describen ahora tantas madres no tiene precedentes. Yo creo que las madres se sentirían mejor si la maternidad se valorase apropiadamente. Para cuidar a los demás se utilizan «un gran número de capacidades en una gran variedad de circunstancias», como señaló una escritora.[156]

Algunas de las disputas más dolorosas entre las parejas surgen por la forma de educar a los hijos. La ignorancia mutua indica que no se suele hablar de este tema con antelación.

Me siento como si hubiese cruzado un puente, y ahora estoy segura de lo que estoy haciendo. Pero al pensar en ello me doy cuenta de que el problema era que *P* y yo nunca nos sentábamos a hablar del futuro. Hablábamos del parto. Pero no de tener a *O* en nuestra cama, o de las tomas, o de si alguno de los dos estaba de acuerdo en enseñarle a dormir. [*O*, 6 meses]

En Navidad me di cuenta de que *P* y yo nunca nos habíamos parado a pensar en nuestros planes a largo plazo para *A*. Pero cuando hablamos realmente, nos pusimos de acuerdo. *P* dijo que no quería que *A* durmiera en nuestra cama, sino en una cuna, y que no era partidario de dejarla llorar o de enseñarle a dormir. Así que ahora estamos los dos contentos con nuestro estilo de paternidad. Hace que todo sea mucho más fácil. Y la gente dice que *A* parece muy feliz. [*A*, 8 meses]

Pensaba que *P* y yo nos conocíamos bien y hablábamos de todo. Pero al tener un bebé descubrimos muchas cosas que no sabíamos, y habría sido muy fácil continuar sin hablar de ellas. [*A*, 9 meses]

La mayoría de los desacuerdos se pueden resolver siempre que la pareja busque tiempo para hablar de ellos. Escucharse el uno al otro es la clave para restablecer la confianza.

Cada vez estaba más furiosa con mi pareja. Deberíamos haber hablado, pero no lo hicimos. Yo estaba muy ocupada cuidando a *O*, y siempre tenía sueño y hambre. Además pensaba: «*O* es la nueva persona de mi vida. Tú ya no me importas». Entonces un día tuvimos una pelea terrible con gritos y lloros. Fue horroroso. Pero resultó que queríamos vivir juntos y queríamos a nuestro bebé. Así que ahora las cosas van bien entre nosotros. [*O*, 3 meses]

Antes nos pasábamos el día compitiendo: «Yo estoy más cansado/a que tú», «No, yo estoy más cansado/a que tú». Los dos queríamos que el otro nos apreciara antes de poder apreciarle. En el fondo yo sabía cuánto trabajaba él, y él dice que sabía que yo también trabajaba mucho. Fue muy difícil pasar de las discusiones a la comprensión. No sé cómo lo hicimos o qué cambió. Pero ahora es fabuloso. Pensé en marcharme, pero ahora no lo haría. [*A*, 9 meses]

Poco a poco se produce un nuevo cambio. El bebé empieza a mostrar mucho más interés por su padre. Cuando ocurre esto, el padre suele estar encantado, y el bebé se emociona al descubrir un nuevo amigo. Eso hace que la relación familiar sea más evidente.

Mi novio y yo siempre charlamos por las tardes. Ahora *A* se une a nosotros. [*A*, 2 meses]

Cuando *P* vuelve de trabajar suele estar muy estresado. Entonces le doy a *A* y sube a bañarla. Y cuando baja con ella, veo que está… *Simuló que se alisaba la frente y las mejillas*. [*A*, 7 meses]

Mi hija llora cuando su padre se va a trabajar. Va gateando por todas las habitaciones para buscarle. [*A*, 8 meses]

O quiere que *P* le admire, y siempre está intentando imitarle. Conmigo ni siquiera *mira* un vaso de agua. Pero cuando *P* vuelve a casa y bebe agua, *O* pide un vaso —no su taza—, y mientras bebe, mira a su padre como diciendo: «¡Fíjate en lo que hago!» *P* lleva un proceso judicial, y es muy difícil, pero *O* nos anima a los dos. [*O*, 8 meses]

Los tres dormimos en la misma cama. *O* se tumba sobre el pecho de *P* y se queda dormido. A *P* le encanta. Está muy orgulloso, y dice: «*O* se duerme sobre mi pecho». [*O*, 9 meses]

En muchas revistas y manuales para padres se aconseja a las madres que cuiden la relación de pareja. Les dicen que busquen momentos para estar a solas con sus parejas para poder sentirse románticas y olvidarse de la paternidad. Pero no es fácil olvidarse de un cambio tan grande.

Cuando celebramos nuestro primer aniversario de boda, mi madre se quedó con *O*, y estuvo bien. Salimos a cenar, pero sólo estuvimos dos horas fuera. Echábamos tanto de menos a *O* que lo único que pudimos hacer fue hablar de él, y después volvimos corriendo. [*O*, 3 meses]

Si no puedes compartir a tu bebé con tu pareja, no puedes compartir toda esa alegría. [*O*, 4 meses]

La gente dice que deberíamos contratar a una canguro para salir y darnos un respiro de vez en cuando.

Pero yo siempre pienso que no he tenido una hija para librarme de ella por las noches. Nos gusta tenerla con nosotros. [*A*, 6 meses]

Cuando *P* y yo salimos por nuestro aniversario, sólo pudimos hablar de *O*. [*O*, 9 meses]

Este tipo de conversaciones no son un síntoma de debilidad, sino un encuentro esencial en el que los padres hacen una revisión y empiezan a asimilar la realidad de su bebé. Simplemente intercambiando anécdotas pueden componer una historia conjunta que les permite comprender qué están haciendo y cómo se sienten como padres. Están maravillados con su bebé, y eso les ayuda a tener más confianza en sí mismos y en el otro.

No todos los padres discuten. Algunas parejas consideran que las palabras coléricas son puramente negativas y destructivas. Sin duda alguna pueden provocar dolor. Pero también pueden servir para que haya más sinceridad. Cuando una pareja se tranquiliza lo suficiente para escucharse y permite al otro rectificar, o incluso retirar algunas de sus quejas, descubre que es más fácil comprender sus experiencias personales. Normalmente la relación se fortalece. Las palabras coléricas, que en ese momento parecían imperdonables, pierden su intensidad cuando se ven como parte de los esfuerzos que está haciendo cada uno para ser un buen padre.

12. Más cerca de mi madre

Siempre que muere alguien, deja un espacio vacío entre los vivos. Cuando nace un bebé sucede lo contrario. Una extensa red familiar de gente se reacomoda para crear suficiente espacio para el recién llegado.

Debería haber una palabra para describir la reorganización de una familia cada vez que nace un nuevo miembro. Un bebé puede convertir a una pareja en una familia, o a una «pequeña familia» en otra más grande. Todos adquieren una nueva identidad. El bebé puede hacer que una persona sea su hermana, otra su tío y una tercera su abuelastro. Además, todas estas personas acaban teniendo una relación familiar. Llegan a conocerse mejor y pueden surgir nuevas amistades. Pero, al mismo tiempo, las diferencias que antes se podían ignorar pueden resultar problemáticas porque la relación es más estrecha.

> Nunca me he llevado bien con la hermana de *P*, pero antes no importaba. Ahora me he dado cuenta de que es la tía de *O*. Y su madre, que tampoco me gusta mucho, es su otra abuela. [*O*, 3 semanas]

Cuando la familia empieza a redefinir sus relaciones, pueden surgir nuevos conflictos.

Sé que es una locura, pero ya me estoy preocupando [en julio] por la cena de Navidad. Mis padres dan por supuesto que estaremos con ellos. Mientras tanto mi marido dice: «Ahora los padres somos *nosotros* y deberíamos celebrarlo juntos. Es nuestra primera Navidad como una nueva familia». Pero mi madre ya ha dicho que está deseando que llegue el día de Navidad porque espera que estemos allí. [*O*, unos 3 meses]

Como señala su marido, el bebé los ha transformado en una nueva unidad familiar, lo cual significa que deben añadir sus identidades de «padre» y «madre» a las que ya tenían como «hijo» e «hija». Ambos pueden considerar a sus padres desde esta nueva perspectiva. La relación de una mujer con su madre es normalmente la más antigua que ha conocido. Hasta ahora asociaba la palabra «madre» con su propia madre. De repente ese nombre tan evocador también se refiere a ella.

Unos diez días antes de que naciera *O*, me estaba mirando en el espejo y pensando: «Enseguida alguien estará mirando esta cara, y para él querrá decir "Mamá". Es increíble». [*O*, 1 semana]

¿Podrá sentir algún día mi bebé por mí lo que yo siento por mi madre? [*A*, 2 meses]

La relación de una mujer con su madre tiene una larga historia, que suele ser compleja. Algunas madres establecen una sólida amistad con sus hijas cuando son pequeñas. Otras son más egocéntricas, y la hija aprende a preocuparse por su madre y a no pedir mucho para ella. A veces sucede lo contrario, y la madre centra toda su atención en su hija. Una madre puede compararse continuamente con su hija, y estar resentida con ella por ser diferentes.

Por su parte, al principio la hija puede pensar que su madre es normal. Cuando empieza a fijarse en las madres de sus amigas, se da cuenta de que es una variante entre muchas. Probablemente le gustaría juntar lo mejor de varias madres para crear una perfecta. Pero no hay madres hechas a medida. Sin embargo, su madre, con todos sus defectos, se puede convertir en la persona más estable de su vida. Algunas madres abandonan a sus hijos, algunas hijas adultas rompen el contacto con sus madres, pero la relación histórica y biológica se mantiene.

Es posible que al llegar a la edad adulta la hija se enamore. Esto cambia de nuevo la relación elástica con su madre. Ahora puede retomar lo que ha aprendido de su primera relación. Adrienne Rich reflexiona: «Puede que todo contacto físico íntimo o sexual nos retrotraiga a ese primer cuerpo [maternal]».[157] La hija valora su infancia como una preparación adecuada o inadecuada para una relación madura. Con el tiempo resulta que no todas las relaciones son permanentes, y algunas de esas parejas se pueden convertir en «ex». Pero la relación con la madre no es consensual, así que una madre no puede desaparecer. Las madres solteras especialmente suelen decir que sus madres les proporcionan la relación más estable de todas.

Es posible que la pareja conciba al bebé justo cuando la madre y la hija se sienten distanciadas. Pero en cuanto una mujer se entera de que está embarazada, le puede sorprender con cuánta urgencia necesita ponerse en contacto con su madre. No siempre sucede, pero es algo habitual.

Esto puede parecer extraño. Hoy en día la mayoría de las madres embarazadas son mujeres trabajadoras. Han aprendido a ser independientes y a tener sus propios recursos. Algunas tienen más de diez años de experiencia profesional. Sin embargo, muchas fueron educadas por madres a jornada completa que, a diferencia de sus hijas, nunca han sido independientes económicamente. Muchas de estas hijas han viajado mucho más que sus padres. Han conocido culturas diferentes y han cuestionado sus ideas. Creen que han «superado» el mundo en el que crecieron. Lo más sorprendente es que tantas mujeres digan que tienen una necesidad urgente de contactar con sus madres cuando se enteran de que están embarazadas. Si han ido más allá del mundo de sus padres, ¿por qué deciden ahora reconectarse con él? ¿Qué quieren?

En parte, por definición, la madre de una mujer embarazada tiene experiencia. Ha tenido al menos un bebé. Una madre primeriza es una novata. Pero si eso fuese todo, una mujer podría recurrir a cualquier madre con experiencia. Esto es más personal. El increíble anhelo que describen tantas mujeres, incluso las que antes se sentían alejadas de sus madres, parece ocurrir por varias razones.

En primer lugar, cuando una mujer tiene un bebé, está creando su primer hogar al igual que su madre creó un hogar para ella. Phyllis Chesler dice que una madre es «la mujer que siempre asociaremos con nuestra "casa"».[158] Mientras una mujer embarazada intenta llevar una dieta sana, hacer ejercicio y dormir lo suficiente para crear un buen hogar para su hijo, y mientras intenta ayudar a su bebé a sentirse en casa después del parto, puede desear «volver a casa» con su madre para que la cuide. Al regresar de algún modo a casa, una mujer puede sacar una fuerza inesperada.

Cuando estuve enferma vino mi madre. La necesitaba realmente. Pensaba que mi madre podía ocuparse de todo, y eso hacía que sintiera que yo también podía ocuparme de todo. Lo hizo muy bien. Fue estupendo tenerla con nosotros. [O, 12 meses]

Es probable que también haya un sentido más profundo de volver a casa. Una mujer puede pensar que ha tenido más oportunidades en la vida que su propia madre. Durante años ha podido ver la maternidad como una opción secundaria. ¿Cómo se puede comparar la maternidad con la emoción de tener un trabajo difícil y permitirse el lujo de unas vacaciones exóticas? Pero cuando una mujer se convierte en madre, puede recuperar los valores maternales que antes despreciaba. De repente esos valores son significativos e interesantes. En vez de sentirse por delante de su madre, puede verla como una guía útil que puede ayudarla a encontrar su camino en un mundo nuevo.

Me he alejado mucho de la forma en que me educaron. Pero mi madre me ayuda a ver a A de un modo positivo. A veces A se revuelve en mi pecho y me pega con la mano. Mi madre dice: «Está llena de energía y tiene carácter, es muy impulsiva». Eso me ayuda mucho. [A, 4 meses]

Parte de la maternidad es pausada y silenciosa. Cuando tiene a su bebé en brazos, una madre suele darse cuenta de que necesita estar quieta y relajada para que pueda dormir. Algunas abuelas recuerdan que ellas también hacían esto. Otras sólo aprenden a relajarse cuando son abuelas, mientras que a algunas mujeres siempre les resulta extraño. Para una madre puede ser maravilloso que su propia madre se siente tranquilamente con ella en esos momentos.

Otra de las razones por las que una mujer necesita a su madre puede estar relacionada con los cambios físicos del embarazo y del parto. Con su propia madre, una mujer suele volver a una relación familiar. Cuando era pequeña su madre se ocupaba de su salud y la cuidaba si estaba enferma. Es una relación probada que ahora tiene una dimensión añadida. La hija necesita averiguar cuánto puede pedirle a su madre en nombre de su hijo/a. Algunas abuelas son generosas, mientras que otras pueden ser más exigentes.

Cuando nació *A*, estuvimos las dos primeras semanas con ella en brazos todas las noches. Mi madre se turnaba con nosotros [su novio y ella]. No se quejaba. Estuvo maravillosa. [*A*, 2 meses]

Mi madre no está disponible como canguro. Tengo que reírme de la mera idea. Ella no es así. Cuando viene a vernos, tenemos que hacer lo que quiere, lo cual significa que *O* está mucho tiempo sentado en restaurantes. [*O*, 9 meses]

Todo esto puede producir cambios en la relación. La abuela materna pertenece a una generación anterior, aunque no se instale necesariamente en esa posición. Algunas compiten ferozmente con sus yernos para demostrar que pueden cuidar mejor a la nueva madre. Otras se sienten obligadas a competir con sus hijas para demostrar que son «mejores» madres. Para una nueva madre que sólo quiere cariño y apoyo, esto puede ser decepcionante y agotador.

La mayoría de las mujeres embarazadas se sienten ansiosas por el parto, y las asombra que puedan recordar tantos detalles, tanto buenos como terribles, que han oído describir a sus madres. En algunas familias no se habla de este tema, con lo cual suele quedar la impresión de que es algo terrible. Las experiencias positivas de la abuela materna pueden ayudar mucho. Sheila Kitzinger recordaba que el ejemplo de su propia madre le dio confianza: «Mi madre era muy pequeña, pero tuvo bebés de más de cuatro kilos. Sabía que si ella había podido hacerlo, yo también sería capaz».[159]

Cuando nace el bebé, la madre puede descubrir que se pasa el día amamantándole. Dar el pecho, que parece tan sencillo, puede llevar tiempo, sobre todo los primeros meses. Quizá por eso las madres que dan el pecho agradecen la oportunidad de reunirse en cafeterías. Al menos allí alguien les prepara el té y los sándwiches. Éste solía ser el ámbito tradicional de la madre de la madre. A las nuevas abuelas que pueden ayudar a sus hijas se las aprecia mucho.

> *Madre*: Cuando nació O, mi madre llamó por teléfono y dijo: «Voy a ver a mi bebé, y no me refiero a O».
> *Yo*: ¿Eso era bueno o malo?
>
> *Madre*: Muy bueno. Puedes acabar tan absorbida por tu bebé que se te olvida que tú también existes. [O, 5 meses]

* * *

Mi madre se quedó con nosotros una semana, y era asombrosa. No tuve que fregar ni un plato. Mientras ella limpiaba y cocinaba, yo podía estar con A. [A, 8 meses]

A veces la madre de la madre cree saber qué tipo de ayuda necesita su hija. No le pregunta qué quiere realmente, y a la hija le resulta difícil explicarle que eso no era lo que más necesitaba.

Mi madre estuvo una semana con nosotros. Hacía las tareas domésticas y lo planchaba todo. Ahora mi pareja y yo tenemos toda la ropa interior y los calcetines planchados, aunque yo nunca plancho esas cosas. Cuando se marchó, me di cuenta de que habría preferido que hubiese hecho mucha comida para congelar. Si vuelve otra vez podría decírselo. [A, 4 semanas]

También hay una línea muy fina entre cuidar a la nueva madre y tratarla como a una niña.

Mi madre pensaba que debía descansar. Yo no quería, pero insistió tanto que me acosté hora y media. Cuando me desperté, estuve de muy mal humor, en parte porque me había despertado, y en parte porque para empezar no quería dormir. [A, 4 meses]

Una nueva madre puede sentirse muy insegura, y a su madre le puede desconcertar la inseguridad de su hija. Le puede resultar difícil mantenerse al margen y reconocer que ahora es la abuela, no la madre del bebé. Algunas nuevas abuelas se apresuran a ofrecer ayuda práctica, y no parecen darse cuenta de que expresan su falta de confianza en sus hijas.

Mi madre ha acaparado a mi bebé. Una noche decidió que ya era hora de que fuera a dormir, le llevó arriba y yo me quedé allí sentada. [O, 2 meses]
Mi madre dejó a A en su cuna, y moviéndola un poco se quedó dormida enseguida. [A, 4 meses] *Esta madre parecía haber desviado hacia su bebé el enfado que sentía por su madre por considerarla más competente que ella.*

Las teorías sobre cómo cuidar a los niños siguen cambiando. Este terreno puede ser muy delicado. La madre de la madre tiene experiencia y sabe qué le funcionaba a ella. La nueva madre no tiene experiencia y está poniendo a prueba sus ideas. La abuela puede sentirse criticada porque su hija no hace las cosas como las hacía ella, mientras que a la nueva madre le puede doler que su madre siga «sabiendo más». Las dos pueden discutir por la mejor manera de dar el pecho, si los bebés necesitan una rutina, si una madre que trabaja fuera de casa es una egoísta, y muchas cosas más. La cuestión fundamental es si la madre de la madre puede apoyar a su hija mientras se convierte en madre sin pensar que su forma de ser madre es la *única*.

Todo va bien si estoy sola con O. Pero mi madre es implacable. No deja de hacer comentarios insinuando que lo hago todo mal. Y entonces me siento como si fuese así. [O, 2 meses]

• • •

Mi madre es comadrona. Eso tiene una parte buena y otra mala. La semana pasada me llamó y me preguntó si O tomaba ya alimentos sólidos. Le dije que no parecía estar preparado aún, pero su sugerencia de que le diera arroz se me quedó en la cabeza, y desde entonces me resulta difícil sentirme segura con lo que hago. [O, 4 meses]

Mi madre me dijo que estaba «yendo a la deriva» porque estoy todo el día en casa con O. Cree que debería volver a trabajar. No voy a volver a llamarla. No puedo con ella. [O, 4 meses]

Mi madre preguntó dónde estaba, y alguien le dijo que estaba dando el pecho a O. Estaban todos en la habitación de al lado, y la oí decir: «¿Otra vez?» O se dio un susto terrible, porque de repente me salió un chorro de leche. [O, 6 meses]

Cada vez que mi madre venía a vernos me ponía nerviosa. Entonces no lo entendía, pero ya sé por qué. Me deja agotada, y con la sensación de que no hay nada bueno en la vida. [A, 7 meses]

De vez en cuando una madre rompe el contacto con su madre poco después del nacimiento de su hijo. Normalmente en esos casos la relación estaba ya deteriorada antes de que naciera el bebé. Es una medida drástica que afecta mucho a las madres. Casi siempre, sean cuales sean las razones subyacentes, se quejan de que sus madres las critiquen tanto como madres. Parece ser la gota que colma el vaso. Pero incluso entonces, la mayoría de las hijas dicen que piensan reconstruir parte de la relación más adelante por el bien de sus bebés.

La madre de la madre no suele ser consciente de que ahora es una persona importante en la vida de su hija. Sus comentarios negativos, aunque sean en broma, pueden hacer mucho daño. Es una lástima. Una madre con experiencia es un recurso único para su hija. Aunque no esté físicamente presente puede ayudarla a contrastar diferentes formas de maternidad. Hoy en día, por ejemplo, se presiona mucho a las mujeres, sobre todo por parte de los empresarios, para que vuelvan a trabajar poco después del parto.

Mi madre siempre parecía estar tranquila. Nunca andaba corriendo como yo. Nuestra casa estaba limpia y ella siempre estaba allí. [O, 3 meses]

Mi madre lo tenía todo limpio y ordenado. Yo sabía dónde estaba cada cosa. Siempre parecía tener tiempo para nosotros. En cambio yo estoy siempre estresada. Me educaron con un sentido familiar que me gustaría poder transmitir. [O, 15 meses]

Ninguna de estas abuelas criticaba a su hija. Si lo hubiesen hecho, las hijas podrían haberse sentido desoladas. Ambas trabajaban, y ninguna de las dos veía la manera de seguir el ejemplo de su madre. Aún así, esos recuerdos les servían de inspiración. Las madres aprenden a adaptarse, y estoy segura de que buscarán otro modo de recrear ese sentido familiar que ambas recordaban.

Los comentarios de una suegra también pueden ser importantes. Antes de tener un bebé es posible que la nuera no haya tenido mucho contacto con ella. Cuando tiene un bebé, está dando un nieto a ambas partes de la familia. Entonces empieza a importarle lo que piense su suegra. Una suegra no tiene con ella la misma relación biológica que su madre. Normalmente se espera que las suegras mantengan cierta distancia. Algunas nuevas madres descubren que sus suegras les ofrecen una valiosa ayuda práctica y aportan a la familia nuevas ideas para cuidar al bebé. La relación puede ser problemática cuando a la madre le parece que el comportamiento de su suegra es intrusivo, sobre todo si muestra poco respeto hacia ella como madre.

Anoche vino a vernos mi suegra, y dijo: «Si cogéis a *A* cada vez que llora, acabaréis malcriándola». En ese momento no dije nada, pero he estado despierta hasta las dos de la mañana pensando en ello. Me saca de quicio. [*A*, 6 semanas]

O es el primer nieto de mi suegra. Cuando viene a verle es muy intensa, y está todo el tiempo hablándole y cantándole a la cara. *P* y yo no existimos para ella. Es como si no estuviésemos allí. [*O*, 2 meses]

Mi suegra es como una pesadilla. Ha empezado a insultarme. Quiere ver a *A* todos los fines de semana, y no entiende por qué no se lo permito. [*A*, 3 meses]

Cuando mi suegra hace comentarios mordaces como: «*O* sabe lo que quiere» o «Puede manejaros a su antojo», en ese momento me lo tomo a risa. Pero cuando vuelvo a casa y recuerdo sus palabras, me pongo furiosa. [*O*, 5 meses]

• • •

Todas estas respuestas indican que a una nueva madre le preocupa lo que piensen su madre y su suegra de ella como madre. Su marido puede protestar: «Yo soy el padre. ¿No te basta con mi aprobación?» Pero su posición es muy compleja. Además de estar relacionada con él, pertenece a la actual generación de madres. Cada generación aporta sus ideas sobre cómo educar a los niños. Pero incluso cuando una madre parece estar convencida y orgullosa de lo que está haciendo su generación, es muy probable que no se sienta tan segura. Hasta que su hijo no crezca no puede saber si está haciendo un buen trabajo o no. En su incertidumbre, es comprensible que valore la experiencia de su madre y de su suegra.

Algunas mujeres no pueden ponerse en contacto con sus madres. Sobre todo si han muerto, son especialmente conscientes de su ausencia. Las madres que no tienen madre suelen buscar el consuelo y el apoyo maternal de mujeres con experiencia.

[Esta madre empezó a hablar después de llorar] Echo de menos a mi madre. Murió hace mucho tiempo, y es probable que si estuviese aquí no fuese todo tan bien como me imagino. Pero O sigue estando flaco comparado con otros bebés, y me gustaría que mi madre se sentase conmigo y me dijera que lo estoy haciendo bien. [O, 3 meses]

¿No es eso lo que quieren todas las madres? Sin duda alguna las mujeres no esperan que sus madres tengan todas las respuestas como cuando eran pequeñas. Una nueva madre pasa por un periodo inevitable de responsabilidad e incertidumbre. Su madre y su suegra pueden ayudarla mucho si logran estar tranquilas y aprenden a confiar en ella.

La madre de la madre también puede proporcionar detalles esenciales de su infancia. Ahora la hija va a ampliar la historia familiar, y su madre puede darle muchos datos de esa historia. Las mujeres cuyas madres han muerto suelen ser muy conscientes de las lagunas de información que ninguna otra persona puede facilitarles.

Me dijo cómo había sido yo cuando era pequeña. Fue asombroso. [O, 2 meses]

O estaba llorando, y mi madre dijo que era culpa mía por meterle en la cama conmigo y ser tan blanda con él. Yo le dije: «Has herido mis sentimientos. Llevo seis meses siendo madre, y me estás diciendo que en seis meses lo he hecho todo mal». Entonces vio que estaba muy disgustada, y para consolarme dijo que cuando era pequeña solía meterme en la cama con ella, y que envolvía un biberón de leche caliente en un jersey para que no se enfriara. En el fondo era el mismo tipo de madre. [O, 6 meses]

Al mismo tiempo, una nueva madre suele quedarse fascinada al ver todo tipo de detalles cuando su madre y su suegra la ayudan con su bebé. Entonces empieza a imaginarse cómo han podido ser como madres.

Mi madre sigue intentando que O sea feliz. Él la adora, así que no le hace daño. Pero supongo que con nosotros también era así. Siempre quería vernos felices. [O, 11 meses]

* * *

Las madres también piensan en la educación que han recibido. Muchas han hecho terapias, han leído libros o han hablado con amigos. Eso les ha permitido reevaluar su infancia, y en algunos casos decidir que quieren criar a sus hijos de otro modo.

Por lo visto fui un bebé difícil. Mi madre dice que me pasé un año llorando. Si fuera insensible con O supongo que podría ser como yo fácilmente. [O, 4 meses]

Mi madre no me abrazaba mucho. No había una relación física. Así que estoy intentando arreglar eso para A. Tengo que pensar en ello, y me pregunto: «¿Será éste un buen momento para cogerla?» No es espontáneo. [A, 6 meses]

He estado pensando en mis padres, sobre todo en mi madre. Provengo de una familia muy convencional, y en cierto sentido soy una decepción para ellos. Pero fui al mismo instituto que mi madre, me titulé en la misma profesión y me casé a la misma edad que ella. También he estado pensando en su infancia. Fue muy infeliz. Es posible que yo haya repetido la vida que tuvo, pero de un modo diferente. Pensar en todo esto ha hecho que me sienta mucho más cerca de mi madre. [A, 10 meses]

Mi madre era como su madre, pero yo estoy intentando romper el círculo. No soy como ella. Me parece importante para satisfacer las necesidades de O. Pero es difícil aceptar la infancia que tuve. Cuando creces te deja un vacío dentro. [*O*, 12 meses]

Al mismo tiempo, esta nueva comprensión de sí mismas las ayuda a entender mejor a sus madres y sus abuelas. A veces se despliega una historia maternal que se remonta a varias generaciones. Las nuevas madres se sienten capaces de considerar la vida de sus madres con más compasión que antes. Suelen decir que creen que han tenido ventajas que sus madres no tuvieron. Se ven a sí mismas como parte de una historia significativa.

Mi madre tenía veintiún años cuando me tuvo a mí. Yo he tenido a *O* con treinta años. Cuando mi hermana era un bebé estuvo muy enferma. Mi madre fue a la clínica y dijo: «Ayúdenme. Me da miedo hacer daño a mi hija». Ahora comprendo lo mal que se debió sentir. Tenía buenas intenciones, pero era muy joven. [*O*, 2 meses]

Mi madre me ha dado las llaves de su casa. Parece que ahora me ve como una adulta y puede confiar en mí. Y, por supuesto, yo puedo comprenderla mucho mejor. [*O*, 3 meses]

Tiene que ser difícil para ellas. Cuando nosotras somos madres, las convertimos en abuelas, y puede que muchas de ellas no quieran serlo. Sé que la mía dice: «No me llames abuela. Suena a vieja». [*A*, 8 meses]

Debido a que muchas madres han tenido un trabajo remunerado y han viajado mucho, creen que pueden redescubrir a sus propias madres y verlas con nuevos ojos.

Mi madre me ayudó con *O* toda la semana. Es muy buena con él. Al final de la semana le di las gracias. Y ella respondió: «Está bien. Después de todo, tú eras antes mi bebé». Entonces me sentí fatal. Fui una adolescente muy rebelde, y durante muchos años me porté muy mal con ella. Cuando tenía veinte años le gritaba que la odiaba, y supongo que entonces lo decía en serio. Pero cuando dijo eso de repente me di cuenta de que *me* quiere como yo quiero a *O*. [*O*, 4 meses]

Este último testimonio hizo que las madres que estaban escuchando se echaran a llorar. Cristalizó lo que sentían muchas de ellas. Varias confesaron que se arrepentían de cómo habían tratado a sus madres. Ahora podían comprenderlas y respetarlas mucho más. No las veían como modelos de perfección fallidos, sino como figuras esenciales en un episodio de su historia familiar. El siguiente capítulo estaba en sus manos. Se sentían humildes al ser conscientes de lo difícil que podía ser la maternidad, y estaban dispuestas a valorar lo que sus madres habían conseguido.

EPÍLOGO

Círculos de madres

Hoy en día una madre tiene cierta libertad a la hora de decidir cómo educar a su hijo. Al principio, mientras se acostumbra a su nuevo papel, esa libertad puede parecer una carga más que una ventaja. Sin embargo, le permite descubrir no sólo qué «funciona», sino también cuáles son sus auténticos valores y cómo puede expresarlos al crear una familia. Por lo tanto, es una libertad muy valiosa. Puede resultar pesada, pero sin duda alguna merece la pena.

Pero a veces las madres minan su propia libertad. Con la lactancia, por ejemplo, pueden ser radicales. La Liga de la Leche ha mantenido una cuidadosa política de respeto a la opción que elija cada madre para alimentar a su bebé.[160] Sin embargo, en otra reunión más general a la que fui una vez, la noticia de que un grupo de madres embarazadas se habían «convertido» a la lactancia materna fue recibida con fuertes aplausos. Deberíamos tener una perspectiva más amplia. Las madres necesitan información que les ayude a tomar decisiones. Si la persona que informa también presiona a las madres para tomar una decisión concreta, se limita su valiosa libertad.

Dos personas que han tomado decisiones diferentes no tienen que ser una amenaza la una para la otra. El verdadero ene-

337

migo de una madre no es la madre que parece haber tomado todas las decisiones «equivocadas». Si pueden sentarse juntas, relajarse y hablar, la madre «equivocada» se puede convertir en una aliada, e incluso en una amiga. Su enemigo común es cualquiera que afirme que sólo hay una manera adecuada de educar a un niño. Afortunadamente, el sistema de Platón no salió de las páginas de su libro, y poca gente parece conocerlo.[161] Pero Frederic Truby King fue autorizado[162] para lanzar un programa internacional para madres. Sin duda alguna, es cuestión de tiempo que alguien intente homogeneizar de nuevo a las madres.

Truby King nació en Nueva Zelanda en 1857. Su libro *Feeding and Care of Baby* [Alimentación y cuidado del bebé] se publicó en Gran Bretaña en 1913 y se reeditó veinticuatro veces. Truby King visitó Gran Bretaña y creó un centro de formación para madres en Highgate, al norte de Londres. Estableció otros centros en varios países de habla inglesa, y también en Rusia, Polonia, Palestina (como se denominaba entonces) y China.

El libro de Truby King determinaba las bases para cuidar a los bebés. Era una especie de enciclopedia virtual que incluía todo tipo de detalles sobre este tema. Incluso regulaba la relación de la madre con el bebé. De día había que dar el pecho cada cuatro horas, y por la noche estaba prohibido durante doce horas. Además, «se debe coger y mover al bebé a intervalos regulares…, pero un exceso de intromisión y estimulación puede ser perjudicial».[163] Yo entrevisté a dos madres que habían sido alumnas del Truby King Centre for Training Mothers de Highgate, que sobrevivió hasta 1951. Una de ellas recordaba: «Teníamos que coger a los bebés y darles la vuelta en su cuna a una hora exacta. Yo solía abrazarlos si no había nadie mirando. Si te veían hacerlo, te reñían».

La influencia de Truby King fue más allá de sus centros de formación. A través del personal de las clínicas maternales llegó a un gran número de nuevas madres. Recuerdo que una mujer, que tuvo cuatro hijos entre los años cuarenta y cincuenta, me decía: «Tu generación tiene mucha suerte. A nosotras no nos permitían coger a nuestros bebés hasta que lloraban. Yo solía estar en la habitación de al lado, oyendo llorar a mi bebé con lágrimas en los ojos, porque quedaba media hora para la siguiente toma». Estaba sola en su casa. Nadie podía verla ni impedirle que cogiera a su bebé. Pero el régimen de Truby King exigía a las madres una obediencia total, y muchas veces lo conseguía.

Durante siglos ha habido un intenso debate sobre si todas las madres deberían cuidar a sus hijos solas o si algunas deberían delegar esta tarea en los profesionales. Jean-Jacques Rousseau, por ejemplo, preconizaba que las madres debían ocuparse de sus hijos.[164] Un siglo después, Florence Nightingale creía que los bebés debían ser educados en guarderías comunales.[165] Como tanta gente inflexible, ninguno de los dos era madre. Hoy en día se presentan nuevos estudios varias veces al año, muchas veces en las portadas de los periódicos nacionales, que promulgan una u otra postura. Afortunadamente este debate no se ha resuelto nunca, con lo cual las madres siguen teniendo libertad para elegir.

Sin embargo, actualmente este debate tiene un cariz especial. Sin duda alguna siempre habrá madres cuyo compromiso con su trabajo sea prioritario. Cuando delegan el cuidado de sus hijos en otras personas, son conscientes de que están tomando una decisión difícil. También habrá siempre madres que prefieran ocuparse ellas mismas de sus hijos. Intentan ajustar su trabajo a las necesidades de sus bebés, o lo dejan de forma temporal. Pero cuando se habla ahora de este tema, no se cuestiona que son los bebés los que se deben adaptar a la carrera de sus madres. Hoy en día, la mayoría de las madres de Gran Bretaña parecen haberse unido al primer grupo,[166] y vuelven a trabajar antes de que sus hijos tengan un año. ¿Se debe esto a que ahora casi todas las mujeres prefieren trabajar a cuidar a sus bebés?

Una mujer que cuida a su hijo está haciendo algo que ningún profesional puede hacer tan bien como ella. Las mujeres que han trabajado con niños suelen decir que cuando se convierten en madres lo ven de un modo muy diferente. Como profesionales solían pensar que las madres se preocupaban demasiado. Ahora, con sus adorados bebés en sus brazos, comprenden a esas madres. La profesional más competente es la primera en reconocer que no es la madre del niño, lo cual significa que percibe una diferencia crucial. Una madre conoce a su hijo mejor que nadie. En las sociedades tradicionales esto es obvio para todo el mundo, pero en las sociedades donde las mujeres han conseguido una mayor igualdad con los hombres se ignora esta verdad tan evidente.

Las mujeres han sido educadas para pensar que después de pasar seis meses con un bebé, estarán desesperadas por volver a trabajar. ¿Hasta qué punto se convierte esto en una predicción que se acaba cumpliendo? Kate Figes decía: «Necesitaba volver a trabajar para sentirme unida de nuevo al mundo real».[167] En su opinión, ser madre no es estar unida al «mundo real».

Durante décadas ha habido una denigración constante de la maternidad, y se menosprecia a las mujeres si dicen que se sienten complacidas cuidando a sus bebés. Da la impresión de que estas madres tienen una extraña capacidad para hacer lo que las mujeres «normales» no pueden conseguir. Pero esto no parece ser cierto. La mayoría de las mujeres son capaces de convertirse en madres aunque estén enfermas o se encuentren en todo tipo de situaciones difíciles. La maternidad es adaptable, y sin duda alguna no es un privilegio de unas pocas. Pero ¿lo saben las mujeres?

Por ejemplo, muchos libros para madres presentan una falsa imagen de lo que implica realmente ser madre. Quitan importancia a la relación con los bebés. Pero no es honrado reducir la intimidad de la maternidad a una serie de técnicas prácticas. Hoy en día muchas obras dan por supuesto que ser madre consiste en cambiar el comportamiento «inoportuno» de un bebé. Gina Ford, autora del *best-seller The Contented Little Baby Book,* se ofrece a ayudar a los padres a hacer esto. «La gran diferencia de mi libro —afirma en la introducción— es que está basado en muchos años de experiencia. He cuidado a cientos de bebés diferentes... Mis consejos te enseñarán a escuchar lo que dice realmente tu bebé.»[168]

Se dice que las madres que siguen los consejos de Gina Ford tienen «bebés Gina Ford». Puesto que su libro «enseña» a las madres a escuchar lo que dicen sus bebés, se las anima a prestar más atención al libro que a sus hijos. Pero los bebés no son máquinas que se pueden arreglar siguiendo un manual de instrucciones. Son seres vivos que tienen relaciones complejas con sus padres.

Hay unos pequeños indicios de que la verdadera maternidad esté recuperando lentamente el espacio que le corresponde. Cuando ocurra esto, es muy probable que las madres actuales sean ya abuelas y le digan a sus hijas o nietas: «Tu generación tiene mucha suerte. A nosotras no nos permitían cuidar solas a nuestros bebés».

Es alarmante que tan pocas mujeres tengan confianza en su capacidad para aprender a ser madres. Muchas veces hablan y escriben como si dependieran de las cuidadoras profesionales. Sin duda alguna han recibido una visión parcial de la maternidad. Para tomar una decisión equilibrada sobre cuándo debería volver a trabajar, una madre debe ser capaz de escuchar argumentos a favor y en contra de esta polémica cuestión.

Este tipo de debate indica que hay una dimensión política en lo que hacen las madres. La exploración de este tema fue iniciada por Aristófanes, que planteó una nueva forma de pensar en *Lisístrata*, escrita en 412 a. C. En esta comedia las mujeres consiguen poner fin a la larga guerra del Peloponeso. Lisístrata, una madre ateniense, llega a un acuerdo con sus colegas espartanas. Su plan es que las mujeres de ambos bandos se nieguen a tener relaciones sexuales con sus hombres hasta que acaben con la guerra. En una escena, un magistrado ateniense se burla de Lisístrata por suponer que siendo una mujer puede entender de cuestiones bélicas. Lisístrata replica que las madres lo entienden muy bien. Dan a luz a los hombres que mueren como soldados. «¡Silencio!», ordena el magistrado. Es evidente que ha tocado un tema sensible. Esto es una comedia, y los actores que representan a los soldados atenienses y espartanos entran poco después en el escenario con lo que parecen ser grandes erecciones debajo de sus túnicas. Al cabo de unos días se declara la paz.

Esto debía resultar increíble en el gran teatro de Atenas en el siglo V a.C., donde tanto los actores como el público estaba compuesto por hombres. Las mujeres estaban socialmente subordinadas a los hombres, excepto en raras ocasiones. Sin embargo, hoy en día esta idea se ha hecho realidad, y las mujeres se agrupan para este tipo de propósitos. Las madres han empezado a descubrir que tienen un poder político, que utilizan sobre todo para protestar contra la injusticia. Cada vez hay más movimientos internacionales con nombres que comienzan con «Madres contra», como Madres contra la Guerra, Madres contra la Violencia en Estados Unidos, Madres contra las Bandas Callejeras, Madres contra las Drogas, Madres contra la Embriaguez al Volante, Madres contra los Abusos Sexuales, Madres contra la Pena de Muerte, Madres contra la Ingeniería Genética. Esta lista puede parecer negativa, pero todas estas causas están basadas en valores maternales muy positivos.

Cualquier madre que suponga que está aislada en casa sin ninguna identidad política está subestimando su importancia como madre. Cuando comienza a crear una familia, le infunde sus valores. Es tanto un asunto privado como una base política personal. Puede crear una buena base, sobre todo en la manera de utilizar su poder para relacionarse con sus hijos. Los valores políticos que la rodean no tienen que coincidir con los suyos. De igual modo, su silencio y su sumisión pueden respaldar de forma pasiva el *statu quo*.

Cualquiera que ponga esto en duda debería considerar el papel que han desempeñado las madres en muchas sociedades. Si un gobierno es absolutista y corrupto, las madres pueden favorecerlo inconscientemente. Es un descubrimiento inquietante, pero el apoyo de las madres parece haber sido crucial para la aplicación de las políticas racistas del Tercer Reich, que culminaron en la «Solución Final». No es fácil comprender cómo unos seres humanos pudieron actuar con tan poca humanidad. Los psiquiatras nazis confiaban en un sencillo sistema de apoyo. Animaban a los verdugos a «rehumanizarse» pasando mucho tiempo con sus mujeres y sus hijos.[169]

En las sociedades democráticas este tipo de explotación es menos evidente. Sin embargo, una madre experimentada puede descubrir que tanto a los niños como a los adultos les gusta que ella los cuide, no sólo en casa sino también en su lugar de trabajo. En muchos casos debe estar atenta para reconocer a quién está cuidando y qué valores está apoyando al hacerlo. Sin darse cuenta, puede estar «rehumanizando» a gente cuyos valores no comparte.

Yo creo que el mejor antídoto para todas estas presiones son los círculos de madres, ya sea en reuniones regulares o en encuentros espontáneos en el supermercado o en la calle.[170] Ahí una madre puede intercambiar opiniones y cuestionar sus ideas. La gente suele ridiculizar a las madres por hablar. Ellos pueden asistir a reuniones de trabajo, pero menosprecian a las madres porque sólo se dedican a «charlar».

A las mujeres siempre se les ha dado bien conversar, y las madres desarrollan un estilo particular. Muchas veces han dormido poco y sus bebés las distraen con frecuencia, así que los temas se suelen tratar de un modo aparentemente desorganizado (lo que se presta a la crítica de un extraño), y se habla de ellos en muchos niveles.[171] Esto es especialmente evidente en las reuniones de la Liga de la Leche, porque cada reunión tiene un título específico que nunca se trata de forma metódica. Sin embargo, al final las madres suelen decir que han aprendido mucho de la reunión. Sin duda alguna la han utilizado para analizar su trabajo como madres.

Las madres suelen buscar o crear grupos locales para poder reunirse. En Mothers Talking, los grupos semanales de debate que inicié hace más de doce años, no hay temas establecidos. A medida que pasa el tiempo las madres me dicen cuánto las ayuda hablar con otras madres. Parece «funcionar» en muchos niveles.

Me siento mejor aquí sentada, escuchándoos a todas. Me siento mucho mejor. Me gustaría que pudierais venir a casa conmigo. Porque eso es lo más difícil, estar sola en casa con O. [O, 3 semanas]

Ésta es la madre de un bebé con síndrome de Down: Me daba miedo ser la persona más necesitada del grupo, pero al oíros hablar veo que otras personas tienen dificultades que yo no he tenido. [O, 2 meses]

Me afecta todo lo que han dicho las madres que han hablado antes que yo. Reconozco todos sus problemas. No sabía que otras personas se preocupaban por sus bebés tanto como yo. Tengo mucho que decir, pero no puedo dejar de llorar porque ahora sé que soy normal. Pensaba que estaba loca. Pero es normal sentir todas estas cosas. [O, 2 meses]

Hablar aquí es muy reconfortante. Me voy llena de energía. Lo más importante como madre es que te escuchen. [O, 6 meses]

Este grupo es muy sincero. Es agradable poder decir cómo te sientes realmente. Cuando me preparo para venir aquí, empiezo a preparar mis verdaderos sentimientos. [A, 8 meses]

● ● ●

Aunque las nuevas madres son muy agradecidas, no siempre les resulta fácil relacionarse. Se encuentran en un periodo muy sensible de su vida y muchas veces tienen poca confianza en sí mismas. Se ofenden con facilidad, y cualquier broma o comentario en el que en otro momento no se habrían fijado puede dolerles mucho. Sin embargo, precisamente por eso, suele aumentar su sensibilidad y su capacidad de comprensión.

No parece haber ninguna palabra para referirse a esta maravillosa capacidad de superar sus diferencias para entenderse. Pero eso es lo que hacen las madres cuando se sienten seguras juntas. El ejemplo más antiguo que he encontrado (en el que me fijé por la coincidencia con mi nombre) es el de Noemí en el libro de Rut. Este pasaje bíblico narra la historia de una hambruna en Belén, que llevó a Noemí y a su familia a emigrar a Moab. Allí, después de varios años, murieron el marido y dos hijos de Noemí, y ella regresó a Belén acompañada por Rut, la viuda de uno de sus hijos.

La lengua hebrea, en la que está escrita la historia original, es como el francés en algunos aspectos. Las terminaciones verbales son masculinas no sólo cuando todos los sujetos son hombres, sino también cuando hay un solo hombre y muchas mujeres. En este punto de la historia todas las terminaciones verbales son femeninas. Por lo tanto, podemos deducir que no había presente ningún hombre. Es una reunión compuesta únicamente por mujeres. «¿Es ésta Noemí?», preguntan las mujeres de Belén, y ella responde: «No me llaméis Noemí. Llamadme Mara, porque el Omnipotente me ha llenado de amargura. Salí con las manos llenas, y Yavé me ha hecho volver con las manos vacías. ¿Por qué, pues, habríais de llamarme más Noemí, una vez que Yavé da testimonio contra mí y me ha afligido el Omnipotente?» La siguiente frase comienza: «Así fue como Noemí volvió…»[172]

¿Qué ocurrió después? No nos dicen cómo respondieron las mujeres de Belén. ¿Abrazaron a Noemí y lloraron con ella, o le dieron la espalda porque ella y su familia habían abandonado Belén durante la hambruna? Yo me imagino que se quedaran calladas, porque he visto situaciones como ésta en Mothers Talking. Una madre empieza a hablar con la misma amargura que Noemí. Las madres que la escuchan forman una especie de cesta de contención; no estoy segura de cómo explicar este proceso. Cuando no se sabe si la cesta es lo bastante fuerte y si podrá resistir, hay un momento de tensión. La madre comienza a llorar y alguien le pasa un pañuelo. Las demás murmuran: «Debe de ser muy difícil», o algo parecido. Pero la respuesta general ante el sufrimiento de otra madre es un profundo silencio.

Tardé mucho tiempo en darme cuenta de que ese silencio es curativo. Actúa como una especie de amortiguador. No es necesario decir nada más. La madre que llora se siente menos sola, y las que escuchan sienten que han asumido una pequeña parte de su problema. Todas se sienten más fuertes y contentas a pesar del dolor que han compartido. Al cabo de un rato la madre afligida se seca los ojos, da las gracias a todo el mundo y se pasa a otro tema.

El silencio suele funcionar mejor que las palabras. A veces las madres aprovechan las reuniones para pedir o compartir consejos, pero esto puede ser un error. La situación de cada madre es única. Normalmente, cuando una madre aprende algo de otra, sólo le resulta útil una pequeña parte de la información. Pero cuando una madre ha superado los primeros meses de incertidumbre, puede caer en la tentación de creer que es capaz de rescatar a otras madres con menos experiencia.

Estaba en la cola del supermercado, y vi que la mujer que estaba detrás de mí estaba embarazada. Entonces pensé: «¡Con toda la experiencia maternal que tengo yo!» Pero luego me dije a mí misma: «No te ha pedido ningún consejo. Es mejor que te calles». No fue fácil, pero conseguí morderme la lengua. [*A*, 6 meses]

Esta mañana me he encontrado con una madre, con un bebé de diez meses, que parece tener los mismos problemas que yo. Y le he dicho: «¿Quieres que te explique qué he hecho yo y qué nos ha funcionado a nosotros?» Cuando he empezado a contárselo, ella no dejaba de decir: «Eso ya lo he intentado» o «No, no quiero hacer eso». Así que al cabo de cinco minutos he dejado de hablar porque no le interesaba escucharme. Pero al pensar en ella me siento fatal. *Lo decía porque quería ayudar a la otra madre.* [*A*, 10 meses]

La mayoría de las veces lo que las madres buscan es comprensión sin ningún consejo. Por eso sus historias suelen parecer angustiosas. El tono angustioso es para provocar lástima. Una madre puede exagerar su situación para conseguir que su interlocutora se compadezca de ella. Es muy probable que haya estado toda la mañana siendo paciente y comprensiva con su hijo y necesite un poco de atención. Sin embargo, su angustiosa historia puede hacer que a la otra madre le dé tanta pena (como en el ejemplo anterior), que se sienta obligada a ayudarla dándole consejos prácticos. Esto hace que la primera madre se esfuerce más para reafirmar su necesidad de comprensión sonando más angustiada, pero eso presiona aún más a la segunda para plantear un consejo aceptable. Ninguna de las dos puede entender por qué sus esfuerzos no funcionan. Estas conversaciones son muy frecuentes. Incluso yo, después de tantos años, suelo caer en el error de dar este tipo de consejos.

A las madres nunca les faltan temas problemáticos de los que hablar. Es posible que nunca haya sido fácil ser madre. Pero hoy en día parece que se le ha dado la vuelta al significado de la maternidad. Al igual que se dice que la juventud es demasiado buena para malgastarla con los jóvenes, la maternidad se considera demasiado buena para malgastarla con los bebés. Los adultos valoran la maternidad, pero normalmente para ellos. Cuando está relacionada con un bebé se suele menospreciar. A los bebés se los asocia únicamente con pañales sucios y leche regurgitada. En este país se espera que las madres eviten que sus hijos hagan demasiado ruido, molesten a otros adultos y causen «problemas». Cuando alguien pregunta: «¿Es un buen bebé?», suele referirse a un bebé que no parece problemático. De acuerdo con este criterio, la verdadera maternidad, que implica tomarse muchas molestias para que al niño le resulte más fácil vivir fuera del útero, se puede considerar un fracaso. Si una madre hace todo eso, sin duda alguna está permitiendo que su bebé le cause problemas.

El título de este libro, *Lo que hacen las madres – Sobre todo cuando parece que no hacen nada*, es una reflexión de este concepto negativo sobre las madres. Si no vemos «nada» al mirar a una madre que está cuidando tranquilamente a su hijo, también a ella le resultará fácil pensar que no está haciendo nada. Si cree que no está haciendo nada, y nosotros también, sólo el bebé puede saber si está haciéndolo bien.

¿Qué hacen las madres?

En un cuarto de baño hay un tubo de dentrífico abierto en el suelo. El tapón ha rodado Dios sabe dónde. En el borde del lavabo hay un cepillo de dientes con un poco de pasta, sin usar. Han debido interrumpir a alguien que estaba a punto de lavarse los dientes. Esa persona está en la habitación de al lado. Es una mujer, una madre con su bebé. ¿Qué está haciendo? Bueno, cómo respondas depende de ti y de lo que veas al mirarla.

Atando cabos, puedes ver a una mujer infortunada con un bebé muy absorbente que ni siquiera podía esperar dos minutos a que su madre se lavara los dientes, y no ha dejado de llorar hasta que ha ido a cogerle. Puedes ofrecerte a cuidar al bebé, pero está tan alterado que se agarra a su madre y no confía en nadie más. Puedes preguntarte para qué inventaron a los bebés, pero no es probable que lo hagas. Tendrás tu propia forma de ver las cosas. Voy a terminar este libro diciéndote lo que veo yo.

Veo a una madre con aspecto agotado, pálida y ojerosa, que milagrosamente tiene energía para cantar y acunar a su bebé de un modo que el bebé comienza a reconocer. Veo que se está relajando y que su cuerpo se funde en sus brazos. Ya no llora. Todo su ser está atento a la música y al ritmo de la madre que le está consolando tan bien. Cuando por fin se duerme, toda la habitación se queda en paz. Algo trascendental parece haber cambiado. Ha habido una transición de la angustia a la armonía. La madre mira hacia arriba con una cálida sonrisa. El milagro lo ha realizado ella, pero es posible que tú y yo la hayamos ayudado estando allí y viendo que ha hecho «algo».

Notas

Se han hecho todos los esfuerzos posibles para transcribir los títulos correctamente y reconocer a los titulares del *copyright*. En el caso de que haya alguna omisión, el titular del *copyright* debería ponerse en contacto con Naomi Stadlen inmediatamente.

1. Susan Griffin, *Made From This Earth*, selecciones de sus obras 1967-1982, Women's Press, Londres, 1982, págs. 70-71.

2. Rachel Cusk, "The language of love", *Guardian*, *G2*, 12 de septiembre de 2001, pág. 8.

3. Judith M. Gansberg y Arthur P. Mostel, *The Second Nine Months: the Sexual and Emotional Concerns of the New Mother*, Thorsons, Wellingborough, 1984, pág. 86.

4. Marshall H. Klaus y John H. Kennell, *Bonding, the Beginnings of Parent-Infant Attachment*, C. V. Mosby, Saint Louis, 1983, pág. 2.

5. John Bowlby, *A Secure Base*, Routledge, Londres, 1988, pág. 29. [Hay trad. cast.: *Una base segura*, Paidós, Barcelona, 1996.]

6. Marshall H. Klaus y John H. Kennell, *Bonding, the Beginnings of Parent-Infant Attachment*, ob. cit. (nota 4), pág. 64.

7. Ibíd., pág. 56.

8. Véase, por ejemplo, Daniel Stern, , *The Interpersonal World of the Infant: a View from Psychoanalysis and Developmental Psychology*, Basic Books, Nueva York, 1985, págs. 207-219.

9. Información verbal personal a la autora de Kittie Franz, directora de la Breastfeeding Infant Clinic, del condado de Los Ángeles. La otra profesional de la salud es Chloe Fisher, de la clínica de lactancia materna del John Radcliffe Hospital de Oxford, ahora retirada. Kittie Franz dijo que la palabra surgió en una conversación que mantuvieron en una playa en 1970, y no recordaba cuál de las dos la utilizó antes.

10. Jacqueline Vincent Priya, *Birth Traditions and Modern Pregnancy Care*, Element Books, Shaftesbury (Dorset), 1992, pág. 116.

11. Véase especialmente Dale Spender, *Man Made Language*, Pandora, Londres, 1980, págs. 54-58.

12. Ver, por ejemplo, Sheila Kitzinger, *Ourselves as Mothers*, Bantam Books, Londres, 1992, pág. 197 y sigs.

13. Véase Becky Hamlyn, Sue Brocker, Karin Oleinikova y Sarah Wands, *Infant Feeding Report 2000*, "The employment status of mothers", The Stationery Office, Noruega, págs. 137-142. Véase también nota 80.

14. Extraído de *Weavers of the Songs: the Oral Poetry of Arab Women in Israel and the West Bank*, compilado, editado y traducido por Mshael Maswari Caspi y Julia Ann Blessing. Copyright © 1991 de los autores. Reproducido con el permiso de Lynne Rienner Publishers Inc. Véase página 94.

15. Amanda White, Stephanie Freeth y Maureen O'-Brien, *Infant Feeding*, HMSO, Londres, 1990 y 1993, págs. 27 y 69.

16. Rachel Johnson, "Real Women don't need degrees", *Daily Telegraph*, 21 de febrero de 1998.

17. David Elkind, *The Hurried Child*, Perseus Books, Reading (Mass.), 1981 y 1988.

18. Dana Breen, *Talking With Mothers*, Free Association, Londres, 1981 y 1989, pág. 116.

19. Columna de Nigella Lawson en el *Observer*, 28 de marzo de 1999.

20. León Tolstoi, *The Kreutzer Sonata and Other Stories*, traducido por David McDuff (Penguin Press, 1985), © McDuff, David, 1985. Londres, Penguin, págs. 70-71. Reproducido con el permiso de Penguin Books. [En castellano —*Sonata a Kreutzer*— hay ediciones de Edit. Circe, Barcelona, 1995; Océano, Barcelona, 2000; y Alianza, Madrid, 2004.]

21. Daniel N. Stern y Nadia Bruschweiler-Stern, *The Birth of a Mother*, Bloomsbury, Londres, 1998, págs. 96-97. [Hay trad. cast.: *El nacimiento de una madre*, Paidós, Barcelona, 1999.]

22. Tillie Olsen, *Silences*, Virago, Londres, 1980, págs. 18-19.

23. Annette Karmiloff-Smith, *Baby It's You*, Ebury Press, Londres, 1994, describe cómo los bebés de tan sólo seis a ocho semanas se callan a veces después de un arrebato de llanto y parecen escuchar los pasos de sus padres. Si no oyen esos sonidos, siguen llorando (pág. 168). En otras palabras, para que un bebé tenga éxito primero tiene que darse cuenta de que sus padres acuden cuando llora.

24. Judy Dunn, *Distress and Comfort*, Fontana/Open Books, Londres, 1977, pág. 32.

25. Isaías, 66,13. La traducción literal del hebreo es "Como consuela una madre a un *hombre...*", lo cual demuestra el valor duradero del consuelo materno. Isaías estaba comparando el consuelo de las madres con el consuelo divino.

26. Laura M. Glynn, Nicholas Christenfeld y William Gerin, "Gender, Social Support, and Cardiovascular Responses to Stress", en *Psychosomatic Medicine*, Baltimore, Estados Unidos, págs. 234-242.

27. Véase "Nursing Twins" de Susan Shannon Davies en *New Beginnings*, La Leche League International, Schaumburg, Estados Unidos, mayo-junio 1997, pág. 73.

28. Véase Barry M. Lester, "There's More to Crying than Meets the Eye" en *Infant Crying: Theoretical and Research Perspectives*, eds. Barry M. Les-

ter y C. F. Zachariah Boukydis, Plenum Press, Nueva York, 1985, pág. 7. Véase también Megan R. Gunner y Bonny Donzella, "Looking for the Rosetta Stone, an Essay on Crying, Soothing and Stress", en *Soothing and Stress*, eds. Michael Lewis y Douglas Ramsay, Lawrence Erlbaum Associates, Mahwah (N. J.), 1999, pág. 39.

29. Platón, *Laws* [*Las leyes*], trad. de R. G. Bury, Harvard University Press, Cambridge (Mass.) y Heinemann, Londres, 1926 y 1984, Libro VII, 790D, pág. 11. [En cast. hay ediciones del Centro de Estudios Políticos y Constitucionales, Madrid, 1999; Akal, Madrid, 1988, y Alianza, Madrid, 2002.]

30. Judy Dunn, *Distress and Comfort*, ob. cit. (nota 24), pág. 28.

31. La Leche League International, *The Womanly Art of Breastfeeding* (1926), Penguin, Nueva York, 1997, pág. 96.

32. Véase, por ejemplo, Rozsika Parker, *Torn in Two*, Virago, Londres, 1995, pág. 1.

33. Susan Maushart, *The Mask of Motherhood*, Pandora, Londres, 1999, pág. 125.

34. Wilberta L. Donovan y Lewis A. Levitt, "Physiology and Behaviour: Parents' Response to the Infant's Cry", en *Infant Crying: Theoretical and Research Perspectives*, ob. cit. (nota 28), pág. 253.

35. Barry M. Lester, "There's More to Crying than Meets the Ear", en ibíd., págs. 23 y 25.

36. «*Children are certain cares but uncertain comforts*». John Simpson y Jennifer Speake, eds. , *The Oxford Concise Dictionary of Proverbs*, Oxford University Press, Oxford, 1982, página 43.

37. Christine E. Parkinson y D. G. Talbert, "Ways of Evaluating the Mother-Infant Relationship", en *Parent-Infant Relationships*, ed. David Harvey, Wiley & Sons, Chichester, 1987, pág. 17.

38. Tillie Olsen, *Silences*, ob. cit. (nota 22), pág. 19.

39. Daniel N. Stern, *The Interpersonal World of the Infant*, ob. cit. (nota 21), cap. 9.

40. Marshall H. Klaus y John H. Kennell, *Bonding, the Beginnings of Parent-Infant Attachment*, ob. cit. (nota 4), pág. 41.

41. Véase, por ejemplo, Christine E. Parkinson y D. G. Talbert, "Ways of Evaluating the Mother-Infant Relationship", ob. cit. (n° 37), págs. 18-19, y Marshall H. Klaus y John H. Kennell, *Bonding, the Beginnings of Parent-Infant Attachment*, ob. cit. (nota 4), pág. 60.

42. Ilya Prigogine e Isabelle Stengers, *Order Out of Chaos*, Fontana, Londres, 1985 [trad. al cast.: *Las leyes del caos*, Crítica, Barcelona, 2004], y también Frederick David Abraham y Albert R. Gilgen, eds., *Chaos Theory in Psychology*, Westport (Conn.), 1995.

43. D. W. Winnicott, *The Child, the Family and the Outside World*, Penguin, Londres, 1964, pág. 15.

44. Platón, *Laws, The Collected Dialogues*, edición de Edith Hamilton y Huntingdon Cairns, Bollingen Foundation, Nueva York, 1961, distribuido por Pantheon Books, una división de Random House, pág. 1.362. Véase también nota 29.

45. Jessie Bernard, *The Future of Parenthood*, Caldar and Boyars, Londres, 1975, pág. 277.

46. Ernest L. Hartmann, *The Functions of Sleep*, Oxford University Press, Oxford, 1973, pág. 3. [Hay trad. cast.: *Las funciones del sueño fisiológico*, Labor, Barcelona, 1976.]

47. Stanley Coren, *Sleep Thieves*, Free Press, Simon & Schuster, Nueva York, 1996, pág. 114. Véase también Teresa Pinilla y Leann Birch, "Help Me Make It Through the Night", *Pediatrics*, 91[2], febrero de 1993, págs. 436-444.

48. Nathaniel Kleitman, *Sleep and Wakefulness*, University of Chicago Press, Chicago, 1939 y 1963, pág. 112.

49. Ibíd., pág. 219 y sigs.

50. Susan Jensen y Barbara A. Given, "Fatigue affecting family caregivers of cancer patients", *Cancer Nursing*, 1991, 14[4], pág. 182.

51. Renee A. Milligan y Linda C. Pugh, "Fatigue during the childbearing period", *Annual Review of Nursing Research*, 1994, vol. 12, págs. 34 y 43. Véase también Kathryn A. Lee y Jeanne F. De Joseph, "Sleep Disturbances, Vitality, and Fatigue among a Select Group of Employed Childbearing

Women", *Birth*, 19[4], diciembre de 1992, pág. 208: "Se ha investigado poco para estudiar el fenómeno de la fatiga y los trastornos del sueño durante el embarazo y el posparto".

52. Melissa Benn, *Madonna and Child*, Cape, Londres, 1998, pág. 241.

53. J. Allan Hobson, *Sleep*, The Scientific American Library, Nueva York, pág. 4.

54. James J. McKenna, "Rethinking 'healthy' infant sleep", *Breastfeeding Abstracts*, La Leche League International, Schaumburg, Estados Unidos, febrero de 1993, vol. 12, n° 3, pág. 27. Otros dos libros básicos sobre este tema son Tine Thevenin, *The Family Bed*, Avery Publishing, Wayne (N. J.), 1987, y Deborah Jackson, *Three in a Bed*, Bloomsbury, Londres, 1989.

55. Steven R. Daugherty y C. Baldwin Dewitt, "Sleep deprivation in senior medical students and first-year residents", *Academic Medicine*, suplemento de enero de 1996, vol. 71, n° 1, pág. S93.

56. Ibíd., pág. S95.

57. Jerome Kagan, *The Nature of the Child*, Basic Books, Nueva York, 1984, pág. 24. [Véase en cast. de este autor *El niño hoy. Desarrollo humano y familia*, Espasa-Calpe, Madrid, 1987.]

58. Las pautas de la Liga de la Leche son muy claras respecto a esto: "La lactancia materna no garantiza una buena maternidad, y la lactancia con biberón no la excluye. Lo más importante es el amor

que des a tu bebé y que hagas todo lo posible para ser una buena madre". La Leche League International, *The Womanly Art of Breastfeeding* (1958), Penguin, Nueva York, 1997, pág. 15.

59. Annette Karmiloff-Smith, *Baby It's You*, ob. cit. (nota 23), págs. 168-169.

60. Sigmund Freud, *The Standard Edition of the Complete Psychological Works of Sigmund Freud*, The Hogarth Press and The Institute of Psycho-Analysis, Londres, 1953-1974, "Introductory Lectures on Psychoanalysis", vol. XVI, pág. 314. [*Obras completas*, trad. de Luis López-Ballesteros, 1922; nueva edición, Biblioteca Nueva, Madrid, 1996, 3 vols.; "Lecciones introductorias al psicoanálisis", vol. II.]

61. Aristóteles, *On Poetry and Style*, trad. de G. M. A. Grube (1958), Hackett Publishing Co., Indianápolis, 1997, capítulo IV, págs. 7-8. [En cast., entre otras ediciones, *Poética*, Edit. Gredos, Madrid, 1988/1992; Biblioteca Nueva, Madrid, 2000.]

62. Sigmund Freud, *The Standard Edition of the Complete Psychological Works of Sigmund Freud*, ob. cit. (nº 60), "Jokes and Their Relation to the Unconscious", volumen VIII, pág. 223. [*Obras completas*, ob. cit. (nota 60); "El chiste y su relación con lo inconsciente", vol. I.]

63. Véase, por ejemplo, Florence Nightingale, *Notes on Nursing* (1859), Duckworth, Londres, 1952, pág. 127, párrafo 1. [Hay trad. cast.: *Notas sobre*

la enfermería: qué es y qué no es, Salvat Edit.,
Barcelona, 1990.]

64. David Elkind, *The Hurried Child, Growing Up
    Too Fast Too Soon*, ob. cit., nota 17.

65. Véase Naomi Stadlen, "Temper Tantrums", en
    Nursery World, 24 de enero de 1984.

66. Aristóteles, *The Nichomachean Ethics*, libro
    VIII.1, editado por W. David Ross, Oxford Uni-
    versity Press, Oxford, 1971, pág. 192. Reprodu-
    cido con el permiso de Oxford University Press.
    [En cast. hay muchas edic. de la *Ética a Nicóma-
    co,* o *Ética nicomaquea:* Centro de Estudios Po-
    líticos y Constitucionales, Madrid, 1994; Gre-
    dos, Madrid, 1998; Alba, Alcobendas, 1998, entre
    otras.]

67. Mary Wollstonecraft, *A Vindication of the Rights
    of Women*, ed. Miriam Brody, Penguin, Londres,
    1992, págs. 273-274. [Trad. cast.: *Vindicación de
    los derechos de la mujer*, Cátedra, Barcelona,
    1994.]

68. Adolf Erman (original alemán, 1923), *Ancient
    Egyptian Poetry and Prose*, trad. Aylward M. Black-
    man (1927), Dover, Nueva York, 1995, pág. 239.

69. Sigmund Freud, *The Standard Edition of the
    Complete Psychological Works of Sigmund
    Freud*, ob. cit. (nota 60); "On Narcissism: an In-
    troduction" (1914). [En cast., "Introducción al
    narcisismo", vol. II de las *Obras completas*; véase
    nota 60.]

70. Por ejemplo, Theodore Lidz, *The Person*, Basic Books, Nueva York, 1968, pág. 131. [Hay trad. cast.: *La persona*, Herder, Barcelona, 1985.]

71. Véase, por ejemplo, Michel Odent, *The Scientification of Love*, Free Association, Londres, 1999, y también Sarah Blaffer Hrdy, *Mother Nature*, Chatto & Windus, Londres, 1999.

72. Texto de *The Way Mothers Are*, de Miriam Schlein. © 1963, 1991 by Miriam Schlein. Reproducido con el permiso de Albert Whitman & Company, Morton Grove, Illinois, Estados Unidos.

73. Para una buena descripción, véase Daniel N. Stern, *The Interpersonal World of the Infant*, Basic Books, Nueva York, 1985, pág. 43.

74. T. Berry Brazelton y Bertrand G. Cramer, *The Earliest Relationship*, Karnac, Londres, 1990, pág. 160. [Hay trad. cast.: *La relación más temprana*, Paidós, Barcelona, 1993.]

75. Por ejemplo, "Yo no pienso en Sam como en un discapacitado, para mí es simplemente Sam con su carácter y su personalidad" (madre de Sam), citado en Gillian Bridge, *Parents as Care Managers: The experience of those caring for young children with cerebral palsy*, Ashgate, Aldershot (Hants), 1999, pág. 51.

76. I Reyes, 3,16-27. Las ediciones hebreas de la Biblia enfatizan la frase sobre el ardor del vientre de la madre.

77. *Daily Telegraph*, necrológicas, 6 de septiembre de 1997, pág. 15.

78. *Daily Telegraph*, 12 de agosto de 1997, pág. 33.

79. Cassandra Eason da ejemplos en "Maternal Sacrifice", una sección de su libro *Mother Love*, Robinson, Londres, 1998.

80. J. Cobb, *Babyshock*, Hutchinson, Londres, 1980, pág. 175.

81. Susan Johnson, *A Better Woman*, Aurum Press, Londres, 2000, pág. 80.

82. Ibíd., pág. 220.

83. Adrienne Rich, *Of Woman Born*, Virago, Londres, 1977 pág. 23. [Hay trad. cast.: *Nacida de mujer*, Noguer, Barcelona, 1978.]

84. Kate Figes, *Life After Birth: What Even Your Friends Won't Tell You About Motherhood*, Viking, Londres, 1998, pág. 102. Reproducido con el permiso de Penguin Books Ltd.

85. Ibíd., pág. 98.

86. Rachel Cusk, *A Life's Work, On Becoming a Mother*, Fourth Estate, HarperCollins Publishers Ltd, Londres, 2001, pág. 103.

87. D. W. Winnicott, "Hate in the Countertransference", en *Through Paediatrics to Psychoanalysis: Collected Papers*, Tavistock, Londres, 1958, pág. 201. [Hay trad. cast.: *Escritos de pediatría y psicoanálisis*, Laia, Barcelona, 1981; Paidós, Barcelona, 2002.]

88. R. Parker, *Torn in Two*, ob. cit. (nota 32), pág. 213.

89. Jane Lazarre, *The Mother Knot*, Virago, Londres, 1977, pág. 34.

90. Kate Figes, *Life After Birth: What Even Your Friends Won't Tell You About Motherhood*, obra cit. (v. nota 84), pág. 125. Reproducido con el permiso de Penguin Books Ltd.

91. Susan Maushart, *The Mask of Motherhood*, ob. cit. (nota 33), pág. 123.

92. Rachel Cusk, *A Life's Work, On Becoming a Mother*, ob. cit. (nota 86), pág. 186.

93. Rozsika Parker, *Torn in Two*, ob. cit. (nota 32), pág. 200.

94. Ibíd., pág. 4.

95. Adrienne Rich, *Of Woman Born*, ob. cit. (nota 83), pág. 21.

96. Kate Figes, *Life After Birth: What Even Your Friends Won't Tell You About Motherhood*, ob. cit. (nota 84), pág. 99.

97. Susan Maushart, *The Mask of Motherhood*, ob. cit. (nota 33), pág. 145.

98. Susan Johnson, *A Better Woman*, ob. cit. (nota 81), pág. 43.

99. D. W. Winnicott, "Hate in the Countertransference" ob. cit. (nota 87), págs. 200-201.

100. Adrienne Rich, *Of Woman Born*, ob. cit. (nota 83), pág. 22.

101. Ibíd., pág. 224.

102. Jane Lazarre, *The Mother Knot*, ob. cit. (nota 89), pág. 36.

103. Susan Johnson, *A Better Woman*, ob. cit. (nota 81), pág. 141.

104. Joanna Briscoe, "I have to keep telling myself it'll get better", en *Guardian*, G2, 5 de febrero de 2003.

105. D. W. Winnicott, "Hate in the Countertransference", *ob. cit.* (nota 87), pág. 201.

106. Julia Darling, "Small Beauties", en *The Fruits of Labour, Creativity, Self-Expression and Motherhood*, Penny Sumner, ed., Women's Press, Londres, 2001, pág. 3.

107. Susan Maushart, *The Mask of Motherhood*, ob. cit. (nota 33), pág. 128.

108. Cayo Valerio Catulo: "Odi et amo; quare id faciam, fort-asse requiris, nescio, sed fieri sentio et excrucior", *Odas*, oda LXXXV.

109. D. W. Winnicott, "Hate in the Countertransference", ob. cit. (nota 87), pág. 202.

110. Jane Lazarre, *The Mother Knot*, ob. cit. (nota 89), pág. ix.

111. Rozsika Parker, *Torn in Two*, ob. cit. (nota 32), pág. 99.

112. Ibíd., pág. 98.

113. Ibíd., pág. 120.

114. Susan Maushart, *The Mask of Motherhood*, ob. cit. (nota 33), págs. 111-112.

115. Adrienne Rich, *Of Woman Born*, ob. cit. (nota 83), pág. 22.

116. Jane Lazarre, *The Mother Knot*, ob. cit. (nota 89), pág. 35.

117. Ibíd., página viii.

118. Kate Figes, *Life After Birth: What Even Your Friends Won't Tell You About Motherhood*, ob. cit. (nota 84), pág. 102.

119. Susan Johnson, *A Better Woman*, ob. cit. (nota 81), pág. 146.

120. Rachel Cusk, *A Life's Work, On Becoming a Mother*, ob. cit. (nota 92), pág. 95.

121. Jane Lazarre, *The Mother Knot*, ob. cit. (nota 89), pág. 62.

122. Kate Figes, *Life After Birth: What Even Your Friends Won't Tell You About Motherhood*, ob. cit. (nota 84), pág. 71.

123. Ibíd., pág. 120.

124. Susan Johnson, *A Better Woman*, ob. cit. (nota 81), pág. 91.

125. Rachel Cusk, *A Life's Work, On Becoming a Mother*, ob. cit. (nota 86), pág. 143.

126. Ibíd., pág. 7.

127. D. W. Winnicott, *The Child, the Family and the Outside World*, ob. cit. (nota 43), capítulo 12.

128. Louise J. Kaplan, *Oneness and Separateness*, Cape, Londres, 1979.

129. Jane Lazarre, *The Mother Knot*, ob. cit. (nota 89), pág. 72.

130. Rozsika Parker, *Torn in Two*, ob. cit. (nota 32), págs. 3-4.

131. Allison Pearson, "Good mum bad mum", en *Daily Telegraph*, sección magazine, 15 de junio de 2002.

132. Allison Pearson, *I Don't Know How She Does It*, Chatto & Windus, Londres, 2002, pág. 91.

133. Adrienne Rich, *Of Woman Born*, ob. cit. (nota 83), pág. 15.

134. Véase nota 114.

135. Véase nota 112.

136. Ibíd.

137. Jane Lazarre, *The Mother Knot*, ob. cit. (nota 89), págs. 6-7.

138. Ibíd., pág. 74.

139. Ibíd., pág. 185.

140. T. Berry Brazelton escribió un libro con el prometedor título de *Infants and Mothers: Differences in Development* (Nueva York, Dell Publishing, 1969, 1983). Recuerdo que fui corriendo a una biblioteca para leerlo, y descubrí que era un libro sobre cómo se desarrollaban tres *niños*. El doctor Brazelton afirma que las madres se desarrollan,

pero no explica cómo. También está el libro de Daniel N. Stern *The Motherhood Constellation* (1995), y una obra más reciente con su mujer, Nadia Bruschweiler-Stern, *The Birth of a Mother: How Motherhood Changes You For Ever* (Basic Books, Nueva York, 1998). Es un libro único sobre el desarrollo maternal, aunque su tono tiende a ser más didáctico que analítico.

141. Rachel Cusk describe este estado, por ejemplo, cuando dice: "Después de que naciera mi primer hijo solía preguntarme cuándo volvería a ser la persona que había sido y a sentir las cosas que me resultaban familiares. Sentía una especie de nostalgia de mí misma, y una terrible sensación de irrealidad con todo...", "The Language of Love" en *Guardian*, *G2*, 12 de septiembre de 2001, pág. 9.

142. Algunos ejemplos obvios: Ann Dally, en *Mothers, Their Power and Influence*, Weidenfeld, Londres, 1976, cap. 12, "Circles"; Adrienne Rich, *Of Woman Born*, ob. cit. (nota 83), cap. 2, "The Sacred Calling"; Elisabeth Badinter, *The Myth of Motherhood*, Souvenir Press, Londres, 1981, pág. 300; Kate Figes, *Life After Birth*, ob. cit. (nota 84), cap. 4, "Working and the 'Good' Mother"; Susan Maushart, *The Mask of Motherhood*, ob. cit. (nota 33), pág. 144 y sigs.

143. Unos pocos ejemplos: Helene Deutsch, *Psychology of Women*, Research Books, Londres, 1947, vol. 1, cap. 7, "Feminine Masochism"; Jane Price,

Motherhood, What It Does to Your Mind, Pandora, Londres, 1988, cap. 9, "The Devastating Effects of Motherhood"; Rozsika Parker, *Torn in Two*, ob. cit. (nota 32), cap. 6, "Unravelling Femininity and Maternity".

144. Un buen ejemplo de esto se encuentra en el capítulo 2 de la novela semiautobiográfica de D. H. Lawrence *Sons and Lovers* [*Hijos y amantes*, Alianza Edit., Madrid, 1990]. En él se describe cómo, durante el parto de Paul Morel, su madre contó con un eficaz sistema de apoyo vecinal. Hoy en día es más probable que esas vecinas, e incluso la señora Morel, estuviesen trabajando fuera de casa durante el día.

145. Judith M. Gansberg y Arthur P. Mostel describen esto en *The Second Nine Months: The Sexual and Emotional Concerns of the New Mother*, Thorsons, Wellingborough, 1984, pág. 82.

146. Christina Hole, *The English Housewife in the Seventeenth Century*, Chatto & Windus, Londres, 1953, pág. 79.

147. John Cobb, *Babyshock*, Hutchinson, Londres, 1980, pág. 146.

148. Anton Chéjov, *Las tres hermanas* [Cátedra, Madrid, 1994; Altaya, Barcelona, 1996], acto 2.

149. Jean Baker Miller, *Towards a New Psychology of Women*, Penguin, Londres, 1978, págs. 58-59. [Hay trad. cast.: *Hacia una nueva psicología de la mujer*, Altaya, Barcelona, 1995; Paidós, Barcelona, 1992.]

150. Jane Price, *Motherhood: What It Does to Your Mind*, ob. cit. (nota 143).

151. Ilya Prigogine e Isabelle Stengers, *Order Out of Chaos*, ob. cit. (nota 42), pág. 77.

152. Brian Jackson, *Fatherhood*, Allen and Unwin, Londres, 1983, pág. 96.

153. Ursula Owen, "Introduction" de *Fathers, Reflections by Daughters*, Ursula Owen, ed., Virago, Londres, 1983, pág. 13. El capítulo 1 de *Fatherhood*, de Brian Jackson (véase nota anterior), tiene el revelador título de "The Invisible Man" [El hombre invisible]. Claudia Nelson dio un título similar a su estudio: *Invisible Men: Fatherhood in Victorian Periodicals 1850-1910*, University of Georgia Press, Athens, Estados Unidos, 1995.

154. Charlie Lewis, *Becoming a Father*, Open Universities Press, Milton Keynes, 1986, pág. 41.

155. Sheila Kitzinger resume esto: "Al contrario que en las culturas tradicionales, cuando una mujer se convierte en madre de repente la tratan como si fuese menos, no más", *Ourselves As Mothers*, ob. cit. (nota 12), pág. 7.

156. El trabajo de las madres se explica con precisión en "Appendix V: Women count – count women's work", en *The Milk of Human Kindness*, de Solveig Francis, Selma James, Phoebe Jones Schellenberg y Nina Lopez-Jones, Crossroads Women's Centre, Londres, 2002, págs. 188-190.

157. Adrienne Rich, *Of Woman Born*, ob. cit. (nota 83), pág. 243.

158. Introducción de Judith Arcana, *Our Mothers' Daughters*, Women's Press, Londres, 1981, pág. xv.

159. Sheila Kitzinger, *Becoming a Grandmother*, Simon & Schuster, Londres, 1997, pág. 107.

160. Véase, por ejemplo, La Leche League International, *Leader's Handbook*, 4ª ed. rev., págs. 16-17.

161. Platón, *Las Leyes*, ob. cit. (véase pág. 104 y nota 29).

162. Truby King fue autorizado por el Gobierno de Nueva Zelanda.

163. Frederic Truby King, *Feeding and Care of Baby*, Oxford University Press, Oxford, s.d., pág. 42.

164. Jean-Jacques Rousseau, *Emilio o La educación*, Libro 1. [Entre las muchas ediciones en castellano, pueden verse Alianza, Madrid, 1995; Edicomunicación, Barcelona, 2002; S. A. de Promoción y Ediciones, Madrid, 3ª ed., 2004; RBA, Barcelona, 2003; Biblioteca Nueva, Madrid, 2004.]

165. Véase J. A. V. Chapple, *Elizabeth Gaskell, a Portrait in Letters*, Manchester University Press, Manchester, 1980, pág. xii.

166. Se pueden encontrar algunas estadísticas útiles en "Key indicators of women's position in Britain", de Angelika Hibbert y Nigel Meager, en *Labour Market Trends*, The Stationery Office, Noruega,

vol. III, n° 10, octubre 2003, pág. 507. Véase también Becky Hamlyn, Sue Brooker, Karin Olejnikova, y Wands, *Infant Feeding Report 2000*, The Stationery Office, "The employment status of mothers", Noruega, 2002, pág. 138.

167. Kate Figes, *Life After Birth*, ob. cit. (nota 84), pág. 71.

168. Gina Ford, *The Contented Little Baby Book*, Vermilion, Londres, 1999, pág. 10. Utilizado con el permiso de Random House Group Ltd.

169. Para más detalles, véase el «Epílogo» del libro pionero de Claudia Koonz *Mothers in the Fatherland*, Methuen, Londres, 1988.

170. Claudia Koonz describe cómo, tras el ascenso al poder de Hitler, las mujeres se reunían para leer *Mein Kampf* y debatir sus ideas (ibíd., pág. 70). Pero ¿hasta qué punto eran libres esos debates? El libro de Rozsika Parker *The Subversive Stitch* (Women's Press, Londres, 1984) da ejemplos de lo provocadoras que pueden ser las conversaciones femeninas en el entorno aparentemente inofensivo de un círculo de costura, donde no hay restricciones externas para hablar.

171. Jennifer Coates, en su libro *Women Talk*, Blackwell, Oxford, 1996, analiza cómo «funciona» la conversación de las mujeres. Habría sido estupendo que hubiese tenido tiempo para escribir específicamente sobre la conversación de las madres.

172. Esta traducción del Libro de Rut (1,19-22) está basada en una versión del rabino A. J. Rosenberg en *The Fire Megilloth*, editado por el reverendo A. Cohen (Soncino Press, Nueva York, 1946, 1984, págs. 120-121.

Bibliografía

Aristóteles, *The Nichomachean Ethics*, editado por W. David Ross, Oxford University Press, Oxford, 1971. [Véase en nota 66 ediciones en castellano.]

—, *On Poetry and Style*, traducción de G. M. A. GrubeHackett Publishing, Indianápolis, 1989. [Véase en nota 61 ediciones en castellano.].

Balaskas, Janet, *Preparing for Birth with Yoga*, Element Books, Shaftesbury (Dorset), 1994. [Hay trad. cast.: *Yoga, embarazo y nacimiento*, Kairós, Barcelona, 1996, y RBA, Barcelona, 1990.]

—, *Natural Baby*, Gaia, Londres, 2001. [Hay trad. cast.: *Embarazo natural*, RBA, Barcelona, 1990, y catalana: *Embarás natural*, RBA, 1993.]

Benn, Melissa, *Madonna and Child*, Cape, Londres, 1998.

Bernard, Jessie, *The Future of Parenthood*, Caldar & Boyars, Londres, 1975.

Bowlby, John, *A Secure Base*, Routledge, Londres, 1988. [Véase en nota 5 trad. al castellano.]

Brazelton, T. Berry, y Bertrand G. Cramer, *The Earliest Relationship*, Karnac, Londres, 1990. [Véase en nota 74 trad. al castellano.]

Breen, Dana, *Talking With Mothers*, Free Association, Londres, 1981, 1989.

Caspi, Mshael Maswari, y Julia Ann Blessing, *Weavers of the Songs: the Oral Poetry of Arab Women in Israel and the West Bank*, Lynne Rienner Publishers Inc., Boulder, Estados Unidos, 1991.

Chapple, J. A. V., *Elizabeth Gaskell, a Portrait in Letters*, University Press, Manchester, 1980.

Chéjov, Anton, *Las tres hermanas*. [Véase en nota 148 ediciones en castellano.]

Coates, Jennifer, *Women Talk*, Blackwell, Oxford, 1996.

Cobb, John, *Babyshock*, Hutchinson, Londres, 1980.

Coren, Stanley, *Sleep Thieves*, Free Press, Simon & Schuster, Nueva York, 1996.

Cusk, Rachel, *A Life's Work, On Becoming a Mother*, Fourth Estate, HarperCollins Publishers Ltd, Londres, 2001.

Dunn, Judy, *Distress and Comfort*, Fontana/Open Books, Londres, 1977.

Eason, Cassandra, *Mother Love*, Robinson, Londres, 1998.

Elkind, David, *The Hurried Child, Growing Up Too Fast Too Soon*, Perseus Books, Reading (Mass.), 1988.

Erman, Adolf (original alemán, 1923), *Ancient Egyptian Poetry and Prose*, traducido por Aylward M. Blackman (1927), Dover Nueva York, 1995.

Figes, Kate, *Life After Birth*, Viking, Londres, 1998. [Véase nota 168 traducción al castellano.]

Ford, Gina, *The Contented Little Baby Book*, Vermilion, Londres, 1999.

Francis, Solveig, Selma James, Phoebe Jones Schellenberg y Nina Lopez-Jones, *The Milk of Human Kindness*, Crossroads Women's Centre Londres, 2002.

Freud, Sigmund, "Jokes and their Relation to the Unconscious" (1905), *The Standard Edition of the Complete Psychological Works of Sigmund Freud*, The Hogarth Press and The Institute of Psycho-Analysis, Londres, 1953-1974, vol. VIII. [Véase en notas 60 y 62 para la edición en castellano.]

—, "On Narcissism: an Introduction" (1914), *The Standard Edition of the Complete Psychological Works of Sigmund Freud*, The Hogarth Press and The Institute of Psycho-Analysis, Londres, 1953-1974, vol. XIV. [Véase en nota 60 para la edición en castellano.]

—, "Lecture 20: The Sexual Life of Human Beings" (1916), The *Standard Edition of the Complete Psychological Works of Sigmund Freud*, The Hogarth Press and The Institute of Psycho-Analysis, Londres, 1953-1974, vo-lumen XVI. [Véase en nota 60 para la edición en castellano.]

Gansberg, Judith M., y Arthur P. Mostel, *The Second Nine Months: the Sexual and Emotional Concerns of the New Mother*, Thorsons, Wellingborough, 1984.

Gaskin, Ina May, *Spiritual Midwifery*, The Book Publishing Company, Summertown, Tennessee, 1978.

Gopnik, Alison, Andrew Meltzoff y Patricia Kuhl, *How Babies Think*, Weidenfeld and Nicholson, 1999.

Griffin, Susan, *Made From This Earth*, selección de sus obras 1967-1982, Women's Press, Londres, 1982.

Hartmann, Ernest L., *The Functions of Sleep*, Oxford University Press, Oxford, 1973. [Véase en nota 46 trad. al castellano.]

Harvey, David, *Parent-Infant Relationships*, Wiley & Sons, Chichester, 1987.

Hobson, J. Allan, *Sleep*, The Scientific American Library, Nueva York, 1989.

Hole, Christina, *The English Housewife in the Seventeenth Century*, Chatto & Windus, Londres, 1953.

Hollway, Wendy, y Brid Featherstone, eds., *Mothering and Ambivalence*, Routledge, Londres, 1997.

Hrdy, Sarah Blaffer, *Mother Nature*, Chatto & Windus, Londres, 1999.

Jackson, Brian, *Fatherhood*, Allen and Unwin, Londres, 1983.

Jackson, Deborah, *Three in a Bed*, Bloomsbury, Londres, 1989.

Johnson, Susan, *A Better Woman*, Aurum Press, Londres, 2000.

Kagan, Jerome, *The Nature of the Child*, Basic Books, Nueva York, 1984. [Véase nota 57.]

Kaplan, Louise J., *Oneness and Separateness*, Cape, Londres, 1978.

Karmiloff-Smith, Annette, *Baby It's You*, Ebury Press, Londres, 1994.

Kitzinger, Sheila, *The Experience of Childbirth*, Penguin, Londres, 1962. [De esta autora puede verse en castellano *Nacer*, Plaza, Barcelona, 1986, y *Nacer en casa*, Icaria, Barcelona, 1996, y RBA, Barcelona, 2003.]

—, *Ourselves as Mothers*, Bantam Books, Londres, 1992.

—, *Becoming a Grandmother*, Simon & Schuster, Londres, 1997.

Klaus, Marshall H., y John H. Kennell, *Bonding: The Beginnings of Parent-Infant Attachment*, C.V. Mosby, Saint Louis, 1983.

Kleitman, Nathaniel, *Sleep and Wakefulness*, University of Chicago Press, Chicago, 1939 y 1963.

Koonz, Claudia, *Mothers in the Fatherland*, Methuen, Londres, 1987 y 1988.

La Leche League International, *The Womanly Art of Breastfeeding*, Penguin, Nueva York, 1958 y 1997.

Lazarre, Jane, *The Mother Knot*, Virago, Londres, 1977.

Lester, Barry M., y C. F. Zachariah Boukydis, *Infant Crying: Theoretical and Research Perspectives*, Plenum Press, Nueva York, 1985.

Lewis, Charlie, *Becoming a Father*, Open Universities Press, Milton Keynes, 1986.

Lidz, Theodore, *The Person*, Basic Books, Nueva York, 1986. [Véase en nota 70 trad. al castellano.]

Maushart, Susan, *The Mask of Motherhood*, Pandora, Londres, 1999.

Miller, Jean Baker, *Towards a New Psychology of Women*, Penguin, Londres, 1978. [Véase en nota 149 trad. al castellano.]

Nightingale, Florence, *Notes on Nursing*, Duckworth, Londres, 1859, 1952. [Ver en nota 63 trad. al castellano.]

Odent, Michel, *The Scientification of Love*, Free Association, Londres, 1999.

Olsen, Tillie, *Silences*, Virago, Londres, 1980.

Owen, Ursula, *Fathers, Reflections by Daughters*, Virago, Londres, 1983.

Parker, Rozsika, *The Subversive Stitch*, Women's Press, Londres, 1984.

—, *Torn in Two*, Virago, Londres, 1995.

Pearson, Allison, *I Don't Know How She Does It*, Chatto & Windus, Londres, 2002.

Platón, *Laws*, traducción de R. G. Bury (1926), Harvard University Press, Cambridge (Mass.), y Heinemann, Londres, 1984. [Véase en nota 29 ediciones en castellano.]

Price, Jane, *Motherhood: What It Does to Your Mind*, Pandora, Londres, 1988.

Prigogine, Ilya, e Isabelle Stengers, *Order Out of Chaos*, Fontana, Londres, 1984, 1985. [Ver en nota 42 trad. al castellano.]

Priya, Jacqueline Vincent, *Birth Traditions and Modern Pregnancy Care*, Element Books, Shaftesbury, Dorset, 1992.

Rich, Adrienne, *Of Woman Born*, Virago, Londres, 1977. [Véase en nota 83 trad. al castellano.]

Rousseau, Jean-Jacques, *Emile or on Education*. [Véase en nota 164 ediciones en castellano.]

Schlein, Miriam, *The Way Mothers Are*, Albert Whitman & Company, Morton Grove (Ill), 1963 y 1991.

Salter, Joan, *Mothering with Soul*, Hawthorn Press, Stroud, 1998.

Spender, Dale, *Man Made Language*, Pandora, Londres. 1980.

Stern, Daniel N., *The Interpersonal World of the Infant: a View from Psychoanalysis and Developmental Psychology*, Basic Books, Nueva York, 1985.

—, *The Motherhood Constellation*, Basic Books, Nueva York, 1995. [Hay trad. cast.: *La constelacion maternal*, Paidós, Barcelona, 1997.]

—, y Nadia Bruschweiler-Stern, *The Birth of a Mother*, Bloomsbury, Londres, 1998 y 1999. [Hay trad. cast.: *El nacimiento de una madre*, Paidós, Barcelona, 1999.]

Sumner, Penny, *The Fruits of Labour, Creativity, Self-Expression and Motherhood*, Women's Press, Londres, 2001.

Tolstoi, Leo, *The Kreutzer Sonata*, traducción e introducción de David McDuff, Penguin, Londres, 1985. [Véase nota 20 ediciones en castellano.]

Truby King, Frederic, *Feeding and Care of Baby*, Oxford University Press, Oxford, s.d.

Winnicott, D. W., *From Paediatrics to Psychoanalysis: Collected Papers*, Tavistock, Londres, 1958. [Véase en nota 87 trad. al castellano.]

—, *The Child, the Family and the Outside World*, Penguin, Londres, 1964.

Wollstonecraft, Mary, *A Vindication of the Rights of Women* (1792), editado por Miriam Brody, Penguin, Londres, 1992. [Véase en nota 67 trad. al castellano.]

Otros títulos publicados en
books4pocket
crecimiento y salud

Louise Hay
Usted puede sanar su vida
El poder está dentro de ti
Amar sin condiciones

Pamela Weintraub
El futuro bebé

Dorothy Law
Cómo convivir con hijos adolescentes

George Weinberg
¿Por qué los hombres no se comprometen?

Dharma Singh Khalsa
Rejuvenece tu cerebro
La alimentación como medicina

Cathy Hopkins
101 maneras de relajarse

Juan Santiago Vergara Cruz
Corazón de invierno

Deb Gottesman
Técnicas para hablar en público

Debbie Ford
Hágase estas preguntas

Richard Robinson
La ley de Murphy tiene explicación